Helmut Langel

Destruktive Kulte und Sekten

Eine kritische Einführung

Die Deutsche Bibliothek - CIP-Einheitsaufnahme

Langel, Helmut:
Destruktive Kulte und Sekten : eine kritische Einführung / Helmut Langel. -
München ; Landsberg am Lech : Aktuell ; München : mvg-Verl., 1994
ISBN 3-87959-503-8

Bildnachweis: Steiner S. 43; U. Birnstein, S. 43; Pardon S. 100; Fotoagentur
Novum, Walter Schmidt S. 134; Keystone Press AG S. 134; SZ-Bilderdienst
S. 174

Verlag Bonn Aktuell
Mai 1994
ISBN 3-87959-503-8

© Bonn Aktuell im verlag moderne industrie, München / Landsberg am Lech
Vertrieb: mvg-verlag, 80904 München

Umschlagentwurf: Gruber & König, Augsburg
Druck- und Bindearbeiten: Presse-Druck Augsburg

Printed in Germany

Inhalt

Vorwort

Ein schöner Frühlingsmorgen. Mitten in der Fußgängerzone der Innenstadt begegnen sie mir das erste Mal: Angehörige einer *"neuen Religion"*. Junge Menschen mit Gitarren in der Hand singen mit jubelnder Stimme: *"Du mußt ein Baby sein, um in den Himmel zu kommen."* Sie verteilen kleine Handzettel, nennen sich *"Kinder Gottes"*. Sie strahlen glücklich und zufrieden, wirken frei und ungezwungen, zeigen sich als harmonische, in sich ruhende Personen, verwikkeln mich und andere in lange Gespräche. Ihre Begeisterung kommt an, Leute bleiben stehen. Noch nie hat man so etwas erlebt in der kühlen Hansestadt. *"Bist du glücklich"*, eine sanfte Jungmädchenstimme lächelt mir entgegen: *"Hast du schon einmal Jesus in dein Herz aufgenommen? Komm, wir beide wollen es einmal versuchen."* Sie faßt meine Hände, schaut mir tief in die Augen und beginnt unbefangen mit einem Gebet: *"Herr Jesus, schließe ihn - ach, wie war noch dein Name?"* Ich bin ein wenig erschrocken, werde gleich geduzt. Als ich ihr meinen Vornamen nenne, umarmt sie mich und freut sich ganz unbändig, als hätte sie schon die ganze Zeit auf mich gewartet. Mir gefällt diese unmittelbare und spontane Art, und zugleich befremdet sie mich aufs äußerste. Noch am selben Abend werde ich eingeladen, in das Zentrum in der Innenstadt zu kommen.

Als ich davongehe, bleibt eine gewisse Bedenklichkeit. In den Zeitungen liest man in diesen Tagen viel über die sogenannten *"Neuen Jugendreligionen"* oder *"Jugendsekten"*. Dramatische Berichte über radikale Persönlichkeitsveränderungen, Familienkonflikte und finanzielle Ausbeutung. Eine Gesellschaft reagiert nervös und verunsichert angesichts einer Welle neureligiöser Erweckung, die aus den Vereinigten Staaten herüberschwappt. Gurus, Yogis, Bhagwans, Wiedergeburten eines *"Neuen Messias"*, Väterliche Propheten und andere erleuchtete Offenbarungsträger erobern vor allem unter der jüngeren Generation eine sich schnell, fast explosionsartig ausbreitende Gefolgschaft.

Im Auftrag des hiesigen Rundfunks beginne ich meine Recherchen, gehe in ihre Zentren, versuche das religiös-esoterische Leben dieser *"Neureligionen"* von innen her kennenzulernen, begleite die Anhänger auf ihren Missionsgängen, erlebe sonderbare Feiern und Riten in den Zentren, diskutiere, gewinne einen Einblick in die innere Struktur, sammle Interviews und zum Teil heimlich aufgenommene religiöse Praktiken.

Der erste Eindruck ist durchweg positiv und steht in krassem Gegensatz zur Berichterstattung in den Medien. Ich versuche, mir einen offenen und vorurteilslosen Blick für das Charisma dieser alternativen Religiosität zu bewahren.

Erst die zahlreichen Gespräche mit ehemaligen Mitgliedern, mit ihren Angehörigen und Freunden trüben meine freundliche Aufgeschlossenheit. Sollte sich hinter diesen jugendliche Erlebnisfrische ausstrahlenden Bewegungen und Organisationen vielleicht etwas ganz anderes verbergen, als meine erste Sympathie es sich vorstellte? Bin ich vielleicht einer riesigen, ausgeklügelten Geschäftemacherei auf den Leim gegangen?

Eine Reihe von teilweise sehr tragisch verlaufenen Kultbiografien differenzieren meinen Blick, und ich gewinne ein zunehmend kritisches Verhältnis zu meiner anfänglichen Unvoreingenommenheit. Gerade dieser langwierige Prozeß, aus dem Innenraum der neuen Kulte heraus zu einer kritischen Sichtweise zu gelangen, soll auch Gegenstand dieses Buches werden. Es scheint wichtig zu sein, durch teilnehmende, empathische Beobachtung in die internen Verhältnisse des neureligiösen Spektrums sich ein Bild zu verschaffen, das nicht äußerlich und letztlich gerade darum auch unsachgemäß über die Wirklichkeit der neureligiösen Kulte hinweggeht. Wer warnt, sollte auch selbst Einblick haben in die Verhältnisse, vor denen er warnt. Viele ehemalige Mitglieder haben mir immer wieder beteuert, daß die Darstellungen in den Medien zu schablonenhaft und plakativ waren, um sie vor einem Schritt in den Kult zu bewahren. Dramatische Persönlichkeitsveränderungen, psychische Abhängigkeitsstrukturen bleiben für den Außenstehenden rätselhaft und unbegreiflich, wenn das *Faszinosum* der neureligiösen Bewegungen und Kulte nicht verständlich und nachfühlbar wird.

Durch jahrelange Untersuchungen und Begegnungen in und außerhalb der neureligiösen Szene geprägt, wurde mir zunehmend deutlich, daß auch offizielle kirchliche Darstellungen und staatliche Verlautbarungen häufig zu ungenau und allgemein sind, um die eigentümliche Anziehungskraft der sog. *Sekten und destruktiven Kulte* angemessen zu beschreiben.

Im Zentrum dieses Buches soll daher auch die Frage nach der **Begegnungsqualität** des neureligiösen Spektrums stehen: Wie gerate ich in einen Kult hinein? Wie läßt sich der Widerspruch von Schein und Sein erklären? Wie sieht die Ausgangssituation eines Kultabhängigen aus, die ihn empfänglich macht für das radikal neue, seine bisherige Lebenssituation vollkommen in Frage stellende Angebot des *"destruktiven Kults"*? Wir wollen in diesem Zusammenhang auch klare und nachvollziehbare Kriterien angeben, die den Begriff des *"destruktiven Kults"* rechtfertigen helfen.

Auch gilt es dabei den differenzierenden Blick für die Unterschiedlichkeit der Wirkungs- und Arbeitsweise der Gruppen im Auge zu behalten. Um Menschen vor dem Schritt in einen solchen Kult zu bewahren, kann man nicht nach der Devise verfahren: 'Kennst du einen, dann kennst du alle!'

Das neureligiöse Spektrum ist schwierig und vielfältig und verlangt eine unterschiedliche, einfühlsame Betrachtungsweise. Auf diese Weise wird die Auseinandersetzung zu einem spannenden Abenteuer, das uns hineinführt in die Unwägbarkeiten und komplizierten Strukturen religiöser Aberrationen.

I. "Postmoderne Religiosität" und gesellschaftliche Wirklichkeit

Die Definition dessen, was Religion ausmacht in der modernen Gesellschaft, die weitgehend säkularisiert erscheint, wird in dem Maße schwierig, in dem die religiösen Traditionen der christlichen Großkirchen ihre verbindliche Kraft gesellschaftlich verlieren. Das, was Peter L. Berger schon Ende der siebziger Jahre für den amerikanischen Raum beschrieb, die zunehmende Vereinzelung und Zufälligkeit gesellschaftlicher Religionsausübung, ihre Verlagerung in den privaten Raum *(Peter L. Berger, "Der Zwang zur Häresie. Religion in der pluralistischen Gesellschaft", Ffm.1980)* und der sich in neuerer Zeit abzeichnende religiöse Pluralismus, gilt für den europäischen Raum zwar nur bedingt, zeigt sich aber auch hier im Zuge eines Bedeutungsverlustes der großen christlichen Konfessionen. Dabei könnte man drei sich abzeichnende Veränderungen besonders hervorheben:

1. Die Zahl der Kirchenaustritte nimmt immer mehr zu. Damit geht einher, daß die kirchliche Religionspraxis von den Kirchenmitgliedern zwar nicht ausdrücklich in Frage gestellt wird, man ihr aber zunehmend individuell den Rücken zukehrt.

2. Andere Kulturen und religiöse Systeme konfrontieren durch das Aneinander- und Ineinanderrücken der verschiedenen Nationalitäten die hiesige Bevölkerung mit neuen, für sie zunächst fremden und gerade darum aber auch faszinierenden religiösen Grundeinstellungen.

3. Aus den Vereinigten Staaten kommen "neureligiöse Gruppen" und "alternative Weltanschauungskonzepte" in unsere religiös verunsicherte und unentschiedene Welt hinein.

Die Großkirchen reagieren auf die neue Situation verwirrt und zum Teil abwehrend. So sehr sie sich einerseits dem demokratischen System verpflichtet fühlen, so zeigen sie andererseits große Probleme mit dem neu entstehenden religiösen Pluralismus und der damit einhergehenden Vermischung religiöser Traditionen. Die kirchlichen Kenner der neureligiösen Szene verstehen sich oftmals in erster Linie als Apologeten, als Verteidiger der überkommenen Wahrheiten und warnen vor einem Traditionsverfall und sektenhaften Zersplitterungen. Diese Warnungen sind aber durchaus ambivalent und verdienen eine nähere Betrachtung.

1. Religiöse Voreingenommenheit im Begriff "Sekte"

In deutschsprachigen Publikationen taucht der Begriff "Sekte" durchgehend als eine Art Verdammungsurteil gegenüber neureligiösen Gruppierungen auf. In den letzten Jahren wurde der Begriff ausgeweitet auf Organisationen, die auf den ersten Blick keinen religiösen Charakter zeigten, sondern sich eher der Verbreitung von bestimmten Psychotechniken verschrieben. Man sprach deshalb von sog. "Psychosekten".

In Beratungssituationen kommen nicht selten Anfragen wie etwa: *"Ist das eigentlich eine ernstzunehmende Glaubensgemeinschaft oder handelt es sich um eine Sekte?"* Im allgemeinen Sprachgebrauch hat das Wort einen schon fast kriminellen Charakter erhalten. Sekten seien Vereinigungen, die bewußt und planvoll den seelischen und finanziellen Ruin ihrer Mitglieder betreiben.

Wer sich ein wenig näher mit der Geschichte des Begriffs befaßt, wird feststellen, daß sein Bedeutungsgehalt in den verschiedensten Farben schillert. Etymologisch enthält er eventuell drei lateinische Herkunftsbedeutungen:

1. Sekte kommt von sequi = nachfolgen, meint also zunächst nur die feste Bindung an eine religiöse Gemeinschaft ohne jede wertende Beimengung.

2. In der Antike wurden bestimmte philosophische und religiöse Schulen auch als secta bezeichnet, ohne daß dabei ein negativer Beigeschmack enthalten war. Ähnlich wie das aus dem Griechischen kommende Wort Häresie wurde zunächst nur beschreibend von den unterschiedlichen Glaubensrichtungen gesprochen. Die Zerstrittenheit der verschiedenen Parteiungen geißelt aber schon

das Neue Testament in Galater 5,20, in dem Paulus die Auseinandersetzung der unterschiedlichen Schulen und ihre Streitereien kritisiert. Im Laufe der Jahrhunderte kam immer mehr der Verdacht der Ketzerei ins Spiel, wenn von unterschiedlichen Glaubensrichtungen die Rede war.

3. Vielfach, wenn auch nicht ganz richtig, wird der Begriff auf das lateinische Wort secare = schneiden, trennen zurückgeführt. Dann ist damit eine bestimmte Herkunftsbezeichnung der religiösen Gemeinschaft ausgedrückt. Sekten in diesem Sinne gelten als Abtrennungen von einer größeren religiösen Organisation, deren Grundlagen sie weitgehend teilen, die sie aber auf der anderen Seite auch kritisieren.

Dabei geraten vor allem drei Aspekte ins Blickfeld religiöser Kritiker oder Reformer:

a) Die bestehende religiöse Großorganisation wird an ihrer von den ursprünglichen Idealen abweichenden Praxis in Frage gestellt. Beispielsweise stehe der Reichtum religiöser Großinstitute im eklatanten Widerspruch zum Armutsideal, das sie dogmatisch vertreten.

b) Die kanonisierten Lehren und Traditionen werden in ihren dogmatischen Inhalten zurückverpflichtet auf die Fundamente der ihnen zugrunde liegenden Heiligen Schriften.

c) Den Anstoß zur Neugründung gibt nicht selten eine charismatische Persönlichkeit, die gewissermaßen zur Identifikationsfigur der neuen Glaubensrichtung wird.

Diese Gegenüberstellung von Dogma und Fundament, von religiösem Ideal und institutioneller Praxis zählt zum gängigen Schema von Reformern und Gegnern institutionalisierter Großreligionen.

Geht man von diesem Prinzip aus, dann wären auch einige der Großreligionen ursprünglich als Sekten zu bezeichnen. Den Buddhismus könnten wir als Reformsekte innerhalb des Spektrums indischer Religiosität betrachten, das Christentum als eine Abspaltung aus dem

Judentum. So wurden z.B. die Christen auch in römischer Zeit als jüdische Sekte gesehen und beurteilt.

Im Mittelalter wurde der Begriff Sekte zu einer Art Kampfbegriff gegenüber neureligiösen Bewegungen. Sie galten den Großkirchen als gefährliche Zersetzungserscheinungen gegenüber der von ihr vertretenen allgemeinen religiösen Wahrheit, gegen die sie ihre abwehrende, d.h. apologetische Tätigkeit sowohl praktisch als auch theoretisch ins Werk setzte. Angehörige einer Sekte wurden theologisch disqualifiziert und exkommuniziert, inquisitorisch verfolgt und im großen Maße vernichtet. So ist es im frühen Mittelalter den "Katharern" ergangen, kurz vor der Reformation den "Hussiten", den "Wiedertäufern", später den "Unitariern", den "Rosenkreuzern" und vielen anderen religiösen Gruppierungen.

Gerade diese unheilige Tradition im Umgang mit dem Begriff "Sekte" setzt sich mehr oder weniger indirekt in neuzeitlichen Bewertungen fort. Ihnen haftet im Grunde das apologetisch-abwertende Element grundlegend an. Der frühere Sprachgebrauch legt die kriminelle Abweichung nahe von einer wie auch immer gearteten religiösen communis opinio. Geleitet von dem Grundgedanken, es gäbe "extra ecclesiam nulla salus" (außerhalb der Kirche sei kein Heil zu finden), neigen die Großkirchen zu einer Art Konkurrenzgebaren gegenüber neuzeitlicher Religiosität, das den eigenen Wahrheitsanspruch zum reinen theologischen Bewertungskriterium werden läßt und die Frage im Gegenzug von seiten der sog. Sekten hervorgerufen hat, inwieweit religiöse Großinstitutionen letztlich unfähig seien, Toleranz und religiösen Pluralismus in einer modernen Gesellschaft zu praktizieren.

Im letzten Jahrhundert veränderte sich die Perspektive, und eine mehr wertarme, religionswissenschaftliche Deutung des Sektenbegriffs kam durch Max Weber (1864 - 1920) in die Diskussion. Er beschrieb die Sekte als einen *"voluntaristischen Verband ausschließlich religiös-ethischer Qualifizierter, in den man freiwillig eintritt, wenn man freiwillig kraft religiöser Bewährung Aufnahme findet." (Gesammelte Aufsätze zur Religionssoziologie, S. 211)*. Seine Kriterien, die die Autonomie der Gemeinde, die Betonung des charismatischen Auftrags und das Gegenüber zur Außenwelt enthielten, bildeten lange Zeit den Ausgangspunkt für eine neue Definition der Sekte ohne apologetische Tendenz.

In der heutigen Umgangssprache, in der Sprache der meisten Medien und der Sekten- und Weltanschauungsbeauftragten gehen die kirchlich-theologischen Kriterien, die das apologetische Wahrheitsbedürfnis einer religiösen Großinstitution in den Vordergrund stellen und die Beurteilung sozialer und individueller Schädigungen, die durch sog. neue "Sekten" tatsächlich oder angeblich entstehen, auch heute noch durcheinander. So findet sich im von der VELKD herausgegebenen Handbuch *Religiöse Gemeinschaften* die Definition: *"Sekten: Gemeinschaften, die mit christlichen Überlieferungen wesentliche außerbiblische Wahrheitsquellen verbinden."* Wollte man dieser Definition folgen, so könnten sich ganz unmittelbar gleich zwei kritische Fragestellungen ergeben:

1. Kennen nicht auch die christlichen Großkirchen außerbiblische Wahrheitsquellen, z.B. in der Tradition ihrer Bekenntnisse und Bräuche? Der durchaus ernstzunehmende Einwand der Zeugen Jehovas und anderer ans Urchristliche erinnernden Vereinigungen lautet ja: "Wie lassen sich evangelische und katholische Bekenntnisse oder kirchliche Bräuche und Riten aus der Bibel ableiten?"

2. Kann die Tatsache, daß eine religiöse Vereinigung auch außerbiblische Quellen zur Grundlage ihrer Glaubensvorstellungen macht, eine solche Gemeinschaft in irgendeiner Weise hinreichend qualifizieren? Ja, bietet dieser Umstand etwa die Möglichkeit, sie als eine Gefahr oder religiöse Verirrung zu kennzeichnen?

Auf diese Weise gelangen wir zu einem weiteren Problem begrifflicher Enge im Umgang mit neuzeitlicher Religiosität.

Die Warnung vor unzulässiger religiöser Vermengung zählt zum Wesensbestandteil apologetischer Tätigkeit der Großkirchen. Das Zauberwort lautet: *Synkretismus.*

Der ursprüngliche Gedanke des Synkretismus geht auf das antike Urteil zurück, die Kreter seien Lügner, weil sie in der "Überlistung" durch undurchsichtige Vermengungen (Titus 1,12) die Leute hinters Licht führten. Die Humanisten um Luther hatten diese Art einer verlogenen Vermengung religiöser Inhalte im Auge bei dem Vorwurf des Synkretismus. Heutzutage hat sich der Bedeutungsinhalt des Wortes derart gewandelt, daß jede Art von Vermengung und Mischung religiöser Traditionen, ganz gleich auf welche Weise sie geschieht, zum Gegenstand kirchlicher Kritik an der postmodernen Religiosität geworden ist.

Dagegen könnte mit Fug und Recht eingewendet werden, daß religiöse Vermischungen, der sog. Synkretismus, an allen Ecken und Enden innerhalb und außerhalb der Großreligionen stattfindet. Im Gegenteil, vom Standpunkt einer religionswissenschaftlichen Betrachtung erscheint ein religiöses Reinheitsgebot, gleich welcher Couleur, außerordentlich fragwürdig, zumal wenn es dazu dienen soll, eine Religionsgemeinschaft zu qualifizieren.

Es wäre vielmehr zu fragen, inwieweit sowohl spaltende als auch religiös vermengende Tendenzen in der neureligiösen Szene auch positive Impulse für einen modernen religiösen Pluralismus enthalten. Nicht wenige berichten von den nützlichen und wertvollen Erfahrungen, die sie durch eine Auseinandersetzung mit dem indischen Yoga oder durch intensive Lektüre fremder mystischer Texte in bezug auf ihre christliche Entwicklung durchgemacht haben.

So ergibt sich das Problem, inwieweit die Charakterisierung neureligiöser Gruppierungen als Sekten gegenüber den tatsächlichen Erscheinungsformen des Religiösen in der modernen Gesellschaft nicht ein wenig anachronistisch erscheint. Der Begriff Religion ist uneindeutig geworden. Er läßt sich nicht mehr abziehen vom dogmatisch-traditionellen Muster kirchlicher Glaubensvorstellungen. Ihre gesellschaftlich durchgesetzte Religionspraxis ist keineswegs alleiniges Kriterium für die religiöse Einstellung der Menschen; institutionell überlieferte Dogmatik wird vielmehr häufig als eine Art Fremdbestimmung erfahren, gegenüber der sich ein mehr diffus antiinstitutionelles, auf religiöse Autonomie gründendes, nach neuen religiös-ästhetischen Ausdrucksmustern suchendes Bewußtsein etabliert, das mehr auf Akzeptanz und Toleranz statt auf Abgrenzung und Apologetik setzt. Die Frage nach der differenzierenden und relativierenden Wahrnehmung religiöser Verschiedenheit gerät in den Vordergrund. Schon 1978 schrieb Hans-Dieter Reimer von der Evangelischen Zentralstelle für Weltanschauungsfragen in Stuttgart in seinem Buch "Stichwort Sekten": "Diese Verschiedenheit haben wir bisher noch nicht genügend zur Kenntnis genommen. Wir müssen aber differenzieren, wenn wir uns sachgerecht verhalten wollen. Sollte sich dabei der überkommene Begriff *"Sekte"* als hinderlich erweisen, weil er von seiner Wurzel her undifferenziert ist und ein Vorurteil zum Inhalt hat, das uns den Zugang zu den Phänomenen selbst verstellt, dann müßte dieser Begriff zunächst einmal gänzlich fallengelassen werden." (S. 20f). Hansjörg Hemminger schreibt in seinem Aufsatz: *"Was sind Sekten?"* (*Materialdienst Nr. 3, 1994, S. 68ff*): *"Gerade deshalb muß betont werden: Die Bezeichnung Sekte darf nicht zu einem Kampfbegriff werden, mit dem radikale weltanschauliche Gruppen pauschal diffamiert werden."*

Die kirchliche Beschreibung und Wertung der neureligiösen Szene bzw. der "postmodernen Religiosität" müßte den Begriff "Sekte" mit äußerster Vorsicht benutzen. Zu sehr steht der Verdacht im Raum, es ginge weniger um objektive gesellschaftliche Gefahren als vielmehr darum, konkurrierende Organisationen aus dem Feld zu schlagen. Die Verquickung des Begriffs mit dem anderen griechischen Wortursprung der "Häresie" liegt eben doch sehr nahe.

2. Schwierigkeiten mit den Begriffen "Jugendreligion" und "postmoderne Religiosität"

Aus der Nomenklatur kirchlicher Sekten- und Weltanschauungsbeauftragter stammt der Begriff *"Jugendreligion"* oder *"Jugendsekte"*, der in den siebziger Jahren in der deutschen Presse häufig Verwendung fand. Diese Kategorisierung trug dem Umstand Rechnung, daß in den ersten Jahren nach der sog. Studentenrevolte, die in ihrer "aufgeklärten" Gesellschaftskritik sich zugleich der Feuerbachschen bzw. marxistischen Religionskritik verpflichtet fühlte, ein Neuaufbrechen der religiösen Frage spektakulär vor allem in der jüngeren Generation begann.

Die klassischen Neureligionen bzw. "Jugendreligionen" wie die "Kinder Gottes", die "Vereinigungskirche", die "Hare-Krishna-Bewegung", die "Scientology-Kirche", die "Bhagwan-Bewegung" und die sich schon in den sechziger Jahren etabliert habende "Transzendentale Meditation" vermittelten zumindest teilweise ein zentrales Moment des Widerstandes. Ihre Wurzeln hatten sie in Indien bzw. in den Vereinigten Staaten und knüpften recht geschickt in ihrer Werbung an die protestierende Gemütslage studentischer Emsigkeiten an. *"Hau ab aus diesem verdammten System*", rief der Führer der "Kinder Gottes" David Mosse Berg seinen Kindern zu. *Ihr lebt im Zeitalter der Maya. Wenn ihr im Sumpf der Maya zu versinken droht, wird euch Krishna an diesem Zopf wieder herausziehen.*" Mit diesen Worten begründete Bhaktivedanta Swami Prabhupada die bewußt auffällige, den bürgerlichen Ordnungssinn aufs empfindlichste irritierende, bis auf einen Zopf kahlgeschorene Äußerlichkeit seiner Jünger. In den Ashrams von Bhagwan werden sonderbare, revolutionäre sexuelle Praktiken ausprobiert. Kurz, die Neureligionen sprechen ein auf jugendliche Erlebnisfrische getrimmtes, alternatives Bewußtsein an, adaptieren geschickt Elemente nonkonformistischer Attitüden wie Kleidung, Haartracht, musikalischen Geschmack und kommune-analoge Lebensgemeinschaften; sie knüpfen am oppositionellen "Unbehagen an der Moderne" an (G.Küenzlen, 1987, S.187ff), vermitteln aber zugleich im Gegensatz zu der entstandenen oppositionellen politischen Kultur eine Atmosphäre emotionaler Geborgenheit und gefühliger Identitätsorientierung.

Insofern mochte der Begriff "Jugendreligion" und "Jugendsekte" in den ersten Jahren seiner Verwendung, vor allem in den Veröffentlichungen der beiden wichtigsten Publizisten und Weltanschauungsbeauftragten F.W. Haack und R. Hauth ein gewisses Recht behaupten. Spätestens anfang der achtziger Jahre aber wurde die Unhaltbarkeit solcher Bezeichnungen deutlich, besonders sinnfällig anläßlich einer Demonstration von Bhagwan-Jüngern, Sannyasins genannt, in Köln, auf der eine größere Gruppe von Mittdreißigern, ein Pappschild um den Hals, durch die Innenstadt lief; auf ihm war groß und deutlich zu lesen: "Ich bin ein verführter Jugendlicher."

Sehr schnell hatte sich herausgestellt, daß die sog. "Jugendreligionen" keine ephemere Zeiterscheinung darstellten, sondern sich immer mehr etablierten und zu vermögenden Organisationen heranwuchsen, weshalb J. Keden sein Buch zu diesem Thema dann auch bezeichnenderweise 1989 "Sogenannte Jugendsekten" nannte.

Auch die zuweilen vorgetragene Hoffnung, daß die neuen Religionsgemeinschaften im Zuge des Ablebens ihrer jeweiligen Führer gleichfalls das Zeitliche segnen würden, stellte sich als handfeste Illusion heraus. Sowohl Scientology als auch die Hare-Krishna-Bewegung blieben stabile Organisationen nach gewissen internen Nachfolgekämpfen und konnten sogar ihre Missionserfolge, vor allem im Fall von Scientology, beträchtlich ausweiten. Etwas ähnliches läßt sich auch in bezug auf die Bhagwan-, neuerdings sich Osho-Bewegung nennende Anhängerschaft des vor einigen Jahren verstorbenen Bhagwan Shree Rajneesh feststellen. Der Begriff "Jugendreligion" war, so gesehen, von Anfang an obsolet und trug mehr einer zunächst oberflächlichen, am äußeren Erscheinungsbild sich orientierenden Betrachtung Rechnung.

Die Problematik in der Auseinandersetzung mit neureligiösen Bewegungen bzw. Organisationen war von Anfang an mit der Verlegenheit behaftet, ihre gesellschaftliche Bedeutung und ihre organisatorische Beharrungskraft nicht richtig beschreiben zu können. Sowohl kirchliche als auch aus den Reihen der Betroffenen kommende Kritiker auf der einen Seite wie mehr vorbehaltlose, religionssoziologisch geschulte Fachleute standen vor der Frage: Wie weit wird sich diese Zeiterscheinung ausdehnen? Welche Wachstumschancen können ihr zugerechnet werden? Dabei war das Auge Westeuropas immer auch auf die Quelle der neureligiösen Bewegungen gerichtet, auf die Veränderungen und Entwicklungen in den Vereinigten Staaten. Selbstredend läßt sich der religiöse Denominations-Pluralismus aus dortigen Gefilden schlecht oder gar nicht auf hiesige Verhältnisse anwenden. Trotzdem reicht oft ein Blick in die örtlichen Telefonbücher größerer Städte in Deutschland, um zu erkennen, daß fast alle öffentlich diskutierten und kritisierten neureligiösen Erscheinungen ihre Zentren und Kontaktadressen weithin ausgebreitet haben.

Die ostdeutschen Verhältnisse sind diesbezüglich noch nicht eingehend untersucht, sehen sich aber einem mächtigen Zustrom missionarischer Tätigkeit neureligiöser Gruppen gegenüber.

Die Frage nach der angemessenen Qualifizierung bleibt also bestehen und führt uns unweigerlich zu dem sich seit etwa 1983 immer mehr ausbreitenden Begriff des *destruktiven Kults*.

A. Begriffe wie "gefährliche Sekte", "neue Jugendreligion" geistern durch den Medienwald, daß es zuweilen ein wenig übertrieben rauscht. "Mein Sohn, in den Fängen eines Gurus", "meine Tochter Opfer von Satan" - solche oder ähnliche Überschriften gieren nach dem öffentlichen Bewußtsein, pinseln mit grellen Farben, fotografieren in das Elend religiöser Niederungen hinein, verwirren und machen nicht wenige kopfscheu.

Es wäre des Gedankens wert, Begriffe scheidend, den Sensationsmatsch ein wenig trockenzulegen, eventuell sogar vor *Sektenhysterie* zu warnen, bevor man dies gegenüber den Sekten tut. Denn ganz gewiß läßt sich auch ein gutes Geschäft mit schaurigen Abziehbildern von der Wirklichkeit machen. Nicht nur die Religionswissenschaften, auch liberale Religiosität erkennt zunehmend: Das Wort ist schwierig und belastet.

B. Der Begriff *Sekte* gehört eigentlich in das Arsenal apologetischer Rhetorik der Großkirchen und hat durch sie sein Negativimage erhalten. Achtbar - hintergründige Glaubens- und Weltanschauungsgemeinschaften wie zum Beispiel die *Wiedertäufer, die Unitarier, die Freimaurer,* wurden aus kirchlich-orthodoxer Sicht der *Häresie* verdächtigt und mit nicht geringem Aufwand verfolgt. Die etymologische Erklärung bringt die Schwierigkeit ans Tageslicht im Umgang mit diesem Begriff. Erkenne ich in den alternativen Religionsgemeinschaften *die bloße Abspaltung* oder anerkenne ich sie als eigenständige religiöse Gruppe?

Die innerkirchliche Diskussion um den Sektenbegriff hat immer auch einen wertenden, zum Teil abwertenden Charakter. Maßstab ist ein dogmatisch-christlich geprägter Begriff von Glaubensgemeinschaft, der bestenfalls tolerierend, d.h. duldend den Andersgläubigen gegenübertritt.

C. So wäre gleich zu Beginn festzuhalten:

- Eine Auseinandersetzung mit der neureligiösen Szene kann und darf nicht Glaubens- und Weltanschauungsvorstellungen diskriminieren, seien sie auch noch so fremd, schwierig und in vielerlei Hinsicht den eigenen widersprechend.

- Die Gefahr der Verfolgung religiöser Minderheiten ist nicht nur ein Schreckgespenst, das Scientology an sie Wand malt, sondern ein ernstzunehmendes Problem, an dem jegliche Kritik, auch und gerade die kirchliche, sich abzuarbeiten hat.

- In der Begegnung mit den Neureligionen sollte für alle Fachleute das Prinzip gelten: In dubio pro reo.

Ich sage das so pointiert, weil die derzeitige Diskussion oft selbstkritische Infragestellung missen läßt. Ist es nicht ein Unding, daß etwa die Anthroposophie oder der Buddhismus, um nur zwei Beispiele zu nennen, bei uns immer wieder auch unter Sektenverdacht gestellt werden? Sektenbeauftragte beider großer christlicher Konfessionen haben die unheilvolle Geschichte einer religiös-kulturellen Verfolgung von Andersgläubigen im Rücken. Das sollte nie vergessen werden und gilt namentlich für den europäischen Raum. Zahlreiche Be- und Verurteilungen zeigen, daß die Autoren die inkriminierten Gruppen wenig oder gar nicht von innen her kennen. Wer aber nie in einer neureligiösen Organisation gewesen ist, kann sich kein Urteil erlauben, wer Rudolf Steiner nicht gelesen hat, sollte über die Anthroposophie lieber schweigen.

3. Neureligiöse Bewegung und "destruktive Kulte"

Aus der Situation der Betroffenheit und der erfahrenen Schädigung entstand in Amerika der Begriff des *destructive cult,* des destruktiven Kults. In der amerikanischen Religionswissenchaft gibt es wohl den Begriff *cult* als auch den Begriff *denomination* für Religions- und Glaubensgemeinschaften. Die mehr wertfreie, liberale Betrachtung der neureligiösen Szene in den USA war in Deutschland in diesem Maße bislang nicht möglich. Die Frage nach den Grenzen des Pluralismus wird eben aus der Situation der Betroffenheit anders diskutiert als auf der Ebene der wissenschaftlichen Beschreibung.

Andererseits ist es nicht zu übersehen, daß in dem immer weiter werdenden Spektrum neureligiös-weltanschaulicher Gemeinschaften sich Organisationen einnisten, die nur schwerlich den Namen verdienen, den sie sich nach außen hin geben. Hier aber liegt das Problem der vorsichtig-differenzierenden Beschreibung.

Es gibt die zahlreichen Einzelfälle dramatisch veränderter Biographien, schwerer psychischer Abweichungen, zerrütteter Familien, finanzieller Ruinierungen, die durch religiös-weltanschauliche Beeinflussungen entstanden sind und Menschen in eine für sie bedrohliche Situation gebracht haben.

Damit ist das Dilemma angedeutet, zwischen einer *apologetisch-diskrimierenden Stigmatisierung* neureligiöser Gemeinschaften einerseits und *toleranter Beliebigkeit* andererseits einen Weg zu finden, der der Vielfalt gerecht wird, Maßstäbe zu entwickeln, die einen kritischen Umgang mit *destruktiven Erscheinungen* in der Bandbreite des religiösen Angebots ermöglichen.

Außerhalb der religiösen Großinstitute ergibt sich daher ein vielfältiges und schillerndes Gebilde neureligiöser Angebote, das sich vielleicht folgendermaßen unterteilen läßt:

1. Die neureligiösen Gemeinschaften und Psychokulte, die als fest strukturierte Organisationen auftreten (z.B. Scientology, Bhagwan, Vereinigungskirche, TM u.a.).

2. Die Veränderung in dem Bereich der sogenannten "klassischen Sekten", die sich zunehmend fundamentalisieren und fanatisieren. (z.B. Zeugen Jehovas, Christliche Wissenschaft, Mormonen, die Freie Bibelgemeinde, Adventisten u.a.)

3. Die Bereiche des Okkultismus und der Esoterik, die zu keinen festgefügten Organisationen führen, sondern mehr in Form von häufig individuell angebotenen weltanschaulichen Konzepten über kleine sporadisch auftretende Workshops, Seminare und Heilgruppen bis hin zu einem ausgedehnten Büchermarkt, der derzeit Kaufhäuser und kleine Läden überschwappt, auf dem Markt der Möglichkeiten erscheinen (z.B. Kartenleger, Geistheiler, Reiki, parapsychologische Experimente, u.a.).

In allen drei Bereichen, vor allem im ersten, ergeben sich destruktive Momente, die unterdessen gesellschaftlich bedeutsam geworden sind und die kritisch hinterfragt werden müssen. Der ehemalige Sekten- und Weltanschauungsbeauftragte von Bayern, Friedrich-Wilhelm Haack hatte zu Beginn der öffentlichen Auseinandersetzung über die "Neureligionen" Kriterien angegeben, die lange Zeit als zentrale Merkmale der *Jugendreligionen* galten:

1. Das *"rettende Rezept"*, das eine bestimmte Weltanschauung verabsolutiert und diese allen anderen Weltanschauungen gegenüber stellt.

2. Der *"heilige Meister"*, der als lebende, zentrale Kultfigur die Organisation beherrscht.

3. Die *"gerettete Familie"*, die eine eigene, meistens rigide strukturierte alternative Lebensgemeinschaft darstellt.

Diese drei Merkmals sollten präzisiert werden, um eine deutlichere Unterscheidung des destruktiven Kults gegenüber anderen neureligiösen Bewegungen zu ermöglichen.

Für unsere Betrachtung wollen wir den Begriff des destruktiven Kults präzisieren durch bestimmte Kriterien, die wir im folgenden anwenden wollen. Bei den ausgedehnten Recherchen in den hier behandelten Gruppen haben sich diese Kriterien bewährt.
Gefährlich und destruktiv ist ein Kult dann, wenn er folgende Kriterien erfüllt:

1. Religion oder Weltanschauung wird nur als *Mittel zum Zweck* benutzt. D.h. die religiöse Konzeption dient nur als Fassade, um auf diese Weise soziale Anerkennung und finanzielle Vorteile zu erlangen wie z.B. Steuerbefreiung, öffentliche Zuschüsse usw.

2. Es besteht eine krasse Diskrepanz zwischen äußerer Erscheinung des Kults und der internen Wirklichkeit. Diese Diskrepanz wird von seiten des Kults systematisch verschleiert. Er reagiert empfindlich bis aggressiv auf Untersuchungen und Hinterfragungen,

stellt sich öffentlichkeitsssscheu und abwehrend vor seine internen Verhältnisse. Ein Außenstehender hat keine Möglichkeit, Einblick hinter diese Fassade zu bekommen.

3. Der Kult entwickelt ein religiös-weltanschauliches Konzept, das *totalitäre Züge* trägt. Dieses Konzept, das wir im weiteren Verlauf *"religiöse Ideologie"* nennen wollen, verfolgt Andersdenkende, trägt rassistische Züge oder verlangt den *"totalen Gehorsam"* gegenüber den Führergestalten dieses Kults. Dem Konzept entsprechend führt der Kult ein rigides, auf Bestrafung und Belohnung beruhendes Regiment, das die Anhänger zu willigen und gefügigen Rädchen in der Organisation werden läßt, ohne daß dies ihnen selbst bewußt wird. Sie fühlen sich frei und ungebunden, sind indessen reines Anhängsel der Kultmaschinerie.

Folgende drei Kriterien klassifizieren die *religiöse Ideologie:*

3.1 Die religiöse Ideologie vermischt religiöse Inhalte verschiedenster Herkunft mit faschistoiden politischen Gedankeninhalten. Besonders wichtig ist dabei das "Führerprinzip".

3.2 Die religiöse Ideologie entwickelt ein totalitäres Weltanschauungskonzept, das naiv-dualistisch nur schwarz und weiß, böse und gut, Freund oder Feind kennt.

3.3 Die religiöse Ideologie fanatisiert ihre Anhänger systematisch, so daß sie nur noch über ein eingeschränktes Wahrnehmungsvermögen verfügen. Gegen Kritiker erlaubt dieses Konzept, unerbittlich vorzugehen.

4. Hinter dem Deckmantel der "Gemeinnützigkeit" verbergen sich *rein wirtschaftliche Ziele*, die den Kult zu einem profitablen Unternehmen werden läßt. Er gründet sog. *Tarnorganisationen*, die, von ihm geführt und inspiriert, den wirtschaftlichen Erfolg zur obersten und zum Teil einzigen Maxime erheben. Kultabhängige werden zu kostenlosen Arbeitskräften, die mehr oder weniger unentgeltlich Tag und Nacht für die Organisation arbeiten.

5. Es werden *pseudotherapeutische* Angebote gemacht mit Heilungsgarantien, die aufgrund mangelnder Qualifikation in keiner Weise gewährleistet werden können. Selbsternannte Heiler, Therapeuten, Meister oder Trainer etikettieren sich mit Titeln, die Kompetenz und Erfahrung vorgeben. Aufgrund ihrer mangelnden diagnostischen Fähigkeiten bringen sie labile Persönlichkeiten und latent psychisch Kranke in ausweglose Situationen, die später nur mühsam psychiatrisch und psychotherapeutisch behandelt werden können.

6. Der destruktive Kult nimmt die *Ruinierung der Familienverhältnisse* seiner Anhänger nicht nur in Kauf, er betreibt die Zerstörung bestehender sozialer Kontakte teilweise bewußt und geplant. Die damit verbundenen schweren Krisen und Ängste seiner Anhänger führen oftmals zu psychischen Krankheiten. Auch der finanzielle Ruin seiner Mitglieder ist ihm prinzipiell gleichgültig. Die Kultsprache reagiert auf solche Unfälle und Konflikte grundsätzlich zynisch. Der Kult verfährt in seinem Umgang mit den Mitgliedern nach dem Prinzip, daß der Zweck die Mittel heilige.

Selbstredend gelten diese Kriterien in unterschiedlicher Weise und in verschiedenem Maße in der neureligiösen Szene, erscheinen aber trotzdem als hilfreich und hinreichend präzis, um das Spektrum zu differenzieren. An dieser Stelle gilt es, klar und deutlich Grenzen zu ziehen, damit ernstzunehmende neureligiöse Ansätze eine Chance haben, auch als Alternative zu den Großkirchen sich zu etablieren. Sollte einerseits die Allround-Ächtung als Sekte durchaus vermieden werden, gilt es doch den Tatbestand *destruktiver Wirkungen* klar zu benennen und zu beschreiben, um Menschen vor dem Schicksal der *Kultabhängigkeit* zu bewahren.

Im folgenden wird zunächst allgemein dargestellt, wie sich die Kultkarriere gewissermaßen prototypisch entwickelt bis hin zu einer *destruktiven Kultidentität*.

4. Die prototypische Kultkarriere

Erster Schritt: Missionsgespräch

"Sabine M. wird auf der Sögestraße angesprochen: "Bist du glücklich? Oder hast du Probleme?" Sie reagiert verunsichert, aber doch interessiert. Endlich einmal wird sie angesprochen, muß sie nicht den ersten Schritt tun. Sie folgt dem freundlich-fröhlichen Missionar ins Center. Sie beginnt ihre Kultkarriere. Am Ende steht sie als psychisches und finanzielles Wrack da."

Eltern, Angehörige, Freunde fragen entsetzt: Wie konnte es dazu kommen? Die dramatische Persönlichkeitsveränderung, die radikale Änderung der Lebensverhältnisse erzeugt Erschrecken.

In den Fußgängerzonen der Innenstädte, an den Bahnhöfen, teilweise vor den Schultoren begegne ich den sog. *Missionaren*. Was mir anfangs vollkommen unklar war: sie sind auf diese Gespräche im Kult lange Zeit trainiert worden. Nach außen hin erscheint alles so spontan und improvisiert. Die Missionare treten nur sehr selten allein auf, meistens mindestens zu zweit. Sie suchen ihre Ansprechpartner nach einem vorgegebenen Schema aus. Menschen, die zielgerichtet durch die Innenstadt gehen, werden weniger angesprochen als diejenigen, die suchend und also andeutend, daß sie innerlich unsicher, vielleicht sogar orientierungsschwach sind, durch die Stadt flanieren.

Die *Objekte für das Missionsgespräch* sollen in dieser ersten Begegnung herausgefiltert werden. Es kommen in erster Linie Menschen in Frage, die sich in einer *tiefgreifenden Orientierungskrise* befinden. D.h. Probleme in der Familie, Arbeitslosigkeit, psychische Labilität, Schulprobleme haben im Leben des Angesprochenen *latent* oder *bewußt* eine solche Bedeutung erlangt, daß ein Ausweg ihm kaum oder gar nicht mehr möglich erscheint. Bestehende soziale Beziehungen, eventuell existierende Beratungs- oder Anlaufstellen haben ihre Relevanz verloren. Wichtig dabei ist die Tatsache, daß die Ansprechpartner der *Missionare* sich selbst gegenüber diesen Umstand noch nicht eingestanden haben oder dazu bislang noch nicht in der Lage waren.

Aus diesem Grund ist der Gesprächseinstieg meist sehr direkt und unmittelbar: *"Hast du Probleme?"* oder *"Glaubst du an Gott?"* oder *"Bist du glücklich?"* Ein wildfremder Mensch geht auf den Betreffenden zu und zielt direkt auf seine persönliche Befindlichkeit. *"Kein langes Herumreden"*, sondern unmittelbarer Zugang zur Persönlichkeit.

An dieser Stelle scheidet sich schon einmal die Spreu vom Weizen. Stabile Personen, die in einem für sie festen sozialen Bezugsrahmen stehen und eine klare weltanschaulich-religiöse Überzeugung haben, gehen achtlos vorüber oder reagieren abwehrend. Nur *Orientierungsschwache* sollen im Netz des Missionsgesprächs hängenbleiben.

Im Gespräch selbst haben die Missionare die Aufgabe, zunächst einmal nicht so sehr ihre neue Lehre zu entwickeln, um Befremdungen zu vermeiden, sondern sich selbst als *persönlichen Beleg eines neuen, alternativen Lebens* vorzuführen. Sie erscheinen als glückliche, in sich ruhende, immer fröhliche Menschen, die nichts anderes im Sinn haben, als andere glücklich zu machen. Die persönliche Zuwendung *(in den USA auch "love bombing" genannt)* zu den Problemen der Gesprächspartner steht im Vordergrund. Als Gesprächstaktik ist dies für den Außenstehenden nicht erkennbar. Am Ende des Missionsgesprächs steht die *Einladung, in das Zentrum des Kults zu kommen.*

Zweiter Schritt: Das erste Erlebnis im Zentrum des Kults.

Die Neulinge - wir nennen sie der Einfachheit halber *Novizen* - begeben sich in das Zentrum des Kults, zunächst im Bewußtsein, dieses nur einmal kennenzulernen.

Dort potenziert sich das Erlebnis auf der Straße. Es tritt ihnen eine Gemeinschaft erlöster, vollkommen glücklicher und stabiler Menschen entgegen, sich kennzeichnend durch dieses typische, wie der Spiegel es nennt, *"seligmachende Grinsen"*. Die Mitglieder des Kults zeigen sich dem Novizen gegenüber als *liebende Gemeinschaft.* Der Novize soll das Gefühl des vollkommenen Angenommenseins erhalten: *"Du bist einer von uns!"* Typisches Zitat eines ehemaligen Kultabhängigen: *"Ich hatte das Gefühl, die kennen mich schon immer!"* Die Gespräche drehen sich immer noch in erster Linie um die Belange und Probleme des Novizen. Von der Lehre, der Weltanschauung erfährt der Novize nur wenig, meist nur einige Bruchstücke. Das persönliche Erlebnis in der Gruppe steht im Vordergrund. Zitat der *"Familie der Liebe"*: *"Du mußt ein Baby sein, um in den Himmel zu kommen! Einem Baby kann man auch nicht sofort eine richtige Mahlzeit vorsetzen!"*

Nur eines wird dem Novizen von der *"neuen Lehre"* zu Beginn vermittelt. Sie ist absolut anders, neu und radikal verändernd. Wer sich dieser Lehre anschließt, erfährt die völlige Umkehr zu einer glücklichen, vollkommenen, in sich ruhenden Persönlichkeit.

Von der totalitär-autoritären inneren Struktur des Kults ist am Anfang nichts zu spüren. Alles, was getan wird, erscheint, als käme es ganz auf den freien Willen und die innere Begeisterung der Kultmitglieder an.

Vor allem die Bedeutung des *Kult-Führers*, dessen Konterfei in den meisten Zentren gut sichtbar hängt, wird heruntergespielt: *"Der, ach der hat nur einige wichtige Bücher geschrieben."* Oder: *"Bhagwan ist nur ein Witz!"*

Daß zum Beispiel die Anhänger der Vereinigungskirche jeden Morgen ein *"Gelöbnis"* sprechen, an dessen Ende sie schwören, für S.M. Moon, ihren Kultführer, auch ihr Leben einzusetzen: *"Ich werde unter Einsatz meines Lebens kämpfen, das gelobe ich und schwöre ich!"*, daß L.R. Hubbard seine Organisation nach dem Prinzip gestaltet: *"Nur wer totalen Gehorsam übt, kann auch total frei sein!"* u.a.m., bleibt dem Außenstehenden vollkommen unklar.

Auch die auf den Novizen zukommenden Anforderungen werden systematisch verschwiegen. Am Anfang sind die Preise, Spenden, Gebühren noch verhältnismäßig überschaubar. Die späteren finanziellen Belastungen stehen nicht in Rede.

Im Unterschied zu einem Noviziat in einem Kloster, das von vornherein den Interessenten die Anforderungen deutlich erklärt, außerdem dem Novizen ein jederzeitiges Verlassen des Klosters während der Phase des Noviziats einräumt, hält der *destruktive Kult* jegliche Informationen über seine Praktiken zurück.

Die Novizen nehmen an Wochenendseminaren, an Meditationskursen, an Workshops teil. Sie machen vertiefte Erfahrungen mit dem Kult. Häufig tun Kultmitglieder so, als seien sie selbst neu in der Gruppe, und bestätigen die *wunderbaren Wirkungen* der durchgeführten Veranstaltungen. Diese geschickte Verkaufsstrategie wird in Amerika bezeichnenderweise als *"snapping"* benannt, das im Vorfeld der systematischen Beeinflussung stattfindet.

Der Kult fängt an, den Novizen zu *kontrollieren (Milieukontrolle)*. Daten über ihn werden gespeichert, private, sehr persönliche Erkenntnisse gesammelt, um sie für alle Fälle verfügbar zu haben *(z.B. der kostenlose Persönlichkeitstest)*. Mitglieder und Lehrer des Kults überprüfen die Wirkungen ihrer Maßnahmen. Alle erscheinen begeistert. In diesen Sog der Begeisterung wird der Novize mit hineingezogen. Zunächst ist die Kontrolle relativ unauffällig. Ein ehemaliges Mitglied der Vereinigungskirche erzählt vom ersten Schulungskurs in Camberg im Taunus. Der Tag war angefüllt mit Vorträgen und Belehrungen, stundenlangen Gesprächen mit den Schulungsleitern. Es gab nur wenig Pausen, in denen man sich erholen konnte: *"Mir fiel auf, als ich in den Pausen gerne einmal nach draußen gehen wollte, um frische Luft zu schöpfen, daß alle Ausgänge des Zentrums besetzt waren mit den Mitgliedern der Moonies. Wenn man an ihnen vorbei wollte, wurde man sofort ins Gespräch verwickelt: Hast du noch Fragen? Ist es dir gut ergangen beim letzten Vortrag? Komm, laß uns doch noch ein wenig weiter sprechen. Das hat dazu geführt, daß ich mich gar nicht mehr nach draußen traute."*

Äußert der Novize irgendwelche Einwände, Probleme mit den erfahrenen und auch anfangs gern finanzierten Maßnahmen, gibt es von seiten des Kults ein ständig wiederholtes Antwortschema. Der Novize wird in seiner Problematik bestätigt: *"Es ist toll, daß du dein Problem so gut erkennen konntest durch unseren Kursus. Darum haben wir auch die nächste Stufe für dich vorbereitet, die eben dieses Problem behandeln wird!"* Nicht wenige fallen auf dieses simple Argumentationsschema immer wieder herein.

Der Kult hat eine eigene Sprache, eine *Nomenklatur*, die dem Novizen augurenhaft nur stückweise vermittelt wird. Auch gängige

Worte haben in den Augen des Kults eine ganz andere Bedeutung als in der Außenwelt. Bei Scientology bedeutet etwa das Wort "Ethik" totaler Gehorsam gegenüber Scientology. Wenn die Kulte das Wort "Wissenschaft" benutzen, dann denken sie dabei an ihre religiös-spirituellen Weisheiten. Die akademische Bedeutung dieses Wortes ist ihnen vollkommen fremd. Aus diesem Grund versteht der Novize vieles nicht, was ihm im Kult gesagt wird. Nur in Bruchstücken vermag er das Gelernte zu verarbeiten. Die anderen Mitglieder lächeln überlegen-mitfühlend: *"Da kommst du auch noch hin!"*

Die Novizen machen merkwürdige *Außenerfahrungen*. Sie vertreten die Bruchstücke der neuen alternativen Weltanschauung gegenüber Freunden, Arbeitskollegen oder Familienangehörigen, die den z.T. sehr radikalen Vorstellungen befremdet gegenüberstehen. Sie können nicht verstehen, was das alles soll. Auch die sonderbaren Verhaltensänderungen erscheinen ihnen unverständlich.

Der Kult hat es auf diese *Entfremdung* gegenüber den außenstehenden sozialen Kontakten der Novizen abgesehen. Sie sind zum Teil geplant und werden systematisch ins Werk gesetzt. *(Der sog. Trennungsbefehl bei Scientology, die fortwährend beteuerte, tautologische Wiederholung von seiten des Kults: "Die anderen können uns nicht verstehen, weil sie nicht bei uns sind!")*

Letztlich gibt es nur eine Alternative: Mitmachen oder Gegnerschaft!

Der Kult programmiert den Novizen auf die religiöse Ideologie seines Kultführers hin. Dieses *"programming"* ist aber dem Novizen nicht klar. Er empfindet es häufig als eine Art von Betreuung und eifrige Zuwendung der Gruppe.

Die *Anforderungen* des Kults in finanzieller und zeitlicher Hinsicht werden immer aufwendiger. Der Terminplan nimmt den Novizen fast lückenlos in Anspruch. Es entsteht ein merkwürdiger *Selbstrechtfertigungsdruck*. Weil er schon so viel investiert hat, kann die Sache doch nicht ganz falsch sein. Die Gruppe demonstriert durch die übrigen Mitglieder immer wieder: *"Wenn etwas falsch läuft, dann muß es an dir liegen!"*

Die Novizen werden vom Kult vollkommen vereinnahmt. Persönliche Bedürfnisse werden verweigert um der versprochenen *"Erlösung"* willen. Vor allem wird häufig der Schlaf entzogen.

Es findet von seiten des Kults eine umfassende Kontrolle statt, die den Novizen zunächst vollkommen entgeht. Das Denken wird kontrolliert, die Sprache wird dauernd verbessert, dem Kultduktus angepaßt. Vor allem aber auch werden die sozialen Beziehungen des Novizen unter die Lupe genommen. Alle *Sprach- Bewußtseins- und Sozialkontrolle* geschieht nur aus *"Liebe"* und *"Fürsorge"*.

Die finanziellen Erfordernisse sind ins Maßlose gestiegen. Ohne es zu merken, hat sich der Novize zum Kultabhängigen verwandelt. Schlafentzug und ständige Überwachung werden als Betreuung und Stählung des Charakters ausgegeben.

Der Kult stellt den Kultabhängigen vor die Frage, sich ganz für die Sache hinzugeben oder die angefallenen Schulden zu bezahlen: *"Wir haben so viel für dich getan. Das kannst du gar nicht bezahlen. Die Größe der Erlösung, die du bei uns erfährst, steht in keinem Verhältnis zu den finanziellen Mitteln, die wir von dir fordern!"*

Immer wieder kommt es in dieser Phase bei Kultabhängigen zu *neuen Identitätskrisen*. Die Erfahrung, daß derart martialische Forderungen gestellt werden, die Privatsphäre kontrolliert und jeder abweichende Gedanke mit Strafen geahndet wird, erzeugt tiefgreifende *Ambiguitätskonflikte*: Wie können die gleichen Mitglieder, die so liebend und annehmend waren, derart haßerfüllt auch nur die kleinste Abweichung bestrafen? Warum werden Außenstehende, Angehörige, Freunde und Eltern als Feinde behandelt *("suppressive persons" bei den Scientologen)*? Ein besonders eindrückliches Beispiel für diese Art von inneren Krisen im Kult erzählte Ingrid, Kultadeptin von Bhagwan Shree Rajneesh, in der Sprache der Gruppe: *Sie hatte Sannyas genommen*. Ihren Mann und ihr kleines Kind hatte sie verlassen, war nach Oregon in den USA, dem damaligen internationalen Zentrum dieser Bewegung, gereist und vollkommen erfüllt danach wieder aus den USA zurückgekommen. Sie arbeitete fortan im Bielefelder Zentrum. Eines Tages wurden sie vom damaligen Zentrumsleiter aufgefordert, sich im Meditationsraum an den Wänden in der Reihe aufzustellen und die Augen zu schließen. Der Zentrumsleiter las einige Texte von Bhagwan vor und sagte dann unvermittelt, daß eine neue Zeit angebrochen sei, die sog. *Money-Time*. Alle Anwesenden sollten zeigen, wie weit sie bereit seien, *"für Bhagwan zu gehen."* Sie sollten dies andeuten, indem sie auf eine gedachte Mittellinie im Raum zugehen. Ingrid wurde in diesem Moment tief verunsichert: *"Jetzt dachte ich, das ganze ist eine Riesensauerei. Die wollen nur dein Geld!"* Aus Angst vor der Gruppe ging sie mit den anderen mit und vollzog auf diese Weise ihre Gefolgschaft. Aber am selben Abend, zu Hause, kam sie ins Nachdenken und schickte ihre *Mala* (eine Holzperlenkette, die ihre Mitgliedschaft äußerlich dokumentierte) an das Zentrum zurück. Doch damit war die Krise nicht ausgestanden. Sie gab mir in dieser Zeit ein Interview, in dem sie ihre tiefe innere Verunsicherung und die damit verbundenen Geschehnisse schilderte.

In solchen Phasen innerer Krisen stellt sich für den Kultabhängigen, der mittlerweile fast alle Außenkontakte abgebrochen hat, die einzige Frage: Wer wird außerhalb des Kults noch bereit sein, die Tür zu öffnen und sich vorbehaltlos einem Gespräch stellen?

Die andere Möglichkeit für den Kultabhängigen ist das vollständige Aufgehen in der Kultgemeinschaft. Er bekommt einen neuen Namen, einen neuen Charakter, er darf das erste Mal seinem Kultführer begegnen oder einem anderen prominenten Mitglied des Kults. Die *Initiation* kann verschieden aussehen.

Der Kult überprüft die Loyalität der Mitglieder dadurch, daß er sie selbst als Missionare einsetzt. Nur wer die Sache umstandslos nach außen vertritt, gilt ihm als vollwertiges Mitglied. Die Phase einer *neuen Identität* ist abgeschlossen, die Kultkarriere mit dem Aufgehen in die destruktive Kultgemeinschaft zunächst beendet.

Angehörige, Freunde, Ehepartner, Kinder oder Eltern sind entsetzt und verzweifelt. Sie haben das Gefühl, jeglichen Zugangsweg zum Bewußtsein des Kultabhängigen zu verlieren. Er steht ihnen *verschlossen* und *"fanatisch borniert"* gegenüber. Es ist, als trage er *"eine Jalousie vor dem Gehirn, die nichts anderes mehr durchläßt als die Gedanken und Anweisungen der Sekte"*. Verzweiflung und Ratlosigkeit auf der einen Seite, trügerisches Sicherheitsgefühl und die Illusion einer erlösten Problemlosigkeit auf der anderen bilden auf lange Zeit eine schreckliche Kluft des Mißverstehens, immer wieder neu hervorbrechender Ängste und zum Teil tragisch verlaufender Streitigkeiten. Die Frage, ob sich je etwas ändert oder etwas ändern läßt, macht viele mutlos und resigniert. Inge beschreibt sehr eindrücklich, wie sie den Ausstieg aus dem Kult der "Kinder Gottes" oder der "Familie der Liebe" empfunden hat: *In den nächsten zwei Monaten war bei mir im Herzen und im Kopf die Hölle los. Ich habe manchmal nicht mehr gewußt, warum ich eigentlich da bin, ob ich glaube oder nicht glaube, ob ich mich nicht besser umbringen soll, ob alles überhaupt noch Sinn hätte. Es ist schwer zu beschreiben, aber ich denke, den Zustand haben alle, die herausgekommen sind, so ein unbeschreiblicher Zustand, wo man sehr, sehr viel leidet, körperlich und seelisch.*

Es ist für mich ein Merkmal, daß sehr viele, die aus den Sekten herauskommen, regelrechte Entzugserscheinungen haben, wie es sonst nur bei Drogenabhängigen der Fall ist. Das kann im Einzelfall so aussehen, daß man zittert, viel Durst hat, schlecht schlafen kann, daß die Sucht zurück zur Sekte so groß ist, daß der Körper das fast nicht aushalten kann, daß man nicht da ist. Und daran bin ich wirklich krank geworden. Ich habe Kopfschmerzen bekommen, Magenkrämpfe. Und es ist leider so, daß einige von uns in psychiatrischer Behandlung bis heute sind. Wo man nicht weiß, wie man die anpacken muß, um sie zu heilen, ihnen zu helfen. Tatsache ist, daß diese Krankheit in der Sekte aufgebrochen ist und daß die bis heute daran knabbern und von ihrer Krankheit nicht mehr herunterkommen.

Ihre Freundin Jutta erzählt: *Ich halte die Sekten für eine echte Gefahr für uns jüngere Menschen. Wir können an nichts mehr glauben und sind total mißtrauisch geworden. Wenn ich nicht meine Eltern gehabt hätte und ich mich nicht auch selbst stabilisiert hätte, das wäre schlimm geworden. Ich weiß, daß einer von uns in der Gruppe einen Selbstmordversuch gemacht hat. Der ist nach mir, etwas später, herausgegangen. Der nimmt heute wieder Drogen. Ich finde das furchtbar.*

Die religiöse Enttäuschung, der Verrat an den Idealen, mit denen sich die Kultabhängigen so sehr identifiziert hatten, führt zu einem extremen Sinn-Vakuum. Sie wissen nicht mehr, wohin sie sich nun noch neu orientieren können.

Dennoch zeigen viele Kultschicksale, daß es sehr wohl eine Rückkehr in stabile und normale Verhältnisse gibt.

II. Beispiele "destruktiver Kulte"

Wir können und wollen im folgenden nur einige typische Beispiele "destruktiver Kulte" ausführlicher behandeln. Dieses exemplarische Verfahren hängt unter anderem damit zusammen, daß die Anzahl solcher Organisationen, vor allem auf dem Markt der Psychokulte, beständig zunimmt und aus diesem Grund ein Überblick fast nur noch den Fachleuten möglich ist. Es gibt aber mittlerweile eine Reihe von Lexika, die auch dem Außenstehenden einen groben Einblick verschaffen können in die Welt der neureligiösen Szene.

Wir beginnen zunächst mit der Darstellung von Kulten, die sich in erster Linie religiös legitimieren oder unmittelbar an bestimmte religiöse Traditionen anknüpfen, und kommen dann auf einen zweiten Bereich, den der destruktiven Psychokulte, den wir vom allgemeinen Begriff her noch anfangs kurz erläutern werden.

Die Darstellung folgt nach einem bestimmten Strukturprinzip, das es auch dem Außenstehenden ermöglicht, sich kurz und präzis zu informieren und gleichzeitig die Möglichkeit zu finden, sich weitergehender Lektüre zu widmen. Wesentlich ist dabei die schon oben angedeutete Frage: *Wie geraten Menschen in den Kult hinein? Wie nehmen sie ihn in der Anfangsphase wahr und was spielt sich zugleich hinter den Kulissen ab?* Nur wer diesen Widerspruch erkennt, kann sich auch wirksam davor schützen, selbst Opfer einer solchen Mission zu werden. Die Kultzitate stammen, soweit sie nicht weiter belegt werden, aus Flugblättern, Plakaten, Kurzschriften der Kulte selbst bzw. aus zahlreichen Interviews, die der Autor mit Anhängern und ehemaligen Kultabhängigen geführt hat. Die Namen der derzeitigen oder ehemaligen Kultmitglieder wurden verändert. Die Anonymität war eine der wesentlichen Voraussetzungen für die Interview-Partner, sich überhaupt zu ihren Erfahrungen zu äußern. So enthält jedes Kapitel über die destruktiven Kulte folgenden Aufbau:

1. Der Weg in den Kult, der sich in bestimmten, teilweise aber unterschiedlichen Schritten vollzieht.
2. Eine Kurzbiografie des Kultführers und die Geschichte seiner Organisation.

3. Eine kurze Darstellung der Lehre des Kults.
4. Der derzeitige organisatorische Aufbau und eine Zusammenfassung der Gefahren, die mit dem Kult verbunden sind.
5. Ein Glossar, das einen Überblick verschafft über die Nomenklatur und die Tarnorganisationen des betreffenden Kults.
6. Material und Literaturhinweise zum Weiterlesen und Vertiefen.

A. Destruktive Kulte mit religiöser Ideologie

SCIENTOLOGY
"Auf dem Weg zum totalen Gehorsam"

1. Der Weg in den Kult
"Gewinnen Sie Kontrolle über Ihr Leben" - "Nutzen Sie die restlichen 90 % Ihres geistigen Potentials!"

1. Schritt: Kontaktaufnahme und Überzeugungsarbeit

In der Fußgängerzone begegnet Heike einem Scientologen. Geduldig und ausdauernd steht er in der Mitte der Straße mit einem kleinen Haufen Zetteln in den Händen. Ganz in der Nähe steht ein Büchertisch. Viele, die meisten, gehen achtlos vorüber, einige reagieren aggressiv auf die freundliche Ansprache des Missionars. Er jedoch bleibt gleichmütig freundlich. Das imponiert Heike. Sie hört genauer hin: *"Hast du Probleme?"* , *"Nutzt du wirklich dein wahres geistiges Potential?"*, *"Wie kannst du dich selbst besser verstehen?"*. Noch nie hat sie sich darüber weiter Gedanken gemacht. Der Missionar hält ihr einen Werbezettel für ein Buch entgegen: *" Ich habe hier ein Taschenbuch, das ist zum Weltbestseller geworden. Es heißt: Dianetik, die moderne Wissenschaft der geistigen Gesundheit."*

Die Stichworte gehen ein. "Moderne Wissenschaft", "geistiges Potential", "Erfahrung mit dem Selbst". Heike möchte mehr darüber erfahren.

Der Missionar ist so gewinnend und verständnisvoll. Er will gar keine neue Lehre verkaufen, einfach nur Verständnis zeigen für die Fragen und Probleme, die ihm da auf der Straße vorgetragen werden. Er ist "clear", "gut drauf", überhaupt scheint er "alle Probleme hinter sich gelassen zu haben." Heike will mehr darüber erfahren. Sie wird eingeladen zu einem kostenlosen Persönlichkeitstest ins Zentrum von Scientology.

Was Heike nicht durchschaut:
Die Missionare werden für diese Straßengespräche und Werbefeldzüge
ausgiebig geschult. Ihre Aufgabe besteht darin, auf jeden Fall die Kurse zu
verkaufen. Äußert einer Kritik, reagiert abwehrend oder aggressiv, heißt
die Parole: Abgleiten lassen! Freundlich bleiben!
Dem Gesprächspartner gilt es deutlich zu zeigen: "Es kommt auf dich an,
wir sind für dich da! Du kannst mit uns über alles sprechen!
Was du sonst nirgendwo erlebst, wir kümmern uns um dich!

2. Schritt: Der kostenlose Persönlichkeitstest

Im Zentrum wird Heike genauso freundlich empfangen und angesprochen wie auf der Straße. Die Aufmachung der Einrichtung erscheint kostbar und einladend. Alles wirkt sehr "professionell", ähnlich wie in einer psychologischen Praxis. Die Mitarbeiter wirken wie gut ausgebildete Therapeuten, sie zeichnen sich durch eine eigentümliche Fachsprache aus, die Heike zunächst kaum versteht. Sie nimmt an dem kostenlosen Persönlichkeitstest teil. 200 Fragen soll sie beantworten. Der Mitarbeiter hört ihr dabei ernst und aufmerksam zu. Es sind auch Fragen dabei, die sie zunächst nicht gern beantworten möchte, sie betreffen ihre Persönlichkeitssphäre: *Müßten Sie sich eindeutig anstrengen, über Selbstmord nachzudenken?"* oder *"Denken Sie oft über vergangene Krankheiten oder schmerzliche Erfahrungen nach?"* oder *"Sind sie für Rassentrennung und Klassenunterschiede?"* Viele der Fragen kann sie gar nicht verstehen. Der Mitarbeiter ermutigt Heike, alles offen und ohne Vorbehalte zu beantworten.

Am Ende der Befragung wird der Bogen ausgewertet. Mit fachmännischem Blick wird Heike eine Diagnose angeboten. Sie habe Probleme und leichte Defizite, die sich aber leicht bewältigen ließen. Ihr wird ein relativ preiswerter "Kommunikationskurs" angeboten. Heike nimmt an.

Was Heike nicht durchschaut:
Der Persönlichkeitstest wird mit allen gewonnenen Daten über sie gespeichert. Die Organisation hat ein klares Bild von ihren Problemen, das die Mitarbeiter jederzeit abfragen können.

Die Diagnose ist immer die gleiche. Allen Teilnehmer an dem kosten-
losen Persönlichkeitstest werden leichte oder schwerere Defizite im per-
sönlichen Bereich attestiert. Die Lösung ist ebenfalls immer die gleiche:
Ein "Kommunikationskurs" bei Scientology.

3. Schritt: Du kannst ein Operating-Thetan werden!

Heike erhält sogenannte *"Auditing-Stunden"*, in denen sie dem *Auditor*
(so nennen sich die Mitarbeiter von Scientology) Probleme und Details
aus ihrer Kindheit preisgibt. Sie erfährt, daß sie momentan noch ein
"Preclear" sei, der sich durch diesen Kursus auf dem Weg zum *"Clear"*
befinde. Alle Fragen habe sie aber auf jeden Fall aufrichtig zu beantworten. Dies sei eine Vorbedingung für die Gewinnung der *"geistigen*
Gesundheit". Heike wird in diesen in gewisser Weise an ein Verhör
erinnernden *Auditing-Stunden* an ein sogenanntes *"E-Meter"* angeschlos-
sen. Es ist eine Art Lügendetektor. Sie soll zwei Dosen in den Händen halten, hinter einer kleinen Wand steht das Gerät. Sie kann den
Ausschlag der Nadel auf dem E-Meter nicht sehen. Nur der Auditor
liest ab. Verschweigt sie in ihrer "Beichte" etwas oder hält eine
Information zurück, die der Auditor haben will, dann gilt sie als
"overt". D.h. ihre Handlungen und Aussagen werden als *"schädlich"*
eingestuft.

Heikes Verstand und ihre Kritikfähigkeit will sich noch nicht
ganz der Kontrolle durch den Auditor stellen, er gilt deshalb als
"Reaktiver Verstand". Um letzteren dem Denken von Scientology
anzupassen, muß sie noch mehrere Kurse belegen. Sie nimmt auch an
einem *"Reinigungs-Programm"* teil. Man verabreicht ihr merkwürdige Vitaminpräparate und stundenlage Saunagänge, die sie physisch
außerordentlich strapazieren und angeblich ebenfalls nur ihrer geistigen Gesundheit dienen sollen. Man verspricht Heike sogar, sie würde
durch diese Strapazen physisch immun, unter anderem auch gegen
radioaktive Strahlungen. Zuweilen kann sie sich des Einrucks nicht
erwehren, das Ganze sei eine Art Gehirnwäsche.

Was Heike nicht durchschaut:
Das "Auditing-Programm" hat die Aufgabe, in die Persönlichkeitssphäre
des Klienten einzudringen. Wenn sie die Sitzungen versäumt oder Wi-

derstände anzeigt, ins Zentrum zu kommen, wird sie mit Telefonaten, Briefen, Besuchen durch Scientology-Mitarbeiter überzogen. Auch auf der Straße wird sie von diesen Mitarbeitern angesprochen, die ihr scheinbar wie zufällig begegnen.

Das "E-Meter" ist ein primitives Gerät, das keine präzisen Meßdaten zeigen kann (Herstellungskosten ca. 300,—DM.). Es wird im Zentrum auch zum Verkauf von 10 000,— DM angeboten.

Durch die physischen Strapazen sollen die Klienten gefügig gemacht werden für das Programm und die Weltanschauung von Scientology. Die Klienten merken kaum, daß sie in ihren ganzen Einstellungen und Anschauungen grundsätzlich verändert werden.

4. Schritt: Der finanzielle Ruin - die Bestrafungstechniken bei Scientology

Die Kurse werden immer kostspieliger für Heike. Zunächst waren es noch einige hundert, dann werden es mit einem Mal mehrere tausend Mark, die sie aufbringen muß. Fast ihr ganzes Gehalt investiert sie mittlerweile in das Programm für ihre *"geistige Gesundheit"*. Scientology bietet ihr an, mit ihr zusammen zur Bank zu gehen, um einen kurzfristigen Kredit aufzunehmen, um die Auditing-Stunden und weitere Kurse zu bezahlen.

Man erzählt ihr, sie könne zum *"Operating-Thetan"* werden, eine Art Geistesriese, der in der Lage sei, *"wissentlich und willentlich Ursache über Denken, Materie, Energie, Raum und Zeit"* zu sein. Mittlerweile hat sie begriffen, daß alles in der von den Mitgliedern genannten *"Org."* auf die Philosophie von L.R. Hubbard hinausläuft. Nur seine Ideen, seine Weltanschauung gelten etwas. Keiner wagt, seine Theorien und Forderungen in Frage zu stellen.

Als Heike auf ihren kritischen Anfragen besteht und mit den Mitarbeitern und Mitgliedern über ihre Einwände diskutieren will, wird sie zu einem sogenannten *"Ethic-Officer"* bestellt, der sie belehrt über ihr *"entturbulierendes"* Tun, das der Organisation sehr schade, und ihr eine Ethik-Maßnahme mitteilt. Diese besteht in einer Geldstrafe oder einer außerordentlichen Dienstleistung für Scientology. Mittlerweile merkt Heike, daß ihre Verschuldung gegenüber Scientology immer größer geworden ist. Da bietet ihr die Org. an, für die

Sache von Scientology kostenlos zu arbeiten, um auf diese Weise ihre Schulden zu mindern.

Heikes Persönlichkeit hat sich vollkommen verändert. Freunden, Kollegen und Verwandten gegenüber tritt sie als rücksichtslose Scientologin so auf, wie sie es gelernt hat. Rücksichtslosigkeit sei ein wesentliches Überlebensprinzip, hat man ihr gesagt. Nur die Starken und Fähigen hätten ein Recht zu überleben. Das einzige, was sie noch in die Nähe ihrer früheren Freunde und Verwandten bringt, ist die Forderung nach Geld. Da die Angehörigen nicht umstandslos bereit sind, diese Forderungen zu befriedigen, kommt von Scientology der sogenannte *"Trennungsbefehl"*. Sie habe sich von allen Personen, die Scientology stören, zu trennen, auch von der eigenen Familie.

Was Heike nicht durchschaut:

Durch die systematische Verschuldung der Kursusteilnehmer bereichert sich Scientology nicht nur, sondern bringt ihre Klienten zudem in finanzielle Abhängigkeit.

Wer für Scientology arbeitet, weiß nie, wie hoch die Entlohnung sein wird. Scientology baut auf den Idealismus seiner Mitarbeiter und Mitarbeiterinnen und nutzt diesen weidlich aus. Die Entlohung ist zum großen Teil lächerlich klein und steht in einem krassen Mißverhältnis zu den Kursgebühren, die auch Mitarbeiter weiterhin entrichten müssen, um den Pfad zu höheren Graden der Erkenntnis zu erlangen.

Wer Mitglied in einem Zentrum ist, wird von der Organisation total kontrolliert. Briefe, Telefonate und Besuche werden überprüft. Nur nach einem sogenannten "Abmelde-Check" darf man die Organisation verlassen.

Für jeden einzelnen Mitarbeiter gilt das Prinzip des Kultführers L.R. Hubbard: "Mach Geld, mach mehr Geld, mach, daß andere Leute Geld machen!" Erfolgreich kann nur der sein, der Tag und Nacht seine Zeit für Scientology opfert. Funktionieren die Mitglieder nicht im Sinne der Org., werden sie durch "Ethic-Orders" bestraft. Ein ehemaliges Mitglied schreibt: "Die Züchtigungsmaßnahmen reichen von körperlicher Strafarbeit bis zum Verfassen selbstquälerischer Berichte über das eigene Fehlverhalten." Freunde, die sich kritisch gegenüber den Praktiken von Scientology äußern, werden von der Org. als "suppressive persons" eingestuft und wie Feinde verfolgt.

Am Ende gibt es für das neue Mitglied und also auch für Heike nur die eine Alternative: der finanzielle und psychische Ruin oder absolute Treue und Gefolgschaft für Scientology.

Eine ehemalige Scientologin beschreibt dramatisch das Ende ihrer Kultkarriere bei Scientology: *"In der nun folgenden Zeit stellte ich mit Entsetzen fest, wie sehr ich mich verändert hatte. Anweisungen machten mir keine Schwierigkeiten, die war ich gewohnt, aber ich verstand die Sprache nicht mehr. Was war mit mir geschehen? Warum war ich auf einmal so unsicher und willenlos? Ich fühlte mich unendlich klein. Wie konnte ich mich Menschen gegenüber verständlich machen? Die Worte hatten durch Scientology einen anderen Sinn erhalten, so daß es immer wieder zu Mißverständnissen kam. Ich konnte nachts nicht schlafen und litt unter Verfolgungsängsten. Ich war nicht in der Lage, eine simple Kaufentscheidung zu treffen, und fühlte mich von allen Menschen bedroht. Ich bekam Depressionen und fühlte mich unendlich einsam. Ich war unfähig, für Stunden, Tage oder Wochen im voraus zu denken, geschweige denn zu handeln. Ein Zeitbegriff existierte für mich nicht mehr."* (J. Herrmann, S.37f)

2. Der Kult-Führer Lafayette Ron Hubbard
"Mach Geld, mach mehr Geld, mach, daß andere Leute Geld machen!"

Hubbard wird von Scientology als "Religionsstifter" bezeichnet. Geboren wurde er am 13.3.1911 in Tilden, Nebraska. Schon als Kind, so fabelt die Selbstdarstellung, zeigte er *"außerordentliche Fähigkeiten"*. Weiter wird berichtet, daß Hubbard schon in jungen Jahren die ganze Welt bereist und dabei schier unglaubliche Abenteuer erlebt haben soll.

Er hat verschiedene Studien angefangen, aber keines beendet. Von 1934 an erscheinen von ihm Abenteuergeschichten, Wild-West-Stories und Science-fiction-Erzählungen in regelmäßiger Reihenfolge. Hubbard, ein gekonnter Selbstdarsteller, versucht von sich das Bild eines allseits gebildeten Kosmopoliten zu entwickeln. Vor Schriftstellerkollegen hält er 1949 einen Vortrag, in dem ihm der denkwürdige Ausspruch einfällt: *"Man wäre töricht, für einen Penny auch nur*

Der Kultführer L.R. Hubbard inszenierte sich selbst in würdevollen Posen. Hubbard verstarb 1986 auf seiner kalifornischen Ranch.

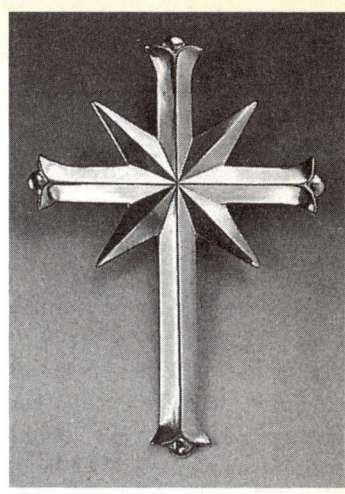

1972 wird die "Scientology-Kirche" in Deutschland gegründet. Das eigentümliche Kreuz, Markenzeichen für Scientology, ist dem okkulten Kreuz des Magierordens nachgebildet.

Die Scientologen-Villa in Bremen, Osterdeich 27, demonstriert die finanzielle Macht der Organisation.

Der "E-Meter" - Seelsorgemeßinstrument der Scientologen. Der E-Meter ist ein Gerät, das keinerlei präzise Meßdaten zeigt. Die Herstellungskosten dieses Instrument liegen bei ca. DM 300,-, der Verkaufspreis zwischen DM 10.000,- und DM 20.000,-.

ein Wort zu schreiben. Wenn man wirklich eine Million Dollar verdienen will, wäre der beste Weg, seine eigene Religion zu gründen."

1950 bringt er seine religiöse Wahrheit auf den Markt, das Buch: *"Dianetik, der Leitfaden zum menschlichen Verstand"*. Das Buch wird in großer Zahl verkauft. Zu einem späteren Zeitpunkt nennt er die Quellen seiner selbstgestrickten Theorie und drückt ihnen seine Anerkennung aus: Die Veden, das Tao, Buddha, Jesus, Sokrates, Bacon, Voltaire...

Hubbard wird Mitglied im "Ordo Templi Orientis", einem okkulten Teufels- und Dämonenorden. Er bewundert den geistigen Führer dieses Ordens, den schwarzen Magier Alistair Crowley, und übernimmt Elemente seines Denkens.

In den fünfziger Jahren entwickelt er seine Theorie weiter und versetzt sie mit Science-fiction-Material seiner frühen Elaborate. Es entsteht eine Art Science-fiction-Lebensphilosophie, die er in dem Buch "The Modern Science of Mental Health" niederlegt.

1952 wird die "Church of Scientology of California" ins Leben gerufen. Sie breitet sich zunächst in den USA und im englischsprachigen Raum aus.

1972 gründet sich die "Scientology-Kirche" in Deutschland. Das eigentümliche Kreuz, Markenzeichen der Organisation, ist dem okkulten Kreuz des Magierordens nachgebildet.

Hubbard führt ein rigides Regiment in der Scientology-Organisation. Die Form der finanziellen Ausplünderung der Mitglieder stößt vor allem zunächst in den USA auf öffentliche Kritik. In mehreren Ländern wird Hubbard wegen unterschiedlicher Delikte gesucht und zum Teil verurteilt.

1966 zieht er sich aus der Organisation Scientology zurück und hinterläßt ein straff linientreues Management.

1968 erlassen die britischen Behörden für ihn ein Einreiseverbot. Hubbard bleibt indessen geistiger Vater und wirtschaftlicher Nutznießer von Scientology. Er schreibt eine Reihe von Büchern, die seine Science-fiction-Lebensphilosophie ausbauen.

Sein Haßobjekt ist die Psychiatrie. Psychiater und die dementsprechenden Einrichtungen und Krankenhäuser sind für ihn "medizinischer Imperialismus" oder "psychiatrischer Sadismus". In Deutschland wird von Scientology die "Kommission für Verstöße der Psychiatrie gegen Menschenrechte" gegründet und eine ausgedehnte, öffentliche Kampagne ins Werk gesetzt.

Hubbard verbringt viele Jahre auf See, der sog. "Sea-Org". Dieses als "Forschungsreisen" apostrophierte Herumfahren auf den sieben Weltmeeren hat wohl mehr seinen Hintergrund in der Tatsache, daß er in zahlreichen Ländern polizeilich gesucht wird.

Am 24. Januar 1986 stirbt L. Ron Hubbard auf seiner kalifornischen Ranch. Scientology arbeitet weiter in seinem Sinne. Die finanziellen Erfolge sind erheblich.

Nach Selbstdarstellung von Scientology im Sommer 1993 ist die Zahl der weltweit operierenden Scientology-Organisationen, Missionen und Gruppen auf über eintausend angewachsen. Sie seien mittlerweile in über 79 Ländern der Erde vertreten. Wenn das so weitergehe, würde man binnen 15 Jahren in jedem Land der Erde zu finden sein. Das Ziel der Org, den ganzen "Planeten zu clearen", sei damit fast erreicht.

3. "Wissenschaft" als Science-Fiction-Programm

"Dies ist ein kaltblütiger und sachlicher Bericht über unsere letzten sechzig Billionen Jahre." (Hubbard)

Wer das Buch "Dianetik - die moderne Wissenschaft der geistigen Gesundheit" zur Hand nimmt und sich hineinvertieft, ist zunächst einmal verwundert, wie wenig wissenschaftlich, sondern eher aggressiv und martialisch die Sprache des Autors ist. Rassistische Formulierungen, die die Bewohner Afrikas als "Primitive" und psychisch Kranke als "Schwachsinnige" bezeichnen, oder die Charakterisierung des Mitgefühls als "unsinniges Flehen" und "widerliche Gefühlsduselei" zeigen eine Sprache an, die gewissermaßen mit Hammer und Zange an der Seele herumdoktert. Nach Hubbards mechanistischem Menschenbild ist der humane Geist eine Art Computer, der, in seinen Funktionen stark eingeschränkt, durch das selbstgestrickte Programm der "Dianetik" dazu gebracht werden kann, daß er "richtig tickt". Dianetik ist ein Kunstwort, das eine Bewußtseinstechnik beschreibt, mit der Menschen "clear" gemacht werden sollen.

"In der Dianetik wird der menschliche Geist bzw. Verstand als "Mind`
bezeichnet und als eine Art Computer verstanden, dessen Zweck darin
besteht, Probleme in bezug auf Überleben aufzustellen und zu lösen und
die Anstrengungen des Organismus gemäß diesen Lösungen zu lenken."
("Dianetik", S. 517)

In dem Überlebenskampf der Individuen machen sie Fehler durch
falsche Rücksichtnahmen. "Die Planung für Scientology ist so angelegt,
daß die Fähigen fähiger gemacht werden, während die Unfähigen vorerst
sich selbst überlassen bleiben, bis wir richtige Anstalten für sie gebaut
haben. Wenn wir das machen, wachsen wir. Wenn wir, wie das einige
unkluge Leute tun, uns die Unfähigen, die Hilflosen und die Zurückge-
bliebenen aufhalsen, werden wir nicht in der Lage sein, schnell genug
hoch voranzuschreiten." (FSM-Newsletter Nr. 3)

Unfähig wird der Mind nach Hubbard durch Engramme, die
seinen Einsatz stark einschränken. Engramme sind Bewußtseinsinhalte,
die gewissermaßen im Unterbewußtsein den Verstand steuern, ohne
daß er es merkt. Sie schaden dem analytischen Mind in seiner
Durchsetzungsfähigkeit beträchtlich und werden auf diese Weise die
"einzige Ursache von Aberrationen und psychosomatischen Krankheiten" (Dianetik, S. 515).

Mit Hilfe des in Dianetik ausgebildeten Auditors werden die
Engramme in sogenannten "Auditing"-Sitzungen (von lat.
audire = hören) aus früheren Lebensphasen, später sogar Engramme
aus früheren Inkarnationen in Erinnerung gebracht und "ausgelöscht".
Menschen, die noch nicht ganz nach den Prinzipien von Scientology
leben, gelten als "aberriert". Hubbard experimentierte längere Zeit
mit Hypnose-Praktiken herum und bringt diese in seiner Bewußtseinstechnik zum Einsatz, um aberrierte (lat. aberrare = abirren) Persönlichkeiten in "Bewußtlosigkeit" zu versetzen. Dieses sogenannte "Ver-
dampfen" oder "Abkochen" des Bewußtseins auf dem "Time-Track"
(der Zeitspur) in die Vergangenheit soll helfen, Engramme zu lö-
schen, um das "dynamische Prinzip des Daseins - Überleben" voll in
Kraft zu setzen.

Der Mensch hat nach Hubbard einen "analytischen Mind" und
einen "reaktiven Mind". Letzterer ist negativ und führt das Individuum dazu, daß es mit seiner Umgebung nicht "fertigwerden" kann.
Scientology soll den "Preclear", also jenen, der "die dianetische Thera-

pie durchläuft", in einen *Clear*, ein Wesen also, *"das seinen eigenen reaktiven Mind nicht mehr hat"*, verwandeln. Ein Clear *"ist voll da und fähig"*.

Weil die Engramme nach Hubbard elektrisch geladen sind, kann man sie durch ein sogenanntes *"Elektropsychometer" (E-Meter)* aufspüren und auslöschen. Das alles sei eine Frage der geschickten Bewußtseinstechnologie. Bis zu dieser Stelle könnte man noch von einer Art Gehirnwäsche sprechen, die den aberrierten Kunden im System der Dianetik versprochen wird.

Ab Mitte der sechziger Jahre ergänzt Hubbard nun seine Bewußtseinstechnologie durch eine Science-fiction-Metaphysik titanischen Ausmaßes. Hinter dem reaktiven Mind und dem analytischen Mind entdeckt der Scientologe einen Geistesriesen namens *"Thetan"*. In dem Werk *"The modern science of Mental Health"* gehen Hubbards Gedanken ins Universum. Vor etwa 35 Billionen Jahren soll ein Fürst mit Namen Xenn die Thetanen versklavt haben und auf die Erde, in die Materie hineingebeamt haben. Ursprünglich waren die Thetanen masselos, lebten unsterblich und geistig allmächtig. Diese Fähigkeiten verlieren sie auch nicht durch ihre materielle Versklavung. Nach dem Tod wandern sie in einen anderen Körper. Leider haben sie auf ihrer unendlich langen Wanderschaft vergessen, was sie ursprünglich einmal waren durch die unzähligen Schädigungen in Form von *"Engrammen"*, die sie wie Geschwüre an sich tragen. Scientology verfügt nun nicht nur über die Erkenntnis, was diese Thetanen im Grunde sind, sondern auch noch über die Technik, sie ganz und gar zu befreien.

Wem es gelingt, sich in unzähligen Kursen seiner Engramme Stück für Stück zu entledigen, kann zum OT werden, zum *Operating Thetan*. Dieser sei in der Lage, nicht nur sich selbst, sondern auch seine ganze Umwelt und überdies das ganze Universum, Raum, Zeit, Materie und Energie zu kontrollieren. Hubbard entwickelte in seiner religiösen Ideologie mehrere OT-Stufen. Sie führten bis 1988 auf die Ebene von OT-VIII. Der lange Weg zu diesem Geistesriesen wird von Hubbard dann endgültig in seinem Buch *"History of Man" ("Geschichte der Menschheit")* entwickelt. Das Buch beginnt mit dem bescheidenen Ansinnen: *"Dies ist ein kaltblütiger Tatsachenbericht über die vergangenen sechzig Billionen Jahre."*

Die religiöse Ideologie von Hubbard, ihr mechanistisches Menschenbild, die dualistische Bewertung des individuellen und gesellschaftlichen Handelns führt zu ebenso brutalen wie simplen Klischees in der Menschenbehandlung durch Scientology: *"Das Leben blutet. Es leidet. Es hungert. Und solange nicht ein goldenes Zeitalter kommt, muß es das Recht haben, seine Feinde abzuschießen."* In knallharten Worten drückt Hubbard die Prinzipien seiner Ethik aus. Vor allem Feinden und Kritikern gegenüber ist er nicht gerade zimperlich: *"Eine Person, die in den Ethik-Zustand des Feindes zurückgestuft worden ist, gilt als vogelfrei: man darf ihm Eigentum abnehmen, ihn in jeder Weise verletzen. ... Man darf ihm Streiche spielen, ihn verklagen, ihn belügen oder ihn vernichten."* Ethik in Scientology-Manier ist ein Bestrafungssystem, das Anhänger auf Linie bringen und Kritiker ausschalten soll: *"Fürchte nie, einen anderen in einer gerechten Sache zu verletzen."*

Scientology arbeitet seit Jahren gemäß den Grundsätzen des Kultführers mit massivem Druck gegenüber ehemaligen Mitgliedern und außenstehenden Kritikern. *"Schieben Sie immer Macht in die Richtung eines jeden, von dessen Macht Sie abhängen, sei es in Form von mehr Geld für die Machtperson oder größeren Erleichterungen oder einer flammenden Verteidigung der Machtperson gegenüber einem Kritiker. Es kann sogar darin bestehen, daß einer seiner Feinde in der Dunkelheit dumpf aufs Straßenpflaster klatscht oder das ganze feindliche Lager als Geburtstagsüberraschung in Riesenflammen aufgeht."* (L.R. Hubbard, *"Einführung in die Ethik der Scientology"*, Kopenhagen, S. 270f)

Am Ende wird der totalitäre Charakter der religiösen Ideologie von Scientology unverblümt ausgesprochen. Gegner, die die Auswüchse dieser Vorstellungen am eigenen Leib verspürt haben, sind häufig psychisch regrediert und leben in ständiger Verfolgungsangst. L. Ron Hubbard ist der einzige Kultführer, der in bedenkenloser Offenheit über den totalitären Charakter seiner Ideologie spricht.

4. Organisation im schillernden Gewand
"Den Planeten clear machen"

Die Einzelorganisationen von Scientology sind streng hierarchisch gegliedert. Die europäische Zentrale ist in Kopenhagen. Weltweit wird Scientology aus den USA dirigiert. In Deutschland gibt es sogenannte Orgs und Kirchen, denen die Missionen untergeordnet sind.

Scientology versuchte im Jahr 1993 ein eigens entwickeltes Schüler- und Kinderprogramm auf den Markt zu bringen. Mitarbeiter sprachen Schüler auf der Straße an und versuchten, die Einwilligung der Eltern für sogenannte "Kinder-Kommunikations-Seminare" zu erwirken.

Bundesweit bietet Scientology eine sogenannte Drogenhilfe an unter dem Titel *"Narconon"*. Einige Narconon-Center arbeiten mit Drogenabhängigen und versuchen, diese in das Dianetik-Programm hineinzuziehen.

Eine Reihe von Tarnorganisationen, häufig als Bürgerninitiativen ausgegeben, versuchen in der Öffentlichkeit Sympathie für Scientology zu wecken.

Auch die wirtschaftlichen Aktivitäten von Scientology sind beträchtlich. Einige der wirtschaftlichen Aktivitäten werden im folgenden Kapitel genannt. Scientology versucht, immer wieder auch in politischen Parteien unerkannt Einfluß zu gewinnen.

5. Zentrale Begriffe und Organisationen von Scientology

Wir erklären im folgenden einige Begriffe, die den Umgang mit Scientology erleichtern helfen. Vor allem erscheinen hier auch die Namen einiger Tarnorganisationen, soweit sie hier im Bremer Raum aufgetaucht sind:

ABERRATION: Ist eine Abweichung vom rechten Weg, den Scientology vorgibt, wenn etwa jemand intern Kritik äußert oder Probleme mit den Anforderungen der Organisation bekommt. Als aberriert gelten auch Personen, deren Verstand noch nicht so funktioniert, wie L.R. Hubbard ihn definiert.

ACADEMIE: Initiative zur Förderung selbständigen Lebens. Tarnorganisation.

AFFINITÄT: einer der drei Werte, die Hubbard gewissermaßen in einem Beziehungsdreieck zusammengefaßt hat: *Affinität, Realität, Kommunikation*, auch *ARC-Dreieck* genannt. Affinität umfaßt die Gefühle wie z.B. Liebe oder Haß, Realität meint das

Wirklichkeitsbewußtsein in der Weise, wie Scientology die Wirklichkeit sieht. Kommunikation geschieht nach den Mustern von L.R.Hubbard.

AUDITING: ist eine Art Gesprächsführung im Verhörstil. Die Personen müssen mit beiden Händen zwei Dosen eines sog. *E-Meters* halten, während sie durch eine bestimmte, von Hubbard entwickelte Befragungstechnik durch einen *Auditor* verhört werden. Dabei werden Fragen gestellt, die in die Intimsphäre des einzelnen gehen, Erinnerungen aktualisiert, Probleme herausgefordert. Negative Erfahrungen werden als *Engramme* bezeichnet und sollen durch das Auditing beseitigt werden.

AUDITOR: (wörtl.: jemand, der zuhört) Von Scientology ausgebildetes Personal, das das sog. *Auditing (s.o.)* durchführt.

BRÜCKE: Die Brücke zur totalen Freiheit erreicht man durch Belegen außerordentlich kostspieliger Kurse, die die Teilnehmer ausbilden zum sog. *Operating Thetan (s.u.)*.

CFAP: College für angewandte Philosophie. Tarnorganisation.

CLEAR: Geklärt sind Menschen, die das Scientology-Programm beherrschen, bei denen alle für Scientology negativen Einflüsse *(Engramme)* gelöscht sind. Für Hubbard ist ein CLEAR ein optimaler Mensch. Vor diesem Zustand ist er ein *PRECLEAR*, einer, der, wie Scientology in der Werbung sagt, nur 10% seines geistigen Potentials nutzt. Hubbard wollte die ganze Welt CLEAR machen, um auf diese Weise Scientology zur Macht zu bringen.

COMMUNICATION CENTER: Tarnorganisation.

DEUTSCHE LIGA FÜR MENSCHENRECHTE: Tarnorganisation.

DIANETIK: (griech.:dia = durch, und nous = Geist) soll nach Hubbard eine neue *"Wissenschaft des Geistes"* sein. Das Buch veröffentlichte er zuerst 1950 in den USA. In ihm ist die Weltanschauung von Scientology entwickelt, die den Menschen vom *reaktiven Mind*, von seinen *Aberrationen* und *Engrammen* befreien soll. Das Ziel ist, die Menschheit *clear* zu machen.

DSA:Department für spezielle Angelegenheiten ist der spezielle Geheimdienst von Scientology. Das DSA ist zuständig für Rechts- und Medienangelegenheiten.

DYNAMIKEN: Für Scientology die acht Triebkräfte des menschlichen Lebens. 1.Drang zum Dasein. 2. Drang zum anderen Geschlecht, 3. Drang zum Leben in der Gruppe, 4. Drang zum Dasein in der Menschheit, 5. Drang zum Dasein im organischen Leben, 6. Drang zum Dasein im physikalischen Universum, 7. Drang zum Dasein als geistiges Wesen, 8. Drang zum Dasein als Unendlichkeit. Alle acht Dynamiken meint Hubbard wissenschaftlich nachweisen zu können. Wer innerhalb einer der Dynamiken gegen den Regelkanon von Scientology verstößt, erhält eine sog. *Ethic-Order*, d.h. er wird von der Organisation bestraft.

E-METER: siehe auch *Auditing*. Eine Art Lügendetektor, dessen technischer Wert bei ca. 150 DM liegt. Er wird für 18 000 DM verkauft, eine Art primitiver Lügendetektor.

ENGRAMME: sind negative Bestandteile des Bewußtseins nach Auffassung von Scientology, sie müssen beseitigt werden.

ETHIK: Dem Selbstverständnis von Scientology zufolge ist *"Ethik gleichbedeutend mit Vernunft. Die höchste Stufe an Ethik wären langfristige Überlebenskonzepte mit minimaler Zerstörung entlang jeder der Dynamiken."* Das Ethik-System von Scientology hat indessen mit einem allgemeinen Verständnis von Ethik oder Moral wenig oder gar nichts zu tun. Unter Ethik versteht die Organisation ein rigides Normensystem, das Mitglieder nach dem Schema Befehl und Gehorsam auf autoritäre Strukturen hin festlegt. Kleinste Verhaltensabweichungen oder Meinungsdifferenzen werden durch sog. *Ethic-Orders* empfindlich bestraft. Höchstes Ethik-Ziel ist das Überleben einer neuen, durch Scientology geklärten, *"zukünftigen Rasse"*. Wer in diesem Überlebenskampf nicht bestehen kann, hat nach Sientology auch kein Existenzrecht.

ETHIC-ORDER: Kompliziert verfaßte Bestrafungsbriefe an Mitglieder, die gegen die interne Disziplin, auch *ETHIK* genannt, verstoßen haben. Anbei findet man eine ETHIC-ORDER, die an ein Bremer Mitglied ergangen ist.

HANDHABEN: von Personen in der Organisation heißt, offensiv zu bestimmen, was sie zu tun oder zu lassen haben.

HCO: Früher war es die Zentrale von Scientology. Ganzer Name: *Hubbard Communication Office*. Die sog. *HCO-Briefe* enthielten Befehle an die einzelnen Unterorganisationen - Orgs oder Missionen -, die sofort und absolut zu befolgen waren.

KOMMISSION FÜR POLIZIEREFORM: Tarnorganisation.

KOMMISSION FÜR VERSTÖSSE DER PSYCHIATRIE GEGEN MENSCHENRECHTE: Tarnorganisation von Scientology, um die etablierte Psychiatrie zu bekämpfen.

KOMMUNIKATIONSKURSE: Scientology bietet unter diesem Begriff ihre Kurse an, in denen man eine bestimmte Art der Gesprächsführung lernt. Es kommt dabei darauf an, Gesprächstechniken anzuwenden, die den Gesprächspartner dem eigenen Willen unterwerfen, d.h. ihn *handhabbar* machen.

MIND: Die Scientology-Weltanschauung ist streng dualistisch. D.h. es gibt nur schwarz oder weiß, gut oder böse, einen *reaktiven mind*, d.i. einen fehlerhaften Verstand, gefüllt mit Aberrationen und falschen Gedanken, oder einen *analytischen mind*, bereit für die Wertvorstellungen von Scientology.

NARCONON: Stellt sich als eine uneigennützige Drogenhilfe-Organisation dar. Für Scientology eine Institution, um die Finanzmittel von Angehörigen von Drogenabhängigen auszunutzen und letztere mit dem Scientology-Programm zu konfrontieren. Scientology versucht, über die Gesundheitsämter für ihr Narconon-Programm zu werben.

NEW ERA PUBLICATIONS: Riesiges scientologisches Verlagshaus, hat seine Zentrale im europäischen Zentrum von Scientology, in *Kopenhagen.*

OPERATING THETAN (Abk.: OT) Nach dem Glauben von Scientology ist der *Thetan* die Seele des Menschen, die ewig existiert. Wer die horrenden Kosten für alle Kurse aufbringt, die zum OT führen, wird dann in der Sprache von Scientology zu einem Wesen, *"das wissentlich und willentlich Ursache über Denken, Leben, Form, Materie, Energie, Raum und Zeit sein kann, subjektiv und objektiv. Ein wirklicher Operating Thetan ist vollständig frei."* Er ist sogar immun gegenüber radioaktiven Strahlungen.

ORG: Intern verwendete Abkürzung für Organisation. Die Org ist den Missionen übergeordnet. In Bremen befindet sich eine Mission, die nächst-übergeordnete Org befindet sich in Hamburg.

OVERT AKT: Eine Kennzeichnung von Scientology für die Ethik-Abteilung, um schädliches Verhalten zu bestimmen.

PERSÖNLICHKEITSTEST: Scientology lädt in den Fußgängerzonen in der Innenstadt und vorwiegend am Hauptbahnhof an Büchertischen oder durch Flugblattverteiler zu einem *kostenlosen Persönlichkeitstest* ein. Scientology stellt bei dem Interessenten dann immer bestimmte persönliche Defizite fest und wirbt für den Einkauf bestimmter Kurse.

PRECLEAR: Dieser Begriff trifft im Grund alle Personen außerhalb von Scientology. Wer ihr Programm noch nicht durchgeführt hat, ist eine ungeklärte Person.

PTS: e ine *potential trouble source, eine mögliche Schwierigkeitsquelle.* Diese Bezeichnung trifft vor allem Mitglieder, die mit Kritikern der Organisation verbunden sind. Solche Verbindungen erzeugen angeblich Krankheiten und müssen daher sofort abgebrochen oder unterbunden werden.

RELIGIÖSE TECHNOLOGIE: Nach Aussagen von Scientology-Mitarbeitern ist die Verwirklichung der religiösen Vorstellungen deshalb möglich, weil sie funktionierende Verfahren entwickelt haben, die exakt anwendbar sind.

SCIENTOLOGY: ein Kunstwort, in dem die beiden Worte scire = wissen und logos = Wort, Lehre enthalten sind. Für Hubbard ist Scientology die *"Wissenschaft der Wissenschaft".* Der Schöpfer dieses Wortes ist indessen A.Nordenholz, der bereits 1934 ein Buch mit dem Titel "Scientologie" herausgab.

SP: Für Hubbard gibt es nur zwei Kategorien von Menschen: Diejenigen, die Scientology befürworten, und diejenigen, die Scientology kritisieren. Letztere sind unterdrückerische Personen, *suppressive persons*, die mit allen Mitteln bekämpft werden dürfen.

TARNUNG: Scientology versucht durch geschickte Tarnung nach außen, sich selbst ein harmloses und demokratisches Image zu geben. Ihre sog. *Tarnorganisationen* verfolgen den Zweck, Sympathien in der Öffentlichkeit zu gewinnen für ihre Arbeit. Sie treten auf im Gewand einer Bürgerinitiative, eines eingetragenen Vereins usw. und setzen sich scheinbar uneigennützig für "religiöse Freiheit" oder "gegen den Mißbrauch von Drogen" ein. Die auf diese Weise gewonnenen Interessenten sollen zugleich für das Programm "Dianetik" interessiert werden. In der letzten Zeit machte Scientology auf sich aufmerksam durch eine Broschüre unter dem Titel *"Haß und Propaganda - Dokumentation der Hetzkampagne gegen die Scientology-Gemeinschaft".* In dieser und in anderen Veröffentlichungen wird eine bestimmte Taktik verfolgt. Man vergleicht die öffentliche Aufklärung über die Praktiken von Scientology mit der nationalsozialistischen Propaganda, stellt sich auf den Standpunkt des lupenreinen Demokraten und versucht auf diese Weise Sympathien bei kritischen Mitbürgern zu gewinnen.

THETAN: (von Theta, griech. Buchstabe, soll ein Symbol sein für "Gedanke" oder "Geist"): Soll das Bewußtsein des einzelnen sein, seine Identität. Kommt nach der Science-fiction-Weltanschauung von Scientology aus dem Universum auf die Erde und verkörpert sich in den Menschen. Diese Verkörperung ist eine Art Gefängnis für den Thetan, der seit mehreren Millionen Jahren existiert. Scientology bezeichnet sich als "wissenschaftliche Methode", um den Thetan zu befreien, ihn in einen OT zu verwandeln (siehe OT).

ÜBERLEBENSPOTENTIAL: Über jedes Mitglied wird eine Statistik angelegt, die der Org Auskunft darüber gibt, wie erfolgreich es im Verkauf ist, d.h. wie groß sein Überlebenspotential ist. Die Ethik-Abteilungen von Scientology kontrollieren diese Statistiken und bestrafen erfolglose Mitglieder.

VEM: Verband engagierter Manager. Siehe VVG (s.u.)

VVG:Verband verantwortungsbewußter Geschäftsleute. Tarnorganisation von Scientolgy, um in der Wirtschaft Fuß zu fassen durch Management-Kurse nach ihrem Muster.

ZIEL: Zentrum für individuelles und effektives Lernen, Tarnorganisation.

6. Material zum Weiterlesen

Quellen:
L.Ron Hubbard: *"Dianetik - die moderne Wissenschaft der geistigen Gesundheit"*, Kopenhagen 1986
Ders.: *"Scientology"*, Kopenhagen 1990
Ders.: *"Die Wissenschaft des Überlebens"*, Kopenhagen 1983

Kritische Darstellungen:
Hg. J. Herrmann: *"Mission mit allen Mitteln"*, Frankfurt a.M. 1992
Aktion Bildungsinformation e.V.: *"Die Scientology-Sekte und ihre Tarnorganisationen"*
Friedrich-Wilhelm Haack: *"Scientology - Magie des 20. Jahrhunderts"*, München 1982
L.v.Billerbeck/F. Nordhausen: *"Der Sekten-Konzern"*, Berlin 1993

DIE VEREINIGUNGSKIRCHE
"Ein unheimlich erlösendes Gefühl..."

In ihren Ursprüngen betrachtete sich die Vereinigungskirche als "Holy Spirit Association for the Unification of World Christianity (Heilig-Geist-Gesellschaft zur Vereinigung des Weltchristentums). Bekannt wurde sie auch unter dem koreanischen Namen "Tong Il Kyo" oder "Unification Church" (Vereinigungskirche). Der Name sollte zugleich das edle Ziel dieser Vereinigung zum Ausdruck bringen. Der Führer der Vereinigungskirche ist der Koreaner San Myun Mun. Aufgrund zahlreicher dramatischer Einzelschicksale geriet die Vereinigungskirche sowohl in den USA als auch in Deutschland Mitte der siebziger Jahre in Verruf. Destruktive Praktiken dieser neureligiösen Bewegung wurden zunehmend sichtbar. Wie arbeitet die Vereinigungskirche, wie gerät man in ihre Organisation hinein?

1. Der Weg in den Kult: "Ein neues Zeitalter hat begonnen."

1. Schritt: Das Missionsgespräch und seine Hintergründe

Auf den Hauptstraßen der Innenstädte begegnen Adelheid die Missionare der Vereinigungskirche. Sie singen zur Gitarre und verteilen Flugschriften. Das Lied, das sie singen, bringt ein freudiges Bekenntnis zum "Neuen Messias aus dem Osten" zum Ausdruck:

"Sonnenschein bricht im Osten hervor von dem Vaterland, bringt die Botschaft der neuen Welt den Menschen auf dem Feld...Gloria, herrlicher Herr!"

Adelheid fühlt sich durch die stimmungsvolle Einführung und durch die frische Lebendigkeit der Missionare angesprochen:

"Ich bin von der Vereinigungskirche angesprochen worden, von einer Französin und von einer Amerikanerin, die haben mich gefragt, was ich so mache, wie es mir geht...Sie haben mir gesagt, daß sie etwas Wunderbares gefunden hätten. Sie würden mit Gott im Mittelpunkt leben. Und sie hätten den Drang und das Bedürfnis, das allen Leuten zu zeigen. Sie haben mich eingeladen, in das Zentrum zu kommen.

Ich bin dann also da hingegangen. Sie haben sich lange mit mir unterhalten. Und dann haben sie mir einen Vortrag gehalten über den ersten Teil der "Göttlichen Prinzipien", nämlich die Entstehung der Welt und die Absichten Gottes, nämlich die drei Segnungen: Seid frucht-bar, mehret euch und machet die Erde untertan. Die Menschen haben mir so gefallen, auch das Gespräch, die haben mehrere Stunden Zeit für mich gehabt. Da habe ich mir gedacht, das gefällt mir wirklich gut, da geh ich öfter hin, die können mir wirklich etwas geben."

So wie Adelheid werden zahlreiche, eher jüngere Erwachsene angesprochen. Neben die Ausstrahlung der Missionare tritt noch der intellektuelle Anspruch. Sie erscheinen als gebildete, feinfühlige und adrett gekleidete Personen, die seriöse Angebote an ihre Zeitgenossen machen. Auch bei ihrem Auftreten in den Wohngebieten zeigen sie sich von bewahrender und hilfreicher Gesinnungsart. Sie verteilen zum Beispiel Briefe und Handzettel an die Haushalte:

"Liebe Nachbarn, bitte haben Sie Verständnis, daß ich mich auf diesem Wege an Sie wende. Wir bieten Ihnen unser Nachbarschaftshilfeprogramm an. Mit Entschlossenheit möchten hier junge Männer und Frauen mit christlicher Nächstenliebe ihre Hilfe zur Verfügung stellen."

Andere Briefchen versuchen tugendhaftes Deutschtum und pa-triotische Vorstellungen unter das Volk zu bringen:

"FRÜHLING IN DEUTSCHLAND" - "GOTTES SEGEN FÜR DEUTSCHLAND"

"Nur für ernsthafte Menschen ist dieser Studienkurs. Sie sollten sich damit auseinandersetzen. Die Kosten für diesen Kursus betragen vierzig Mark. Außerdem sind Sie herzlich zu Gesprächen in unser Zentrum eingela-den."

Was Adelheid nicht weiß:
In der Vereinigungskirche werden die Missionare ebenfalls systematisch ausgebildet. Es geht darum, "Mitkämpfer" für die Ziele der Organisation zu werben. Das vorgetragene Interesse an den individuellen Problemen dient nur dem Zweck, sog. "Gäste" für das Zentrum zu gewinnen. Die vorgeführte deutsch-nationale Gesinnung verdeckt die Tatsache, daß es sich in erster Linie um eine Vereinigung aus Korea handelt. Für die Missionare gilt die Aufforderung: "Jeder Missionar soll jeden Monat der Familie ein neues Mitglied zuführen." Auch ist ihr nicht klar, daß die

gelassene und ungezwungene Art der Missionare im Widerspruch zu dem starren Regiment der Organisation steht.

2. Schritt: Begegnung mit einer neuen Familie

Die Missionare laden ihre Gesprächspartner ins Zentrum ein. Dort findet Adelheid eine Gruppe liebevoller und annehmender Menschen, die ihr zuhören, aber auch einiges erzählen, das sie auf der einen Seite unmittelbar anspricht, zugleich aber schwer verständlich erscheint. Die Mitglieder im Zentrum nennen sich Familie und behandeln sie wie eine Schwester, die schon immer zu ihnen gehört. Auch wenn in den Aussagen einiges fremd, die Sprache der Gruppe kaum nachvollziehbar erscheint, es bleibt der positive persönliche Eindruck. Ein anderes ehemaliges Mitglied erzählt: "...rückte sie sich einen Stapel Din-A-4-Blätter zurecht und begann, eifrig Schaubilder zu zeichnen und dazu zu reden. Auf diese Weise erklärte sie mir das "Prinzip der Schöpfung", wobei für mich manches einfach klar oder eigentlich wahr und im Grunde gar nicht so neu war. Trotzdem gefiel es mir irgendwie, daß diese Dinge so schematisch dargestellt und in Zusammenhang gebracht wurden, daß das Ganze sich ein bißchen wissenschaftlich anhörte und daß etwas Religiöses so rational und logisch betrachtet werden konnte... Ich war am Ende dieses Gesprächs insgesamt ziemlich fasziniert.... An diesen 'Göttlichen Prinzipien' mußte irgendwie etwas dran sein."

An der Wand des Zentrums entdeckt Adelheid das Porträt eines Koreaners. Es ist der Führer der Vereinigungskirche: San Myun Mun. Sie fragt nach der Bedeutung dieses Bildes. Die Gruppe reagiert ein wenig ausweichend: "Das ist ein Reverend aus Korea. Er hat einige wichtige Bücher geschrieben und uns viele Hinweise für unser Leben gegeben."

Was Adelheid nicht weiß:
Die Vereinigungskirche schult ihre Mitglieder im Umgang mit Gästen im Zentrum. Oberstes Prinzip: Immer freundlich bleiben, auch kritischen Fragen annehmend begegnen. Daß die liebende und sich spontan und ungezwungen gebende Gemeinschaft festgelegt ist auf ein bestimmtes Programm der Vermittlung ihrer "Göttlichen Prinzipien", wird Adel-

heid nicht deutlich gemacht. Auch die Bedeutung des Kultführers wird nach außen heruntergespielt. Daß er über absolute Autorität verfügt, rigide von oben nach unten sein Imperium verwaltet und seine Organisation als Kampfgemeinschaft betrachtet, die jeden Tag ein Gelöbnis ablegt, an dessen Ende sie schwören: "Ich werde unter Einsatz meines Lebens kämpfen. Ich werde verantwortlich sein, meine Pflicht und meine Mission zu erfüllen, das gelobe ich und schwöre ich", all das wird Adelheid in ihrer ersten Begegnung nirgends deutlich.

3. Schritt: Die Studienkurse

So wie Adelheid fühlt sich auch Marianne von der Vereinigungskirche fasziniert. Sie möchte die Menschen und ihre erlösende Lehre näher kennenlernen. Man bietet ihr einen Wochenendkursus in Camberg im Taunus an, dem Schulungszentrum der Vereinigungskirche. Marianne erlebt diesen Kursus und kehrt nach kurzer Zeit zu ihrer Familie zurück. Die Eltern, mit denen sie sich bislang ausgezeichnet verstanden hat, sind entsetzt. Mariannes Mutter berichtet:
"Da kam sie dann nach einem Wochenende wieder. Und da war sie vollkommen verändert. Das war überhaupt gar nicht mehr mein Kind. Die Haare ganz kurz abgeschnitten, blaß und übernächtigt, mit einem ganz anderen Gesichtsausdruck, einem ganz anderen Augenausdruck, streng und müde. Mein Mann sagte nachher: Das ist ja gar nicht mehr unsere Tochter. Einen ganz leeren Blick. Und dann plötzlich war sie auch uns gegenüber so verändert. Mein Mann sagte mir: Sie hat uns vollkommen haßerfüllt angesehen. Sie wollte mit ihm und mit mir nicht darüber sprechen. Später hat sie dann erzählt, daß jetzt alles ganz anders werde und sie wollten jetzt kämpfen. Und ich hatte gar keine Ahnung, wofür sie kämpfen wollten. Und dann sagte sie: Ich komme morgen noch einmal wieder. Ich bring euch noch Sachen, die ich nicht gebrauchen kann, und die Möbel und das andere wird alles abgeholt. Und dann fahre ich erst einmal wieder nach Camberg."
Erst viel später hat sie wieder mit uns darüber gesprochen und gesagt: Die Menschen müßten alle vereinigt werden. Gott hätte das nicht gewollt, daß alles so getrennt würde. Die Menschen wären alle so ungläubig geworden. Und es müßte jetzt gekämpft werden. In Camberg, sagte sie, wäre alles so wunderschön gewesen. Sie wäre dort aufgenommen worden,

als hätte sie diese Menschen schon ewig gekannt, als wenn sie eine Schwester wäre...Und ihr ganzes Eigentum hat sie mit einem Mal der Gruppe gegeben."

So wie Marianne machen viele neue Mitglieder Konflikterfahrungen mit ihrer eigenen Familie. Die Vereinigungskirche vertritt nach außen immer wieder beredt das "Ideal der Familie"; sie versucht auch, Kontakt mit den Familienangehörigen aufzunehmen, läßt aber andererseits keinen Zweifel aufkommen, daß die sog. "physische Familie" ihre Bedeutung vor der "neuen Familie" in ihrer Gemeinschaft verliert.

In den Studienkursen lernen Marianne und Adelheid das Lehrsystem der "Göttlichen Prinzipien" kennen. Es ist ein außerordentlich kompliziertes System, das verstandesmäßig schwer zu durchdringen ist. Die Lehrer arbeiten nach einem "Studienkurs - Göttliche Prinzipien", um die Weltanschauung verständlich zu machen. Sie beteuern immer wieder, sie würden sich streng nach den Lehren der Bibel ausrichten, die ihr geistiger Vater, der "neue Messias" San Myun Mun nur deuten würde. Immer wieder wird betont, daß es letztlich nur um die Vereinigung aller Menschen gehe. Schwarz und weiß, alle Glaubensrichtungen würden in der neuen Lehre ihres Meisters vereinigt.

Schwierig und belastend ist der Tagesablauf in der "neuen Familie". Es gibt wenig Schlaf, pausenlose Gespräche. *"Man hatte das Gefühl, die lassen dich keinen Augenblick aus den Augen."* Merkwürdigerweise bleibt in dieser Phase häufig der Eindruck, dies sei eine Form von Fürsorge und Anteilnahme für das neue Mitglied.

Was die neuen Mitglieder nicht erkennen können:
Das Leben in der neuen Gemeinschaft ist streng geregelt, jede Minute am Tag ist verplant. Einige ehemalige Mitglieder berichten, sie hätten teilweise nur zwei Stunden in der Nacht geschlafen. Die pausenlose Betreuung dient der Kontrolle, ob das neue Mitglied sich auf dem Weg in die Gemeinschaft befindet und seine Ansichten dem neuen Denken angepaßt hat. Der Pressesprecher der Vereinigungskirche, auf diese Praktiken angesprochen, versucht sie zu rechtfertigen:"Es ist klar, daß man sich im Zusammenleben auch einschränken muß. Das, was man vorher alles hatte, Musik hören, lesen und andere Dinge, das fällt flach, wenn man in

unseren Wohngemeinschaften zusammenlebt. Man muß mit Menschen auskommen, die man vielleicht gar nicht so gern mag. Das ist ein Lernprozeß. Wir müssen lieben lernen. Das sind alles Konsequenzen, die sich aus der Lehre für das Leben ergeben."

Das neue Mitglied muß lernen, daß es von nun an einer neuen Familie angehört, d.h. die Zentrumsmitglieder sind Geschwister, die Leiter die jeweiligen Eltern des Zentrums, denen man absoluten Gehorsam gegenüber walten lassen muß. Das vierte Gebot wird strikt auf die Hierarchie der Vereinigungskirche angewendet.

Ingrid, ein einfaches Mitglied der Vereinigungskirche, beschreibt ihren entbehrungsreichen Tagesablauf: "So Viertel vor sechs ist allgemeines Aufstehen. Sechs Uhr Gebetsgemeinschaft, danach kurzes Frühstück. Danach Putzen und Saubermachen für die Gruppe. Ab zehn Uhr für die, die nicht zur Arbeit gehen und für uns verdienen, gehen die anderen auf die Straße und laden Gäste ein. Und das geht so den ganzen Tag über. Und abends ist Abendessen. Der Letzte geht gegen ein Uhr schlafen. Sechs Stunden Schlaf ist schon immer sehr viel. Viele von uns schlafen sehr viel weniger, so vier oder höchsten fünf Stunden." Der Leiter eines Zentrums, auf diese Art des Schlafentzugs befragt, antwortet darauf gelassen: "Es kann schon sein, daß man sehr viel Zeit investiert in Arbeit. Und es kann auch vorkommen, daß es zu weniger Schlaf kommt. Das sind Notwendigkeiten, die zweckgebunden sind. Es kann auch sein, daß man auf diese Weise einmal nur drei Stunden zum Schlafen kommt. Aber ich denke, das ist heutzutage überall so. Menschen, die sich ganz besonders einsetzen, verzichten auf gewisse Dinge eben, um der Sache willen."

4. Schritt: Mitgliedschaft in der Kampfgemeinschaft einer neuen Familie

Marianne und Adelheid werden eines Tages gefragt: *Willst Du nicht zu uns kommen? Wir feiern diesen Tag als deinen 'geistigen Geburtstag'. Du gehörst dann ganz zu uns. Wir versorgen dich."* Beide haben diesen Schritt getan, obgleich viele Fragen offen waren. Aber die Atmosphäre der "Geschwisterlichkeit", das Leben miteinander, die "Nähe und Geborgenheit", die die Gruppe ausstrahlte, haben sie überzeugt.

Nach dieser Entscheidung wurden die Anforderungen enorm: *"Man hat uns immer wieder gesagt, daß es jetzt auf der ganzen Welt nichts Wichtigeres gäbe, als andere zur Familie zu bringen, damit auch sie aus Satans Welt freikämen und wieder andere befreien."* Die neuen Mitglieder werden häufig in andere Länder beordert, müssen in vollkommen fremder kultureller und religiöser Umwelt ihre Missionsfeldzüge ableisten. Die Trennung von den bisherigen sozialen Bezügen scheint ein Mittel zu sein, die Rückkehr zu früheren Lebenszusammenhängen zu erschweren. So wurde Marianne nach Thailand verschickt, um dann in Bangkok lange Zeit zu missionieren und Produkte der Vereinigungskirche zu verkaufen.

Die Vereinigungskirche verfügt über zahlreiche wirtschaftliche Unternehmungen, in denen sie ihre Mitglieder mehr oder weniger kostenlos arbeiten läßt. Der deutsche Pressesprecher der Vereinigungskirche beschreibt das wirtschaftliche Engagement der Vereinigungskirche so: *"Wir haben hier in Deutschland die Rechtsform eines eingetragenen Vereins. Viele Mitglieder haben sich da auch wirtschaftlich engagiert, auch Wirtschaftsunternehmen aufgebaut. Das geht von der Würstchenbude bis zur Schwerindustrie. Es sind Import - Exportfirmen. In Korea gibt es Industrieunternehmen, wo Drehbänke hergestellt werden, große Firmen. Auch Vertriebsfirmen, die z.B. den Ginseng-Tee verbreiten und andere asiatische Heilmittel und Produkte."*

Was sich hinter dem "Einsatz für eine neue Welt" verbirgt:
Wer sich entschließt, für die Welt des "neuen Messias" zu arbeiten, gibt sein ganzes persönliches Leben, seine individuellen Entscheidungen, seine Lebensplanungen und sozialen Beziehungen ganz in die Hände der Vereinigungskirche. Diese verfügt über ein Imperium religiös, politisch und vor allem auch wirtschaftlich operierender Unternehmen, die weltweit S.M.Muns Interessen vertreten. Die Organisation verplant ihre Mitglieder in streng hierarchischen, für den einzelnen undurchschaubaren Entschlüssen. Die Gehorsamsbereitschaft wird besonders deutlich durch das Bekenntnis einer jungen Frau, die nach eigenen Angaben "ihr Leben Mun übergeben" hat:
"Reverend Mun ist der Gründer der Vereinigungskirche, und er wird von uns als ein Prophet angesehen, ein Prophet heute, durch den Gott zu uns direkt spricht. Von mir persönlich kann ich sagen, ich sehe in ihm

einen Mann Gottes. Ich kann sehen, daß Gott durch ihn wirkt und arbeitet. Die innere Stimme in mir sagt, daß wir dem Willen Muns folgen müssen. Mun hat die absolute Autorität von Gott. "

Folgende Einsatzbereiche und Eingriffe in die Persönlichkeitssphäre des einzelnen werden von der Vereinigungskirche durchgeführt:

1. *Der Einsatz in der direkten Mission. Das Mitglied wird unter Druck gesetzt, möglichst viele Gäste und neue Mitglieder der Gemeinschaft zuzuführen. Es gibt Quoten und Kontrollen, ob der persönliche Einsatz auch effektiv und dementsprechend bereitwillig durchgeführt wird durch die jeweiligen Leitungen den Zentren.*

2. *Der Einsatz in einer politischen Kampfgemeinschaft. Die Vereinigungskirche gründet eine Reihe von scheinbar unabhängig arbeitenden politisch rechtskonservativ arbeitenden Gruppen, wie z.B. "The Collegiate Association for the Research of Principles", auch C.A.R.P. genannt, die als Studentenorganisation der VK versucht, durch zum Teil rechtsradikale Broschüren und Flugblätter an den Universitäten auf sich aufmerksam zu machen. Sie mischte sich in Demonstrationen zeitweilig ein durch Gewalt-provozierende Aktionen.*

3. *Der Einsatz in Muns Wirtschaftsunternehmungen. Das Mun-Management unterhält weltweit verschiedene Geschäftsunternehmen in den verschiedensten Bereichen. In Deutschland ist es die "Il Hwa"-Ginseng-Tee-Verkaufsorganisation, Import-Export-Geschäfte, Druckereien und Verlagsgeschäfte, einen Verlagsgroßhandel in Dortmund. Man läßt die Mitglieder im Verkauf und Vertrieb arbeiten und versteht recht geschickt, auch dieses als Einsatz für die "neue Welt" ihnen nahezubringen. Die Vereinigungskirche engagiert sich unter anderem auch in der nationalen und internationalen Waffenproduktion und läßt ihre Mitglieder darin arbeiten. Der deutsche Pressesprecher begründet diese Art des wirtschaftlichen Engagements in eigentümlich ideologischer Weise:*

"Das geht zurück auf eine Aussage, die Reverend Mun 1976 in einem Newsweek-Interview gemacht hat. Damals hat Newsweek eine Titelgeschichte über die Vereinigungskirche gemacht. Da erklärte Reverend Mun, daß die Unternehmungen in Korea, die im industriellen Bereich tätig sind, ähnlich wie andere Wirtschaftsunternehmungen auch Regierungsaufträge annehmen müssen und dafür

15 % des Produktionsvermögens zur Verfügung stellen müssen. Und diese 15 % wurden dann von der Vereinigungskirche durch Rüstungsaufträge aufgefüllt. Dabei handelt es sich um die Produktion von Teilen von Waffen. Und unsere Mitglieder sind unter anderem auch Patrioten. Und wenn sie sich für ihre Nation einsetzen und kämpfen, dann halte ich das für mehr als verständlich. Wir sind geistig, engagiert und eben kämpferisch. Da wird vom Christentum her eine besser Alternative geboten als vom Kommunismus zur ideologischen und kämpferischen Auseinandersetzung. Wenn diese Auseinandersetzung aus einer satten Selbstgefälligkeit des Westens nicht geführt wird, dann kann es schon einmal zu einer kriegerischen Auseinandersetzung kommen, die von uns nicht unbedingt erwünscht ist."

4. Die Mitglieder werden bei der Gründung einer Familie kontrolliert und die Ehepartner von der Organisation zusammengestellt. Auf sogenannten Massenhochzeiten in New York oder Seoul werden die aufgrund von Paßbildern zusammengestellten Paare verehelicht. Ein erschütterndes Beispiel wird deutlich durch die Art und Weise, wie Ingrid im Zentrum der Vereinigungskirche ihre Partnerwahl begründet: *"Da wir in der Familie ein zentrales Ideal sehen, ist es natürlich sehr wichtig, wie das mit der Partnerwahl ist. Und damit es mit der Partnerwahl klappt, hat es bei mir nicht ausgereicht, daß ich mir nur meine eigenen Gedanken mache. Ich habe Reverend Mun um Rat gefragt. Diejenigen jungen Menschen in der Vereinigungskirche, die in Betracht kamen von der Kirche aus, werden versammelt. Und sie wollen dann alle, daß er einen Partner aussuchen möge. Er hat uns dann zusammengestellt. Und wir sind dann verlobt. Das ist verbindlich. Wir stehen dann in der Zeit, wo wir uns kennenlernen können und genauer herausbekommen können, wie wir zueinander stehen. Aber ganz gleich, wie sich das entwickelt, es ist mir und meinem Partner klar, daß das eine feste Sache ist."*

Die totale Verfügbarkeit und Dienstbarkeit der Mitglieder, die zum Teil erhebliche Persönlichkeitsstörungen und psychische Konflikte zeigten, wurde zunehmend Anlaß zur Kritik an den Praktiken der Vereinigungskirche.

2. Der Kultführer: San Myun Mun

"Ein zweiter Messias, der Gottes Vorhersehung und Wiederherstellung erfüllt."

Februar 1920: Yong Myung Mun wird in Sansgari in Nordkorea geboren. Nach den Interna der Organisation wird dieses Datum folgendermaßen beschrieben: *"An diesem Tag wurde einem Menschen das Leben geschenkt, dem der göttliche Auftrag für die schwierigste Aufgabe der Gechichte bestimmt war: die Welt zu erneuern."*

Während der Besetzungszeit Koreas durch Japan entwickelt Mun eigene Missionstätigkeiten, nachdem er in jungen Jahren mit seiner Familie zum Christentum übergetreten war. Nach Gefangenschaft in Nordkorea wird er von den Amerikanern befreit.

Ab 1951 predigt Mun seine eigene Lehre.

Am 15.5.1954 gründet er die eigene Organisation. Nach der Kurzfassung der Geschichte in offizieller Darstellung klingt das so:
"S. Myun Moon wurde 1920 geboren in Korea. Er begann mit der Arbeit, eine Vereinigungsbewegung zu gründen, etwa 1945. Zu dieser Zeit sammelten sich erste Nachfolger um ihn. Seine Absicht war ursprünglich nie, eine eigenständige Kirche zu gründen, sondern eine Vereinigungsbewegung, um das zersplitterte Christentum in Korea zusammenzuführen. Wir glauben, daß Einheit unbedingt notwendig ist, damit Gottes Segen auf der christlichen Gemeinschaft überhaupt liegen kann. Von daher auch der ursprüngliche Name der Vereinigungskirche: HEILIGGEISTGESELLSCHAFT FÜR DIE VEREINIGUNG DES WELTCHRISTENTUMS. Diese Gesellschaft wurde 1954 gegründet, hat sich immer mehr durchsetzen können und ist heute eine recht respektierte und etablierte Gemeinschaft geworden. Sie ist in Korea bedeutend stärker vertreten als in irgendeinem westlichen Land. Sie hat in etwa 600 000 Mitglieder in Korea, in Japan 400 000, in Amerika 30 000, in der Bundesrepublik etwa 2000 Mitglieder. 1964 wurde die Vereinigungskirche in Deutschland offiziell gegründet."

1957 bringt Mun sein Hauptwerk: *"Die göttlichen Prinzipien"* heraus. In offiziellen Verlautbarungen der Vereinigungskirche wird deutlich, daß sie als die einzige Wahrheit in der Welt der Religionen von den Anhängern gesehen werden:

Sektenführer San Myun Mun, der 1920 in Nordkorea geboren ist.

Das Symbol der Vereinigungskirche, die sich als Lebensgemeinschaft versteht, die nach dem Modell der Familie aufgebaut ist.

"Nachdem er alle göttlichen Prinzipien herausgefunden hatte, mußte Moon sie von Gott und der geistigen Welt bestätigen lassen. Zuerst legte er sie den geistigen Größen vor, Buddha, Konfuzius und Jesus. Keiner von ihnen akzeptierte sie. Dann brachte er sie vor Gott. Aber selbst Gott wies sie zurück und sagte: Das ist nicht die Wahrheit. Moon versuchte es noch einmal und wurde wieder zurückgewiesen. Erst beim dritten Mal sagte Gott: Ja, das ist die Wahrheit ,und die höchsten geistigen Wesen beugten sich vor ihm."

1959: Die ehemalige koreanische Religionswissenschaftlerin Young Wi Kim gibt einen Studienführer für die "Göttlichen Prinzipien" heraus.

1960 feiert Mun seine vierte Ehe als die *"Hochzeit des Lammes"*, was den messianischen Charakter seiner Tätigkeit hervorheben soll.

1964 wird die Vereinigungskirche in Deutschland aktiv. Sie arbeitet vor allem bislang in den Großstädten der Republik, versucht aber auch durch in Kleinbusse verfrachtete Missionare auf dem Lande wirksam zu werden.

1992 Mun proklamiert sich als "Herr der Wiederkunft", als der wiederkommende Messias. Es beginnt nach Aussagen der VK das "Erfüllte Testamentzeitalter". Frau Mun wird zu einer neuen Heilsmittlerin erkoren. Die VK gründet die "Frauenföderation für den Weltfrieden".

Mun wird von ehemaligen Mitgliedern, die ihn selbst erlebt haben, als unbeherrscht, jähzornig und diktatorisch beschrieben. Eine in den Medien oft gezeigte Rede, die er in New York vor Anhängern zeigt, läßt ihn als demagogischen Schreihals erkennen, der im kurzen Stakkato seine Anhänger zur Räson bringt.

3. Das Lehrprinzip: "Die göttlichen Prinzipien."

"Der geistige Sieg über Satan" - und die "Wiederholung dergleichen Schlacht, aber dieses Mal im physischen Bereich."

Nach der Lehre von S.M. Mun ist die Geschichte *"der Kurs der Wiederherstellung des gefallenen Menschen aus dem Zustand der gefallenen Natur in den Zustand der ursprünglichen Natur und aus dem Zustand der Ignoranz in den Zustand der Erkenntnis." (Studienkurs, S. 20)*. Die Aufgabe der Religionen bestehe darin, *"das wahre Verständnis um das Leben und um Gott zu bringen, das von allen Menschen akzeptiert werden kann." (a.a.O. S.21).*

Mun kritisiert alle anderen Religionen, da sie *"nur nach der Welt, nach dem Tode trachten"*. Aus diesem Grund brauche es eine *"neue Wahrheit"*. Mun geht bei seiner Weltanschauung von einem dualistischen Weltprinzip aus, das aus Sung-Sang und Hyung-Sang bestehe, was Positivität und Negativität bedeute (a.a.O. S.34ff). In diesem Zusammenhang ist es wichtig, daß sich Muns Grundgedanken aus einer Mischung christlicher und asiatischer Religiosität zusammensetzen. So schreibt der Religionswissenschaftler F. Heiler ("Erscheinungsformen und Wesen der Religionen", S.62f): "Charakteristisch für den Glauben vieler Völker ist die Annahme, daß der Himmel als göttliches oder heiliges Element, als Numen in enger Verbindung mit der Erde steht. Himmel und Erde bilden ein Ehepaar, das ursprünglich in Einigkeit verbunden war, in Urehe. ...

Der Himmelsglaube findet sich bei den meisten antiken Völkern. Er ist besonders ausgeprägt in China. Auch hier bildeten ursprünglich Himmel und Erde als "Vater und Mutter aller Dinge" (Shuching) die große kosmische Einheit. Dies entspricht der steten, starken Betonung der beiden kosmischen Prinzipien Yang (zeugende Manneskraft) und Yin (weibliche Kraft). Später tritt die Erde zurück, und der Himmel wird als Urahn und als Urbild des Kaisers leicht personifiziert...; der Kaiser wird als "Himmelssohn", als irdischer Stellvertreter des Himmels bezeichnet." Auf diese Weise wird die asiatische Herkunft der Deutung christlicher Inhalte besonders deutlich.

Nach Muns Auffassung hat Gott den Menschen die drei Segnungen gegeben: 1. "Seid fruchtbar" (in der Deutung der Gruppe soll Herz und Körper auf Gott ausgerichtet werden), 2. "Mehret euch!" (in der Deutung der Gruppe ist das Zeugen von Kindern eine Gottespflicht. So gibt es den Wunsch Muns an seine Mitglieder, jedes Jahr ein Kind für die "neue Familie" zu zeugen.), 3. "Herrsche!" (in der Deutung der Gruppe: Alle Dinge des Universums sollen Objekte des einzigen und richtigen Herrschers sein.).

Über die drei Wachstumsstufen (Gestaltungs-, Wachstums- und Vollendungsstufe) sollen die Menschen zur Vollkommenheit gelangen. Mun verquickt asiatische und europäische Religiosität durch die Einführung des Satans, der das Werk der Vollendung empfindlich zu stören vermochte. Der Sündenfall ist nach ihm eine *"unerlaubte sexuelle Beziehung zwischen dem Menschen und dem Erzengel." (Studienführer, S.125)*. Mun stellt sich nun aufgrund der Störung des Verhältnisses zwischen göttlicher und irdischer Welt durch Satan die Geschichte als eine Abfolge von Wiederherstellungsversuchen dar. Jesus ist in seinen Augen der Messias, dessen Werk nicht vollendet werden konnte durch seinen Tod am Kreuz; er habe aber durch die Verbindung mit dem "Heiligen Geist", gedacht als eine "wahre Mutter", neues Leben geschenkt. Auf diese Weise fand nach Mun die Erlösung auf geistiger Ebene statt. *"Der Sündenfall fand jedoch geistig und physisch statt. Die Erlösung des Menschen muß also auch auf geistiger und physischer Ebene stattfinden, damit er frei werden kann von der ursprünglichen Sünde. Zu diesem Zweck muß die Wiederkunft Christi stattfinden." (Studienführer, S. 284)*.

Mun führt in seinen "Göttlichen Prinzipien" zwei weltanschauliche Grundideen vor: *"die Kain-Typ-Welt"* und die *"Abel-Typ-Welt" ("Die Göttlichen Prinzipien", S. 495)* und wendet diese Prinzipien unmittelbar auf die jüngste Geschichte an. An dieser Stelle bekommt das ideologische Konzept politische Züge. Die beiden ersten Weltkriege werden von ihm als göttlicher Versuch gewertet, *"den Zweck der Abel-Typ-Weltanschauung"*, von ihm identifiziert mit den westlichen Demokratien, umzusetzen. Da diese Versuche gescheitert seien, brauche es einen neuen, dritten Weltkrieg: *"Der dritte Weltkrieg, in dem die demokratische Welt die kommunistische Welt unterwerfen muß, ist die letzte Maßnahme Gottes. Durch den dritten Weltkrieg muß die himmlische Seite durch die Abel-Typ-Weltanschauung in Übereinstimmung mit der neuen Wahrheit das demokratische Fundament auf der Ebene der Vollendungsstufe legen. Der dritte Weltkrieg ist der letzte Krieg, in dem die himmlische Seite zur Zeit der Vollendung der menschlichen Geschichte alles, was sie an Satan übergeben mußte, wiederherstellen soll." ("Die Göttlichen Prinzipien", S. 537)*

Um diese "letzte Maßnahme" Gottes, die Mun durchaus handfest politisch und "physisch" versteht, ins Werk zu setzen, braucht es einen "neuen Messias", der sie ins Werk setzt. In dieser durchaus weltlichen und geistlichen Funktion des Weltenführers sieht sich San Myung Mun selbst. Durch Zahlenreihen und Symbolspiele wird dem Hörer plausibel gemacht, daß es nur eine Gestalt aus dem Osten sein kann, die dieses Werk der *"Wiedergutmachung"* besorgt.

Wichtig in diesem Zusammenhang für das Verständnis des Wirkens des Kultes ist die Mischung aus politischen, wirtschaftlichen und theologischen Gedankengängen, die Muns Machtstreben in allen Bereichen begründen soll. Er sieht sich eben auch als politischen Führer und auf diese Weise auch die von ihm gegründete Vereinigung als politische Kampfgemeinschaft. So wird er zum "Herrn der Wiederkunft", *"zum unumschränkten Sieger von Himmel und Erde. Die gesamte geistige Welt beugte sich am Tage des 'Sieges' vor ihm."* ("Die Göttlichen Prinzipien", S. 10). Die Mitglieder werden folgerichtig auch als Manövriermasse des Kults zu einem totalen Gehorsam erzogen. Tagtäglich schwören sie ein fünfteiliges Gelöbnis. Daraus einige Auszüge:

"Als wahrer Sohn (Tochter) will ich dem Vorbild unseres Vaters folgen und mutig das Lager der Feinde angreifen, bis ich sie völlig gerichtet habe mit den Waffen, mit denen Er für mich den Verlauf der Geschichte hindurch den Feind, Satan, besiegt hat durch das Säen von Schweiß für die Erde, Tränen für die Menschen und Blut für den Himmel.

...Ich bin stolz, das Kind des einen wahren Elternpaares zu werden; stolz auf die Familie, die die eine Tradition ererben wird....

...Ich werde unter Einsatz meines Lebens kämpfen. Ich werde verantwortlich sein, meine Pflicht und meine Mission zu erfüllen. Das gelobe ich und schwöre ich."

Diesen martialischen Schwur begründet der Pressesprecher der Vereinigungskirche mit den Worten:

"Das soll auch in diesem Gelöbnis zum Ausdruck kommen, daß wir dazu bereit sind, daß wir uns immer wieder für Gott zur Verfügung stellen, damit Gott wirken kann. Einsatz meines Lebens ist so zu verstehen, daß ich meine ganze Persönlichkeit einsetze."

Die merkwürdige und in dieser Ausdrücklichkeit für die neureligiöse Szene einmalige Mischung in Muns Weltanschauung von religiöser und politischer rechtskonservativer bis rechtsradikaler Ideologie, der von ihm eingeforderte Kadavergehorsam seiner Anhänger und die daraus folgenden Kultpraktiken und politischen Kampfeinsätze bilden eine nicht unbeträchtliche Gefahr, die von der Vereinigungskirche ausgehen kann.

4. Organisationsformen: Kirchen und Weltorganisationen

"Gott lebt in mir, und ich bin seine Inkarnation. Die ganze Welt ist in meiner Hand, und ich will die Welt erobern und unterwerfen." (S.M. Mun)

Das Grundmodell, nach dem die Organisation der "Vereinigungskirche" gebildet wurde, ist die Familie. Die kleinste Einheit bilden die Zentren in den verschiedenen Großstädten, an ihrer Spitze die Zentrumsleiter. Region und Länder werden von sog. Landeseltern geführt. An der Spitze steht das Kult-Ehepaar Mun. Die Elementarregel ist die Gehorsamsforderung gegenüber allen Mitgliedern. Wer an der Basis den Gehorsam verweigert oder ihn in Frage stellt, begeht ein Gehorsamsdelikt gegenüber Mun selbst.

Darüber hinaus hat die Vereinigungskirche eine Reihe von scheinbar unabhängigen regionalen und überregionalen Organisationen gegründet, die teils politischen, teils bildungspolitischen Charakter tragen. Sie geben sich aus als Studienkurse, als weltanschaulich neutrale Gruppen oder als Vereinigungen für das interreligiöse Gespräch.

Der dritte Bereich sind die wirtschaftlichen Aktivitäten, die sich international auch in verschiedenen Firmen und Vertriebsgesellschaften ausdrücken (siehe oben).

5. Worte mit besonderer Bedeutung in der Vereinigungskirche

Die Vereinigungskirche hat nicht wie andere Kulte eine stark ausgeprägte eigene Nomenklatur. Aus diesem Grund kann man das Glossar verhältnismäßig knapp halten. Wir bringen im folgenden eine Auswahl der zentralen Begriffe im Sprachgebrauch der Vereinigungskirche.

ABEL-TYP-WELTANSCHAUUNG: Diese Weltanschauung verkörpert die Demokratie westlichen Typs, auf die Mun und seine Organisation mit allen Mitteln kämpfen wollen. Um sie durchzusetzen, bedarf es des dritten Weltkriegs im Glauben der Gruppe.

C.A.R.P.: Die rechtskonservative Studentenvereinigung der Vereinigungskirche; wirkt häufig vor allem an den Hochschulen durch Flugblätter und Traktate, mischt auch schon dann und wann die eine oder andere Demonstration durch Schlägertrupps auf.

DIE NEUE HOFFNUNG: Zeitschrift der Vereinigungskirche.

FAMILIE: Das Ideal der Vereinigungskirche; wird als Modell für die Organisation angewendet. Dieses Ideal hindert die Organisation indessen nicht, familiäre Bezüge, soweit sie sie stören, auch aufzulösen.

ICF: The International Cultural Foundation. Diese Organisation umfaßt alle Tätigkeiten auf kulturellem Gebiet innerhalb der Vereinigungskirche. Sie wurde 1968 gegründet.

IFWU: The International Federation for Worldpeace and Unification. Eine internationale Organisation der Vereinigungskirche. In Deutschland nennt sie sich: "Förderation für Weltfrieden und Vereinigung e.V."

IOWC: The International One World Crusade ist die Missionszentrale der Mun-Bewegung. Sie wurde 1972 gegründet.

KAIN-TYP-WELTANSCHAUUNG: Nach der Lehre Muns die Weltanschauung, die Satans Werk verkörpert. Hierunter fällt vor allem die kommunistische Ideologie.

MOONIES: Bezeichnung der Anhänger der Vereinigungskirche, vor allem von Außenstehenden benutzt.

SUNG-SANG: = Positivität. Das eine Prinzip, nach dem die Schöpfung nach Mun eingerichtet ist. Ihm steht polar das zweite gegenüber: HYUNG-SANG (Negativität)

THE NEW HOPE SINGERS: Ein Chor von 9 - 12-jährigen Kindern, der bei großen öffentlichen Veranstaltungen das Programm begleitet und in den USA schon mehrere Fernsehauftritte hatte.

VK: Abkürzung für Vereinigungskirche.

6. Material zum Weiterlesen

Quellen:

San Myun Mun: "Die Göttlichen Prinzipien", in deutscher Übersetzung. Hg. im Eigenverlag, Ffm.1966

Young Whi Kim: "Die Göttlichen Prinzipien - Teil I - Studienführer", Ffm.1973

Kritische Darstellungen:

Friedrich Wilhelm Haack: "Jugendreligionen - Ursachen, Trends, Reaktionen", München 1979

R. Hauth: "Die Vereinigungskirche", München 1977

EZW, Orientierungen und Berichte, Nr. 6, III/77, "Erfahrungsberichte Vereinigungskirche", Stuttgart

Das Universelle Leben (UL), das Heimholungswerk aus Würzburg (HHW)
"Von den Heimsuchungen einer Kontoristin"

1. Der Weg in den Kult

1. Schritt: Begegnung mit dem Missionar

Jürgen lernt das Universelle Leben bei einem Stadtgang kennen. Er will nur noch kurz einige Einkäufe erledigen. Eine junge Frau spricht ihn an und übergibt ihm eine freundliche Einladung: *"Stell dir vor, Gott spricht! Fast alle Menschen glauben an Gott bzw. an eine höhere Macht. Viele kennen die Bibel oder andere prophetische Bücher oder haben davon gehört. Es sind Aufzeichnungen aus vergangenen Zeiten."* (Werbeschrift des UL) Jürgen ist zunächst skeptisch. Er hat viel über sogenannte Sekten und gefährliche religiöse Gruppen gehört. Für ihn ist die Bibel ein überkommenes Relikt aus vergangenen Zeiten. Über seine religiösen Fragen hat er sich schon lange keine Gedanken mehr gemacht. Doch die Einladung konfrontiert ihn mit einer verblüffenden Behauptung: *"Daß Gott heute erneut zu den Menschen spricht, das ist für die meisten unfaßbar. Und doch ist es so. Gott-Vater, Christus und Engel der Himmel sprechen zu uns, direkt in verständlichen Worten durch den Mund von Propheten."* (Werbeschrift des UL) Wer denn diese Propheten seien, die durch die freundliche Einladung angekündigt werden, will er wissen. Die Missionarin lächelt geheimnisvoll. Sie weist ihn noch einmal darauf hin, daß er mehr darüber erfahren könne, wenn er ins Zentrum kommen würde: *"Diese und weitere Fragen werden in einem Vortrag und in der anschließenden Aussprache beantwortet. Durch die Einspielung einer Christus-Offenbarung von Kassette besteht die Möglichkeit für den Besucher, sich frei und unbefangen mit dem Phänomen des Prophetischen Wortes zu befassen."* (Werbeschrift des UL) Zwar weiß Jürgen nun immer noch nicht, wer der geheimnisvolle Prophet ist, der da von Kassette zu ihm sprechen soll. Aber seine Neugier ist geweckt. Er beschließt, das Zentrum des Universellen Lebens zu besuchen. Eintrittspreis für den Vortrag: 5,— DM.

Was Jürgen nicht weiß:

Hinter den sagenumwobenen Propheten, von denen die Einladung spricht, verbergen sich die Offenbarungen einer früheren Kontoristin mit Namen Gabriele Wittek, die seit 18 Jahren direkte Eingebungen von Gott bzw. dem "Geistlehrer Bruder Emanuel" erhält. Sie bilden die Grundlehren des Universellen Lebens.

Die Missionare haben den Auftrag, möglichst viele Fremde ins Zentrum zu holen, damit sie die Vorträge hören und Cassetten bzw. Bücher und Schriften kaufen. Die Organisation nennt das: "Geschwister anziehen!"

Ihr freundliches, einnehmendes Gebaren ist wie immer in den Kulten eingeübt, die Gesprächsführung vorgeschrieben. Der Name der Prophetin wird in den ersten Gesprächen vermieden. Man will skeptische Nachfragen in bezug auf sektiererisches Verhalten vermeiden. Über organisatorische Hintergründe schweigen sich die Missionare aus.

2. Schritt: Die Auseinandersetzung mit den Schriften

Jürgen hört dem Vortrag aufmerksam zu. Die Menschen, die ihm im Zentrum begegnen, zeichnen sich als besonders hilfreich und aufgeschlossen aus. Er fühlt sich durch die liebevolle und tolerante Umgangsform in besonderer Weise angezogen. Er fragt, ob die Gruppe nicht etwas ähnliches sei wie eine Kirche. Er selbst ist noch Mitglied der evangelischen Kirche, steht aber seiner Konfession sehr kritisch gegenüber. Diese Haltung wird von den Angehörigen des Universellen Lebens begierig aufgenommen und bestätigt. Sie überreichen ihm eine Zeitung, in der es heißt:*"Wir Urchristen haben den beiden Großkirchen auf der Grundlage der Bibel immer wieder die Hand gereicht, zum Schluß sogar über die Staatsanwälte. Sie wurde jedoch immer wieder ausgeschlagen. Statt dessen wurden die Angriffe und Anfeindungen immer stärker."* (Christusstaat, Nr. 17) Noch deutlicher ist die Aufforderung, die er auf einem Plakat des Universellen Lebens entdeckt: *"Gott ist aus der Kirche ausgetreten! - Christus hat eine solche Kirche längst verlassen! Folgen Sie ihm nach!"* (Werbeschrift des UL)

Jürgen ist begeistert über diese vorbehaltlose Kritik gegenüber der Kirche. Er liest weiter: *"Die Schuld für die Verteufelung, Verfolgung und schließlich die Tötung Andersgläubiger und angeblicher Feinde der*

Eine ganz "normale" Anzeige aus der Zeitung "Der Christusstaat Weltweit" aus dem Verlag Universelles Leben GmbH & Co.

Christus, der Schlüssel zum Tor des Lebens ·
Postfach 5643, D-8700 Würzburg
DER INNERE WEG im Universellen Leben

Werbeaufkleber der Organisation Universelles Leben Würzburg mit ihrem Erkennungszeichen.

Christenheit sowie auch für die Tötung von Abermillionen Indianern, von Millionen aus Afrika durch "Christen" entführter "Sklaven" und Abermillionen Juden liegt in jener für die Menschheit der Erde schicksalschweren Zeit, als sich Kirche und Staat unter Kaiser Konstantin vereinten." (Christusstaat, Nr. 17)

Und an anderer Stelle heißt es:

"Heute liegen die beiden Machtkirchen in ihren Wirkungen und werden in Bälde ganz vergehen. Wenn man den Vorhersagen des Seher-Abtes Joachim von Fiore glauben will, wird an ihrer Stelle eine mächtige Volkskirche treten ohne Priesterhierarchie und goldverbrämte Kirchen." (Christusstaat, Nr. 17)

Seine bislang eher gefühlsmäßigen Vorbehalte findet er im Universellen Leben voll und ganz bestätigt. Jürgen merkt mit einem Mal, daß er eigentlich auf der Suche nach einer vollkommen neuen religiösen Orientierung ist. Also fragt er weiter nach dem Selbstverständnis des Universellen Lebens. Wieder erhält er eine schlüssige Antwort: "Wir sind Urchristen, weil wir der Lehre des Jesus von Nazareth nachfolgen ohne Priester, Dogmen, Zeremonien und Riten, und weil unser Leben auf die Zehn Gebote und die Bergpredigt aufbaut. Wir leben so, wie es von den Urchristen in der Bibel berichtet ist. Seit 16 Jahren spricht Christus wieder durch Prophetenmund im Universellen Leben zu allen Menschen und lehrt erneut den Inneren Weg - die gelebte Bergpredigt." (Christusstaat, Nr. 17) Besonders eindrucksvoll erscheint Jürgen, daß das Universelle Leben versucht, an die Ursprünge der christlichen Religion zu erinnern. Eine Kirche ohne Geld und Macht, eine Religion, die sich nur an den urchristlichen Idealen ausrichtet, hat er sich schon lange vorgestellt. Diese Gedanken werden ihm vom Universellen Leben bestätigt: "Im Heimholungswerk Jesu Christi, der Inneren Geist-Christus-Kirche, gibt es keine Satzungen, Statuten, Glaubenssätze, Zeremonien und Riten, keine Kulte, keinen Papst, keine Kardinäle und Bischöfe und so auch keine Priester." (Die 10 Thesen - dok3 - das große Zeichen)

Es scheint keine Hierarchie in dieser Glaubensgemeinschaft zu existieren. Auch kommt es den Mitgliedern in keiner Weise auf das Geld an. Sie machen sich über die Kirchensteuern lustig und fordern deren Abschaffung. Dagegen setzen sie ihre eigenen Vorstellungen von einer armen, nur dem Glauben lebenden Gemeinschaft. "Im Heimholungswerk Jesu Christi, der Inneren Geist-Christus-Kirche, gibt es keine zahlenden Mitglieder, keine Unterschiede, keine Hoch- und Nieder-gestellten. Wir leben die Einheit - so wie im Urchristentum. Jeder ist herzlich willkommen, keiner erlebt einen Zwang, da Zwang nicht christ-lich ist." (Die 10 Thesen - dok3 - das große Zeichen) Jürgen kann diesen Eindruck der Zwanglosigkeit und Offenheit durch seine Begegnung nur bestätigen. Er beschließt, weitere Erfahrungen mit dem Univer-sellen Leben zu machen.

Was Jürgen nicht weiß:
Das Universelle Leben ist eine hierarchisch strikt durchorganisierte und kontrollierte Vereinigung. Es gibt zwar keine Priester und Bischöfe, dafür aber andere Bezeichnungen für die verschiedenen Führungsebenen, denen gegenüber eine eigens erstellte Gemeindeordnung unbedingten Gehorsam fordert. Es gibt sogenannte Älteste, Glaubensheiler, Geistige Lehrer, Lei-ter der Inneren Geist-Christus-Kirchen und die zum engsten Kreis der Führungsebene gehörenden "Engel".

Die finanziellen Anforderungen, die das Universelle Leben an seine Mitglieder stellt, sind beträchtlich. So heißt es in der Gemeindeordnung: "Damit die Gemeinde erhalten bleibt und sich vergrößern kann, bedarf es der Hilfe jedes einzelnen. Daher sollte jeder den Zehnten einbringen, jede Woche oder jeden Monat, und Gott danken, daß er gesund und kraftvoll ist und dadurch auch dem Ewigen dienen kann, der Gemeinde und seinem Nächsten." (dok 34 - Das große Zeichen)

Daß solche und andere finanziellen Forderungen auf ihn zukommen könnten, ist Jürgen anfangs vollkommen unbekannt. Ebenfalls ist es für ihn kaum vorstellbar, daß diese lockere und offene Gemeinschaft seine Zeit und sein ganzes Leben kontrollieren würde. Er kennt die Gemeinde-ordnung noch nicht, die sein ganzes Leben in eine feste "Termintafel" einspannen wird: "Der äußere Ordnungshüter ist für die Termintafel verantwortlich, die in der Wohngemeinschaft, sichtbar für jedes Mitglied, angebracht ist. ... Wer zu den gemeinsamen Zeiten nicht anwesend sein kann, wird sich nicht mit nichtssagenden Worten entschuldigen, wie z.B.: "Ich bin am Abend nicht da", sondern kurz darlegen, warum er wohin gegangen ist." (dok 34 - das große Zeichen)

Oftmals besucht Jürgen von nun an die wöchentlichen Treffen des Universellen Lebens. Er erfährt mehr über die Lehre, vor allem von nun an auch etwas über die Initiatorin dieser Glaubensgemeinschaft, die von allen so liebevoll Prophetin "Gabi" genannt wird. Regelmäßig bekommt er die Zeitung des Universellen Lebens, den "Christusstaat" - Das Wort der Bundgemeinde Neues Jerusalem im Universellen Leben. Jürgen stellt fest, daß das Universelle Leben sich zu allen Themen der Zeit seine eigenen Gedanken macht. In einer älteren Ausgabe des "Christusstaats" liest er die Worte: *"Ich bin Gabriele, die Prophetin Gottes. Ich habe mich nicht selbst ernannt. So nennt mich der Herr."* Und in einem anderen Brief an die *"lieben Geschwister"* schreibt die Prophetin: *"Gott ist euer und mein Leben. Gott ist alldurchdringender Geist.*

Gott zum Gruß, meine Freunde.

Ich weihe dieses Büchlein allen meinen Freunden, allen Willigen und Suchenden. Möge dieses Kleinod, gegeben aus der göttlichen Weisheit, allen willigen Menschen Stärkung und Trost bringen.

Ich habe alles, was hier aufgezeichnet ist, und vieles darüber hinaus selbst erfahren, erlebt und durchlitten. Durch die herrliche Führung unseres Erlösers habe ich zum Ursprung der Quelle gefunden, bin eingetaucht in die göttliche Liebe und Weisheit und hervorgegangen als Kind Gottes, das in Ihm ist und durch dessen Seele und Mensch Er, der eine Geist, spricht. Seine Gnade und Liebe führt mich. Ich bin in meinem Inneren geworden, was ich war und in seinen Augen ewig bin: das absolute Gesetz selbst!

Das Gesetz der Liebe und Weisheit gibt als Wesen des Lichts, was es im Erdenkleid erlebt, erfahren, verwirklicht und durchlitten hat. Erfüllt von Seinem Geist lebe und gebe ich."(Brief an die Mitglieder 1986 - dok 15 - das große Zeichen).

Gabriele Wittek als das "absolute Gesetz selbst" wird auch als "Mundstück" der "Posaune Gottes" bezeichnet: *"Die Prophetin im Heimholungswerk Jesu Christi ist nichts anderes als ein Werkzeug des Geistes, ein auf Ihn eingestimmtes Instrument, auch Posaune genannt, die von Gott den Auftrag empfing, Sein Wort, das Wort des Geistes, der Menschheit zu verkünden. Die Prophetin des Herrn ist unsere Schwester, wie du und ich. Sie selbst nennt sich nicht Prophetin; es ist der Herr, der Sein Mundstück so nennt."* (Die 10 Thesen - dok 3 - das große Zeichen). Ein wenig ist Jürgen irritiert durch diese Art der "Beweihräucherung" im UL. Andererseits faszinieren ihn die Aussagen der Gruppe, die er begierig liest: *"Der göttliche Sendebereich, den wir empfangen, strahlt den unmittelbaren inneren mystischen Pfad aus. Um zu verstehen, warum sich der Mensch auf dem Schulungsweg allein auf den "Sender Christus" ausrichten sollte, muß man die inneren geistigen Vorgänge erkennen."* (Mystische Erfahrungen, S.6).

Jürgen nimmt an den angebotenen Meditationskursen des UL teil. Er will den "siebenstufigen Inneren Pfad" beschreiten, damit er zu Gott "heimgeholt" werden kann. Alles ist so verblüffend einfach und in der Erfahrung nachzuvollziehen: *"Im ganzen Universum gehen weder eine Kraft noch ein Atom, weder eine Schwingung noch ein Impuls, weder eine Regung noch ein Bewußtsein verloren."* (Mystische Erfahrungen, S.67).

Jürgen erfährt, daß das UL sich in allen gesellschaftlichen Bereichen engagiert. Es gibt sogenannte "Christusbetriebe", ein eigenes Krankenhaus, Bildungsanstalten und vor allem auch "politisches Engagement". Der "Christusstaat" ist ein Ziel, wofür es sich einzusetzen lohnt. Alle müssen mitmachen, auch er wird aufgefordert, aktiv zu werden, Geld zu spenden und vor allem viel Zeit für die Ziele vom UL zu investieren.

Was Jürgen nicht weiß:

Das UL setzt seine Mitglieder ein zur systematischen Vermehrung des kommerziellen Erfolgs. Die eigens eingerichteten "Christusbetriebe" sollen von den Mitgliedern aufgebaut und durch harte Arbeit bzw. durch eigene Gelder finanziert werden. Das "Weltreich Christi" hat einen beinharten materiellen Kern: "Die Zukunft hat schon begonnen. Das Weltreich Christi, das künftige Friedensreich, beginnt schon jetzt, am Horizont seine lichten, beglückenden Konturen zu zeichnen. ...

Die zur Zeit handgreiflichsten Zeugnisse dafür sind unser Restaurant und unser Bäckerladen, die in Würzburg schon florieren und darauf warten, sich als Musterbetriebe zu beweisen.

....Wo ein Betrieb im Äußeren Gestalt anzunehmen beginnt, wo Kauf und Umbau bevorstehen und wo fähige, willige Geschwister zur

Bewirtschaftung gefunden sind, dort folgen konkret die notwendigen Anweisungen der geistigen Welt: Von der Verzinsung des eingebrachten Kapitals der Geschwister, über die Regeln des Zusammenlebens auf dem Hof, die präzisen Anweisungen zur Krankenpflege bis zu den Kochrezepten im Restaurant, und für die Gemeinschaft." (dok 21 - das große Zeichen)

Von Jürgen wird erwartet, daß er ein "williges" Werkzeug des UL wird. Auch auf seine Finanzen hat man es abgesehen: *"Alle Geschwister, die mit ihrem verfügbaren Kapital auf Christus bauen möchten und finanziell dazu beitragen können, damit der Herr die neue Zeit, Sein Weltreich, durch uns vorbereiten kann, mögen uns bald ihren ausgefüllten Zeichnungsschein zum Erwerb der ersten Christus-Klinik zusenden."* (dok 22 - das große Zeichen).

Es wird erwartet, daß Jürgen sogenannte "Beteiligungsformulare" unterschreibt. Seine Gemeinde fängt an, ihn und seinen Lebenswandel zu kontrollieren.

4. Schritt: Die neue Identität

Die finanziellen Anforderungen des UL an Jürgen werden zunehmend deutlicher. Außer seinen Spenden, die die Religionsgemeinschaft stärken sollen, kommen eine Reihe von Aufforderungen, auch die wirtschaftlichen Aktivitäten zu stützen. Offenbarungen an die Prophetin scheinen diese Forderungen plausibel zu machen: *"Auch viele Betriebe aller Art sollen jetzt nach dem Wunsch Christi in Seinem Werk realisiert werden. Am 27.1.1983 sprach der Herr in Nürnberg:'Christus-Betriebe' im Sinne des himmlischen Gesetzes, das ist die neue Zeit, und die will ich jetzt schon aufbauen, denn alles will ich vorbereiten. Und ich werde das,was aus dem Gesetz des Lebens, aus dem Gesetz der Himmel hervorging und hervorgeht, zu schützen wissen.'"* (dok 21 - das große Zeichen)

Ein wenig verunsichert reagiert Jürgen nun doch auf diese unmittelbare Verquickung von neuer religiöser Offenbarung und knallhartem Geschäftssinn. Nach längerer Überlegung unterzeichnet er aber doch das von seinen "Geschwistern" vorgelegte "Beteiligungsformular": *"Ich beabsichtige, der Baugenossenschaft im Universellen Leben eG als Mitglied beizutreten, und zeichne hiermit Geschäftsanteile in Höhe von 1,000,—..."* (dok 25 - das große Zeichen)

Das UL erwartet von Jürgen, daß er nicht nur die Schulungskurse und Meditationsgruppen besucht. Er hat mittlerweile zwei Stufen des neuen Heils durchlaufen; von der ersten Stufe, der "Stufe der Ordnung" ist ihm die Karriere auf die Stufe 2, die "Willensstufe", gelungen. Von nun an gilt er schon als ein Mitglied, das für höhere Aufgaben eingesetzt werden kann. Er soll die Lehren des UL an neue, potentielle "Geschwister" weitergeben.

Die jahrelangen Meditationskurse dienten zur Vorbereitung für die Intensivschulung, die den Anhänger des UL auf den siebenstufigen *inneren mystischen Weg* führen sollen. Nach diesen Erfahrungen ist die Persönlichkeit von Jürgen vollkommen verändert. Seine Angehörigen und Freunde kennen ihn nicht mehr wieder. Er denkt, fühlt und spricht nur noch, wie es das UL vorschreibt. Als Teilnehmer der Intensivschulung muß Jürgen eine Erklärung unterschreiben, in der das HHW jede Verantwortung für die Folgen ablehnt.

Weil er zahlreiche Konflikte mit seinen Angehörigen durchgestanden hat, bietet ihm das UL eine neue Lebensgemeinschaft an. Immer wieder reden ihm seine "Geschwister" ein, wie sehr er sich schon von seinen Freunden und Verwandten entfernt habe, die noch ganz auf der Seite der "Finsternis" stünden. Jürgen ist hin- und hergerissen zwischen diesen beiden Welten. Er soll alles hinter sich lassen und nur noch für die Ziele des UL leben. Er weiß nicht, ob er das kann. Viele Ängste und Schuldgefühle plagen ihn. Manchmal kann er gar nicht schlafen. Seine "Geschwister" lächeln und antworten ihm in der Art ihrer Prophetin: *"Wenn wir den Pfad zum Überselbst ernsthaft beschreiten, dann werden wir in uns auch das Leben verspüren, eine verborgene und führende Hand wird uns lenken.*

Wie oft ruft unsere eingekerkte Seele nach geistiger Labung. Viele Menschen jedoch vernehmen ihr Verlangen nicht und hören das geistige Sehnen nicht. Darum lassen sie ihre Seele hungern und darben." (Mystische Erfahrungen, S. 27)

Erst nach langer Zeit, vielen Enttäuschungen, und Konflikterfahrungen in der Gruppe erkennt Jürgen, daß er nur "Mittel zum Zweck" geworden ist. Er entschließt sich, das UL zu verlassen. Seine "Geschwister" bedrängen und bedrohen ihn, sagen ihm eine schreckliche Zukunft voraus. Am Schluß gelingt der Austritt. Aber Jürgen ist ein psychisches Wrack geworden, das nur mit großen Mühen wieder in ein geregeltes Leben integriert werden kann.

Was Jürgen nicht weiß:
Das UL führt durch seine Meditationslehrer und Gemeindeältesten eine genaue Milieukontrolle durch, überprüft in den Kursen ständig die Loyalität der Mitglieder. Gleichzeitig sichert sich die Organisation durch die Unterschrift unter die Erklärung ab, daß sie für keinerlei Folgen einzustehen hat.

Einwänden von Kritikern begegnet man aggressiv und mit der Überziehung von Prozessen. Flugblätter und Verteilschriften sollen Kritiker mundtot machen.

Das UL kennt nur bedingungslosen Gehorsam und kritiklose Anerkennung seines religiösen Anspruchs und den damit verbundenen Geschäftspraktiken. Die kommerziellen Ziele der Organisation werden nur bruchstückhaft sichtbar. Jürgen kann nicht erkennen, wie die "neuen Offenbarungen" und die "Wirtschaftlichen Ziele" zusammenhängen.

Auch ist ihm nicht klar, daß der Begriff "Christusstaat" keineswegs nur geistlich gemeint ist, sondern einen klaren Machtanspruch des UL formuliert. 1990 tritt das HHW-UL mit einer Liste "Urdemokraten für Recht und Freiheit" auf. Das UL will in Hettstadt, in der Nähe von Würzburg, den Gemeinderat übernehmen und über geschickt verteilte Grundstücksverkäufe sich als "Siedlergemeinschaft im Universellen Leben" etablieren und eine politische Gemeinde "Neues Jerusalem" ins Leben rufen. Die politischen Machtansprüche werden fortwährend religiös verbrämt.

2. Die Kultführerin: Gabriele Wittek
Gottes Posaunenmundstück...

1971 machte eine Würzburgerin, die gerade um den Tod der eigenen Mutter trauerte, Erfahrungen in einem okkulten Zirkel, in dem Medien Kontakt mit den Seelen Verstorbener aufnahmen. Kurz danach hörte auch Frau Wittek die innere Stimme ihres *"Geistlehrers Bruder Emanuel"*. Er vermittelte ihr vollkommen neue Offenbarungen und Erkenntnisse.

1975: Gabriele Wittek tritt öffentlich auf in Versammlungen und verkündigt das *"Innere Wort"*, das sie angeblich in einem *"abgesenkten"* Bewußtsein empfangen hat. Sie spricht im Ich-Stil zu den Menschen, als würde Christus selbst sich äußern.

1977 tritt sie mit der Organisation *"Heimholungswerk Jesu Christi"* an die Öffentlichkeit. Das Zentrum ist Würzburg. Sofort beginnt die Vereinigung mit einer ausgedehnten Werbe- und Geschäftstätigkeit. Neue und andere Namen kommen ins Spiel, wie z.B. *"Universelles Leben"* und *"Innere-Geist-Christus-Kirche"*.

Ab 1979 wird das Sprech-Medium, von seinen Anhängern liebevoll "Gabi" genannt, überall vermarktet.

In den achtziger Jahren gibt das UL sein Zentralorgan *"Der Christusstaat"* heraus. Groß angelegte Werbekampagnen werden durchgeführt.

An der Seite von Gabriele Wittek wirkt vor allem ein Würzburger Wirtschaftswissenschaftler.

1980 wird das *"Heimholungswerk Jesu Christi "* als Verein eingetragen.

1985 wird es zum *"Universellen Leben, aufgebaut auf dem Fundament des Heimholungswerkes Jesu Christi, der wahren Weltreligion"* erweitert und zusätzlich als *"Universelles Leben"* eingetragen.

1984 wird die erste "Christus-Klinik" in Würzburg gegründet. Das Management vom UL gründet eine Reihe von sog. "Christusbetrieben" (siehe unten).

1985: Nachdem Pläne scheiterten, eine Ansiedlung des UL am Heuchelhof bei Würzburg aufzubauen, gelang es dem UL, durch geschickt getarnte Grundstückskäufe ein großes Areal in dem 2400 Einwohner zählenden Ort Hettstadt zu erwerben und eine eigene Siedlung aufzubauen.

1988 verfügt die Organisation über etwa 2000 bis 5000 Mitglieder, die vom UL auch *"Geschwister"* genannt werden. Es gibt mittlerweile 4 Trägervereine. Das UL gründet in Würzburg die *"Innere-Geist-Christus-Kirche"*. Aus ganz Deutschland und der Schweiz reisen die Anhänger an. Regelmäßig werden hier auch Geistheilungen veranstaltet.

3. Die Lehre
Auf dem "Pfad zum Überselbst"

Die Frage, ob die Lehre des UL christlich oder nichtchristlich, ob sie gar im kirchlichen Sinne unchristlich sei, soll hier nicht weiter berührt werden. Die kirchlichen Stellungnahmen zum UL stellen meist diesen apologetischen Aspekt in den Vordergrund. Wir beschränken uns auf die Selbstdarstellung des HHW-UL. Die Kennzeichen einer religiösen Ideologie mit toatalitärem Inhalt werden auch auf diese Weise deutlich.

Im Mittelpunkt der Lehre steht die Person der Prophetin, die in den Selbstdarstellungen nach außen kaum oder gar nicht namentlich auftritt. Zwei grundsätzliche Aspekte stehen dabei anfangs im Vordergrund: 1. *"Jesus Christus ist erneut durch das prophetische Wort mitten unter uns getreten."* 2. Die deutlich polemische Wendung gegen die in den Großkichen zum Ausdruck kommende *"äußerliche Religion"* und die Aufforderung zu einer neuen religiösen Konzentration auf das Wort *"im Inneren".*

Das Gerüst der neuen Lehre ist verhältnismäßig simpel gestrickt: Ursprünglich, so die Aussagen der Prophetin, war der Himmel mit reinen Geistwesen bevölkert. Gott zeugt mit seinem Gegenüber "Satana" den Gottessohn Christus. Da sich Satana aber gegen die Welt Gottes verschworen hatte, fiel sie mit ihren Adepten in die Materie. Auf diese Weise entstanden Erde und Menschen.

Das göttliche Ziel blieb die Rettung der gefallenen Geistwesen, weshalb Christus, inkarniert im Menschen Jesus, auf die Erde geschickt wurde. Er starb am Kreuz und schenkte durch diesen Akt allen Seelen auf Erden seine *"Erlöserfunken"*, damit sie am Ende der Zeiten in einer Art vollkommenen Erlösung zu Gott heimgeholt werden: *"Das Heimholungswerk, das eine christliche Mysterienschule ist, fundiert einzig und allein auf dem Christus, der in uns lebt.*

Heimholung bedeutet: Jesus Christus, unser Erlöser und Heiland, führt uns den Weg nach innen, zum Reich des Inneren, dem Königreich, unserer wahren Heimat." ("Mystische Erfahrungen...", S.94).

Dieser Erlösungsweg steht auf dem Programm des HHW-UL. Das Menschen- und Weltbild ist streng dualistisch gedacht: *"Wer das Licht der Wahrheit trägt, der sagt der Finsternis den Kampf an. Dieser*

Kampf ist unvermeidlich. Das von uns durch Opfermut und Opferwillen vermehrte Licht schenkt uns Freiheit und Stärke, es ist die erlösende Flamme, die uns auf dem Pfad zum Ewigen leuchtet. Wer im erlösenden Werk dienen möchte, der muß seine Seele durchlichten." (Mystische Erfahrungen, S.79).

Es gibt nur Licht und Finsternis, gut und böse, Feind oder Freund. Der Dualismus religiöser Ideologie wird schon an dieser Stelle deutlich.

Die Idee von den "Erlöserfunken", der Emanationsgedanke (Ausströmung aus der göttlichen Welt) entstammt religionsgeschichtlich der antiken Gnosis: Gott ergießt gewissermaßen sein immaterielles Wesen in die böse Materie hinein, die dieses Wesen an sich selbst fesselt und nur widerstrebend frei gibt. So schreibt auch die Prophetin des Herrn: *"Wenn wir den Pfad zum Überselbst ernsthaft beschreiten, dann werden wir in uns auch das Leben verspüren, eine verborgene und führende Hand wird uns lenken. ...Wie oft ruft unsere eingekerkerte Seele nach geistiger Labung. Viele Menschen jedoch vernehmen ihr Verlangen nicht und hören das geistige Sehnen nicht. Darum lassen sie ihre Seele hungern und darben." (Mystische Erfahrungen und Erkenntnisse..", S.27).*

Die darbenden und hungernden Seelen sind im Gesetz des Karma (nach indischer Lehre die Wirkungsgesetzmäßigkeit des Handelns) und in den Kreislauf der Wiedergeburten (Reinkarnationen) eingespannt.

Geschickt werden hier Elemente der indischen Lebensphilosophie und esoterische Brocken des New Age mit christlichen Vorstellungen in Einklang gebracht. Gabriele Wittek spricht vom *"göttlichen Sendebereich"*, vom *"Sender Christus"*, von den *"Schwingungen und Impulsen im Universum"*. Die Avancen an den New-Age-beseelten Zeitgeist werden indessen wieder zurückgeführt auf die Leistungsanforderungen im UL: *"Wir müssen also unseren Tribut leisten, indem wir uns jeden Augenblick betrachten und an uns selbst das Maß ansetzen. Erst dann wird unsere Seele erwachen und zum Lichte der Selbsterkenntnis und der Wahrheit gelangen." (Mystische Erfahrungen, S.15).*

Dieser Tribut wird zunächst in den Meditationskursen und Intensivschulungen des UL dergestalt umgesetzt, daß die Mitglieder auf die Lehre der Prophetin eingeschworen werden. Im Jargon der Prophetin: *"Deshalb müssen wir unablässig bestrebt sein, die Verfeinerung* und die Veredelung unserer Seele und des Leibes zu erlangen. Wir müssen uns von den Fesseln der Materie, unseres Ichs befreien und durch Erkenntnis und Läuterung zur wahren, reinen, inneren Offenbarung gelangen.Der Weg über die Meditationskurse und die Intensivschulung ist eine beständige Erweiterung des Bewußtseins, ein innerer Fortschritt, eine Entwicklung und ein stetiger Aufstieg zur Vollendung."* ("Mystische Erfahrungen und Erkenntnisse der Prophetin des Herrn", S. 13)*. Mehr oder weniger unverblümt spricht die Prophetin aus, wie sehr es ihr auf den blinden Gehorsam der Mitglieder ankommt: *"Durch das Innere Wort der Prophetin Christi empfangen wir von einem beauftragten Diener des Herrn Weisungen, wie wir die 'Tempelordnung' vornehmen müssen, wie wir die Gesetze des Geistes anwenden können, um unsere Seele zu reinigen und uns so von der beständigen Wiederkehr in das irdische Leben zu befreien. Durch gezielte geistige Übungen wandert der Gott zugewandte Stufe für Stufe zu seinem Innengott, zu seinem Vater. Hat der Wanderer die vierte geistige Stufe erreicht, so empfängt er die göttliche Kraft in dem Maße, daß er Christus im reinen 'Ich bin' selbst zu vernehmen vermag. Dann setzt die unmittelbare mystische Führung durch Christus ein, der sodann Seinen willigen Schüler in den Schoß Gottes führt, hin zu dem Frieden, den diese Welt nicht kennt."* (dok3 - das große Zeichen). Die willigen Schüler haben nur noch eines im Sinn zu haben: sich für die Ziele des HHW-UL einzusetzen, ganz gleich, was immer an Anforderungen an sie herangetragen wird. Die Diskrepanz von eingangs so offen und freisinnig vorgetragenem Anspruch und internem Anpassungsdruck wird an dieser Stelle augenfällig.

Weiteres wesentliches Merkmal der religiösen Ideologie ist die eigentümliche Vermischung von religiösem Anspruch und politisch-wirtschaftlicher Macht. Das HHW-UL hat schon sehr früh keinen Zweifel darüber aufkommen lassen, daß seine Ziele keineswegs so geistlich sind, wie die programmatischen Schriften es darstellen. Wenn "Gabi" zunächst noch in blumigen Worten fordert: *"Wir müssen also unseren Tribut leisten, indem wir uns jeden Augenblick betrachten und an uns selbst das Maß ansetzen. Erst dann wird unsere Seele erwachen und zum Lichte der Selbsterkenntnis und der Wahrheit gelangen"* (Mystische Erfahrungen, S.15), so wird auch zugleich deutlich gemacht, was dieser Tribut beinhalten kann. Sie spricht von *"handgreiflichen Zeugnissen"*, die sich in den Betrieben und politischen Aktivitäten der Organisation ausdrücken (siehe oben).

Hinzu tritt die bei neureligiösen Bewegungen immer wieder auftauchende eigentümliche Vermischung von Heilsanspruch und Heilungsgarantien. Diese im therapeutischen Milieu angesiedelten Vorstellungen verbinden sich mit allerlei heilpraktischen Experimenten, *geistheilerischen Ambitionen* und medizinischen Halbwahrheiten. Die Gefahren, die sich mit einer solchen Vermischung einstellen, die Übergänge in den Bereich der Scharlatanerie, harren noch der näheren Untersuchung. Wer auf der einen Seite seinen Anhängern Therapieerfolge der folgenden Art verspricht: *"Die Glaubensheilung, ebenfalls ein wesentlicher Bestandteil des Heimholungswerkes Jesu Christi, vermag dem Heil-Suchenden, der sich der heiligen Christuskraft anvertraut, gemäß dem Willen des Herrn Linderung oder Heilung zu bringen. Diese Glaubensheilung, die wie im Urchristentum geschieht, beruht auf den Worten des Herrn: Nach deinem Glauben wird dir gegeben, gehe hin und sündige fortan nicht mehr."* (dok3 - das große Zeichen). Wer auf der anderen Seite sogenannte *"Christus-Kliniken"* gründet, gibt Anlaß zu gesundem Mißtrauen. Die Schulmedizin wird in der eigenen Klinik in Michelrieth bei Würzburg durch *"Glaubensgebete"* und *"Heilmeditation"* ersetzt. Die aus dem Jenseits gewonnenen Heilmethoden kritisieren die Schulmedizin und bilden eine Mixtur aus gängigen Forderungen an die moderne Gesundheit, wie z.B. vegetarische Ernährung, gesunde pflanzliche Kost und die an Scharlatanerie grenzenden Heilungstätigkeiten.

Auch das letzte Merkmal der religiösen Ideologie, der Endzeit-Charakter ihrer Offenbarungen, wird von der Prophetin immer wieder betont. Das katastrophal sich vollziehende Weltenende steht laut Lehre nahe bevor, nur eine erkleckliche Zahl von Anhängern des UL wird den Schrecken dieser Zerstörungen überleben. Die Gemeinde *"Neues Jerusalem"* ist der Hort der Geretteten. Auch hier wird Endzeitlichkeit nur bedingt als theologischer Begriff oder religiöse Überzeugung vertreten, sondern zugleich zu einem politischen Programm erhoben, das in der Hauspostille, dem *"Christusstaat"*, zum Teil eindrucksvoll den politischen Machtanspruch vorformuliert, den das UL umzusetzen gedenkt. Die Selektion von Guten und Bösen, der Hetz-Stil, mit dem politische und religiöse Feinde rhetorisch zur Strecke gebracht werden, nimmt in diesem Organ zum Teil extreme Formen an. Ähnlich wie Scientology denunziert das UL etwa im Extrablatt Nr.17 des *"Christusstaats"* alle Kritiker als faschistische

Verfolger und vergleicht kritische Aufklärungsschriften mit einschlägigen Zitaten aus dem "Stürmer" der NS-Zeit.

Fazit

Die Lehre des HHW-UL trägt alle Merkmale der religiösen Ideologie:
1. Sie stellt ein eklektisches Sammelsurium aus den verschiedensten Weltanschauungs- und Religionsbereichen dar, die den kommerziell-politischen Zielen der Organisation dienen.
2. Die Lehrelemente sind streng dualistisch aufgebaut. Es gibt nur gut oder böse, Freund oder Feind.
3. Der ideologische Anspruch gegenüber Anhängern und Außenstehenden ist totalitär.
4. Das UL vermischt religiöse und politische Machtansprüche und versucht, sie mit aggressiven Methoden zu verwirklichen.

4. Die Organisation
"Das Werk des Herrn kennt keine Bindungen..."

Das HHW-UL tritt in verschiedenen Gestalten auf. Es gibt den unmittelbaren religiösen Bereich und die sich immer mehr ausweitenden wirtschaftlichen und politischen Aktivitäten.

Im Mittelpunkt steht das *Heimholungswerk Jesu Christi - Die Innere-Geist-Christus-Kirche"*, sowie das *"Universelle Leben e.V."*.

Über 80 lokale *"Innere-Geist-Christus-Kirchen"* in der Bundesrepublik, in Österreich und in der Schweiz treten mit regelmäßigen Veröffentlichungen und einer intensiven Missions- und Werbetätigkeit an die Öffentlichkeit.

Die Zentrale des UL ist immer noch Würzburg, Haugerring 7. Weitere Zentralen werden in Nürnberg, München, Innsbruck und Salzburg erwartet.

Das UL verfügt über eine umfangreiche Verlagstätigkeit, durch die esoterische Schriften, Kassettenversand und zahlreiche Buchveröffentlichungen vertrieben werden. Darüber hinaus gründet das UL Bildungsvereine (z.B. "Studenten im UL e.V." oder "Gesellschaft für Wissenschaft im UL e.V."). Hauptklientel des UL scheint das Bildungsbürgertum zu sein.

Die "Naturheilklinik GmbH & Co. KG", *"Haus der Gesundheit im UL"* hat ihren Sitz in Michelrieth im Spessart. Dort findet "Geistiges Heilen" aufgrund der *"Offenbarungen aus der Geistigen Welt"* statt. Eine weitere Naturklinik wurde in Kredenbach eröffnet.

Weiter verfügt das UL über Kindergärten, Vater-Mutter-Häuser, eine Schülerhilfe, *"Ich helfe dir e.V. Schulverein"*, und eine sogenannte Sozialstation.

Die wirtschaftlichen Aktivitäten

Eine *"Gemeinschaft der Kaufleute, Techniker und Handwerker im Universellen Leben e.V."* bereitet die Wirtschaftsunternehmungen des UL vor. Es sind mittlerweile 18 Kapitalgesellschaften, eine *"christliche Genossenschaftsbank"* und etwa 100 *"Christusbetriebe"* in den Bereichen EDV, Elektronik, Textilien, altenative Gewerbezweige, Sanitär- und Trinkwasserversorgung sowie Bau-, Makler- und Werbungswesen entstanden. Eine *"Holding der Christusbetriebe GmbH"* wurde in Altfeld-Marktheidenfeld gegründet. Über 3000 Anhänger arbeiten in den sog. Christusbetrieben.

5. Einige Zentralbegriffe des HHW-UL

ÄLTESTE: Leiter der einzelnen lokalen Gemeinden. Ihnen gegenüber gilt für den einzelnen Anhänger absoluter Gehorsam.

BERGPREDIGT: Damit wird gemeinhin die im Neuen Testament überlieferte Predigt Jesu an sein Volk und an seine Jünger bezeichnet (Matthäus 5-7). Im UL ist die Bergpredigt eine von der Prophetin ersonnene Schrift, die ihr Christusverständnis darstellt, gewissermaßen die Bibel des UL. Das Buch trägt den Titel: "Das ist mein Wort Alpha und Omega - Die Bergpredigt".

BUNDGEMEINDE NEUES JERUSALEM: Nach den Endzeitvorstellungen des UL die Gemeinschaft, die die Katastrophe der Endzeit überleben wird.

CHRISTUSBETRIEBE: Wirtschaftsorganisationen des UL, die nach der eigens geoffenbarten "Betriebsordnung" arbeiten sollen. In ihnen gilt eine strikte Hierarchie und eine vollkommene Selbstaufgabe im Einsatz: *"Vergeude die Arbeitszeit nicht mit unnützen Gesprächen, mit Problemgesprächen oder Gesprächen über deinen*

Nächsten. Was dein Nächster tut, betrifft Gott und sein Kind, nicht dich." (dok30 - das große Zeichen)

CHRISTUSSTAAT: Titel des zweimal im Monat erscheinenden Organisationsblattes. Zugleich aber auch das politische Ziel des UL, die Errichtung einer staatlichen Organisation, die nach den Prinzipien des UL geordnet ist.

EMANUEL: Der "Geistlehrer Bruder Emanuel" offenbarte Gabriele Wittek die neue Lehre Gottes, die einzig "wahre Weltreligion". Die Offenbarungen betreffen die gesamte Lebensgestaltung der Anhänger. Seine Anweisungen verlangen den absoluten Gehorsam.

ENGEL:Höchste Rangstufe innerhalb des UL. Die Engel sind nach den Worten von G.W. die "zu meinem Wort gewordenen Menschen". Sie bilden den innersten Kreis der Kulthierarchie.

GABI: Gabriele Wittek, die Prophetin des UL, von ihren Mitgliedern liebevoll auch Prophetin Gabi genannt.

GESCHWISTER nennen sich die Anhänger des UL. Sie tragen nach außen eine liebende Offenherzigkeit zur Schau. Nach innen gilt strikter Gehorsam gegenüber den Leitern und den Ordnungen der Prophetin. (siehe Gemeindeordnung des UL von 1987).

GLAUBENSHEILUNG: Nach den Eingebungen der Prophetin eine medizinisch seriöse Heilmethode, um Patienten von schweren Krankheiten zu befreien. Mit dem sog. "Glaubensgebet" und den "Heilmeditationen" wird in den Kliniken des UL experimentiert.

HARMONIE: Ein zentraler Begriff des UL. Harmonie erlangt die Seele, indem sie sich ganz dem "göttlichen Sendebereich" anpaßt und die Lehren der Prophetin befolgt.

HETTSTADT: Die "Siedlergemeinschaft im Universellen Leben" hat in diesem kleinen Ort ihre Zentrale errichtet und praktisch ein ganzes Dorf aufgekauft.

HEIMHOLUNG: Ein Zentralbegriff des HHW. Nach seiner Auffassung bedeutet Heimholung: *"Jesus Christus, unser Erlöser und Heiland, führt uns den Weg nach innen, zum Reich des Inneren, dem Königreich, unserer wahren Heimat."* ("Mystische Erfahrungen...", S.94). Nicht wenige erfahren diese Heimholung wie den Alptraum einer Heimsuchung.

HHW:Allgemein verwendet Abkürzung für Heimholungswerk Jesu Christi.

INNNERE-GEIST-CHRISTUS-KIRCHE: Die lokalen Glaubensgemeinschaften, die durch Werbung und Handzettel zu Vorträgen und Diskussionen einladen.

KARMA: Nach indischer Lehre von den Wirkungsgesetzen menschlichen Handelns. Jede Tat zeitigt die in ihr liegenden Wirkungen, die auf den Täter wieder zurückkommen. Etwa nach dem Prinzip: Wie man in den Wald hineinruft, schallt es zurück. Solche und ähnliche Vorstellungen gibt es auch in der Weisheitsliteratur des Alten Testaments. Für das UL ist das Karma ein Negativ-Begriff, der das Leben der "eingekerkerten Seele" beschreibt.

MEDITATION: Es gibt drei Stufen von Meditationskursen, an die sich die Intensivschulung anschließt, die den Anhängern das Lehrgut des UL vermitteln soll.

POSITIVES DENKEN: Dieser Begriff entstammt der amerikanischen Lebensphilosophie des J. Murphy. Er wird vom UL übernommen und ganz ähnlich als ein Heilmittel gegen negative Einflüsse und Krankheiten gedeutet.

PROPHET: Der Prophet war in der Antike ein Übersetzer der göttlichen Weisungen an die Menschen. Propheten gab es an den Orakelstätten, die die Sprüche der Seher für die Fragenden übersetzten. Zum Teil waren sie auch selbst Visionäre, die im Auftrag Gottes zu Kritikern ihrer Zeit wurden. Im Alten Testament waren die sogenannten Schriftpropheten Außenseiter, die das Volk Israel an die alten Gebote Gottes und den Bund mit ihm erinnerten. Im UL bezeichnet sich Gabriele Wittek selbst als Prophetin Gottes. Sie deutet den Begriff um als Träger der wahren Weltreligion. Sie sieht im Propheten eine Art okkultes Medium für göttliche Weisungen.

REINKARNATION: Nach indischer Lehre die Vorstellung von der Wiedergeburt. Das UL will das Rad der Wiedergeburten durchbrechen auf dem sog. *inneren Weg*.

SEELENSTUFE: Nach der Lehre des UL gibt es mehrere Seelenstufen, die jeder durchlaufen kann, wenn er das Werk der Heimholung zu Gott leisten will. Nach den erreichten Seelenstufen wird die

Hierarchie des UL gestaltet. Ob man auf eine höhere Seelenstufe angelangt ist, entscheidet allein der Meditationslehrer.

UL: Allgemein verwendete Abkürung für Universelles Leben.

URCHRISTEN: "Wir Urchristen...", so titulieren sich die Mitglieder des UL. Sie wollen auf diese Weise darauf aufmerksam machen, daß sie die einzigen wahrhaft guten Christen sind.

6. Material zum Weiterlesen

Quellen:

"Das ist Mein Wort - Alpha und Omega - Das Evangelium Jesu", Würzburg 1991

"Mystische Erfahrungen und Erkenntnisse der Prophetin des Herrn", 1984 (ohne Ortsangabe)

Verschiedene Ausgaben des *"Christusstaat" - "Wort der Bundgemeinde Neues Jerusalem im Universellen Leben".*

Kritische Schriften:

Friedrich Wilhelm Haack: *"Das Heimholungswerk der Gabriele Wittek und die Neuoffenbarungsbewegungen"*, München 1986

Das große Zeichen - Die Frau aller Völker, Arbeitskreis Extreme Weltanschauungen der Diözese Würzburg: *"Heimholungswerk - Universelles Leben"*, Würzburg 1992 (daraus im Text die Quellendokumente zitiert wie folgt: dok Nr - das große Zeichen)

Materialdienst der EZW 11/1991: *"Meine Zeit beim Universellen Leben".*

TRANSZENDENTALE MEDITATION
"Die sanfte Auslieferung an den Meister"

1. Der Weg in den Kult

1. Schritt: Die erste Begegnung

Joachim K. hatte gewisse Probleme mit sich selbst. Er ist unruhig, nervös und häufig sehr abgespannt. Eines Tages wird er von Freunden angesprochen, die ihm von einer großartigen Meditationstechnik erzählen. Sie laden ihn zu einem Vortrag in der Universität ein. Ein bläulich-esoterisches Plakat macht auf sich aufmerksam: *"Kraft durch Stille"*.

Joachim hört sich diesen Vortrag an. Vieles kann er nicht so recht verstehen. Doch die Leiter, die ihm dort begegnen, sind freundlich. Sie lächeln fortwährend und machen einen ruhigen und gelösten Eindruck. Sie laden ihn ein, zu ihnen ins Zentrum zu kommen. Jetzt, als er darauf achtet, begegnet er überall Anzeigen für TM. In Kleinanzeigen, auf Werbeflächen, sogar im Telefonbuch prangen Sätze wie: *"Frieden, Ruhe, Entspannung durch zweimal 20 Minuten Meditation am Tag!"* oder: *"2x täglich Urlaub - Transzendentale Meditation - TM".* Joachim möchte mehr über diese Meditation erfahren und ruft deshalb im Weltplan-Center an. Der automatische Anrufbeantworter von TM gibt ihm eine kurze Einführung in die Ziele und Vorstellungen von TM:

"Hier ist der automatische Telefondienst vom Weltplancenter Bremen für das Programm der Transzendentalen Meditation und die Wissenschaft der kreativen Intelligenz. ... Transzendentale Meditation ist eine natürliche und leicht erlernbare Technik, die zu einem Zustand großer körperlicher Ruhe bei gleichzeitiger geistiger Wachheit führt.

In vielen wissenschaftlichen Untersuchungen wurde nachgewiesen, daß zunehmend klares Denken, höhere Intelligenz, mehr Dynamik und Energie, mehr Kreativität und Produktivität, Steigerung der Abwehrkräfte, bessere Gesundheit und damit mehr Freude am Leben und eine harmonische Persönlichkeitsentfaltung das Ergebnis von nur zweimal täglich 20 Minuten Ausübung der TM-Technik sind. Informieren Sie sich unverbindlich hier im Weltplancenter donnerstags um 20.15 oder sonntags um 17.00."

Joachim geht in das Zentrum von TM. Wieder begegnet er den freundlichen TM-Lehrern. In einem Vortrag deuten sie an, daß man mit TM in der Lage sei, alle Probleme mit sich selbst zu lösen. Als Beleg für die großartige Wirkung der Meditation werden ihm wisssenschaftliche Untersuchungen vorgehalten. Man spricht vom *"Maharishi-Effekt"*, der wissenschaftlich nachgewiesen sei. Der TM-Lehrer drückt das so aus:

"Da gibt es Untersuchungen, die das faszinierend belegen. Da hat man in den USA eine Stadt gehabt. Ich weiß nicht genau, wie die heißt. Da hat man in der Mitte der Stadt Kriminalitätsstatistiken gemessen und desgleichen am Stadtrand. Und Kriminalitätsstatistiken zeigen ja in gewissem Maße Lebensqualität an. Und dann hatte man am Stadtrand dreihundert TM-Lehrer dorthin geschickt, die haben dort ihr Programm gemacht, haben dort meditiert. Die Folge war, daß dort die Kriminalitätsstatistik herunterging, etwa nach zwei Tagen."

Joachim ist fasziniert und verwirrt zugleich. Er beschließt, mehr darüber zu erfahren.

Was Joachim nicht weiß:
Die Vorträge, zu denen er hingegangen ist, sind reine Werbeveranstaltungen für die Transzendentale Meditation. Es geht darum, möglichst viele in die kostspieligen Meditationskurse hineinzubekommen. Das Auftreten der TM-Lehrer, ihre scheinbar wissenschaftlichen Argumente, ihr glückliches, in sich ruhendes Gebaren soll Aushängeschild sein. Sie gehen auf den einzelnen zu und deuten ihm an: "Es kommt auf dich an, wir sind für dich da!" Hinter diesem schönen Schein verbirgt sich ein kommerzielles Interesse: der Verkauf von TM-Kursen.

2. Schritt: Erste Erfahrungen mit der Meditation

Joachim schließt einen Vertrag mit TM ab. Er besucht den Einführungskurs. In den Einführungsvorträgen wird weiterhin das System von TM erklärt. Wissenschaftlich-medizinische Erklärungen mischen sich mit glücksversprechenden Erfahrungen von TM-Mitgliedern. Er erfährt Genaueres über die Technik von TM. Es sei alles ganz einfach, so versichern ihm die TM-Lehrer, da alles auf Naturgesetzen beruhe. Sanft lächelnd erzählen sie ihm von ihren glücksbringenden Erfahrungen:

"Ich setz mich hin, mach die Augen dicht. Und dann ist es natürlich, daß sich der Geist beruhigt."

Und ein anderer TM-Lehrer setzt fort:

"TM ist die natürliche Tendenz des Geistes, sich zu beruhigen. Das kann nicht schwierig sein. Denn einer, der immer läuft, der kann auch langsamer laufen oder kann auch stehen. D.h. das Stehen ist in dem schnellen Laufen drin enthalten. ... Einer, der immer denkt, der sollte auch weniger denken können und schließlich einen Zustand erfahren, wo er keine Gedanken hat. Das nennen wir dann reines Bewußtsein oder transzendentales Bewußtsein."

Etwas verschmitzt schließt ein dritter:

"Für mich ist die TM-Technik so ein integrierter Faktor in meinem Leben geworden wie Zähneputzen."

Joachim ist immer noch verwirrt, weil das wissenschaftliche Gebaren im Widerspruch zu gewissen Praktiken steht. So wird er zu einer Abschlußveranstaltung eingeladen, auf der er die folgenden Erfahrungen macht:

"Dann mußte man für diese Abschlußveranstaltung und gleichermaßen Einführung in die TM, mußte man einer Zeremonie beiwohnen, zu der erforderlich waren: fünf Blumen, drei Äpfel und ein weißes Taschentuch, wobei einem aber versprochen wurde, daß man das weiße Taschentuch wieder zurückbekommt.

Das wurde dann so individuell abgehalten. Jeder einzelne mußte dann mit dem Leiter der Gruppe vor so eine Art Altar treten, wo dieser Yogi, nicht Maharishi, sondern sein Lehrer, mit Kerzen angestrahlt wurde, und so kleine Schälchen standen mit Reiskörnern drin und Wasser und Räucherstäbchen. Dann hat der TM-Lehrer sich da hingestellt, niedergekniet und aufgestanden und hat eine lange Zeit lang vor sich hingesungen. Das sollen wohl die Mantren gewesen sein. Das waren irgendwelche Klangfolgen. Und anschließend hat er einem dann das Mantra gegeben, mit dem man die TM durchziehen sollte."

Joachim befolgt die Regeln von TM genau, meditiert zweimal am Tag, hält sein Wörtchen geheim und zahlt seinen Beitrag. So macht er zunächst schöne Erfahrungen der Ruhe und Entspannung.

Die Hintergründe von TM sind ihm zunächst gleichgültig.

Was Joachim nicht weiß:
Die scheinbar wertneutrale Entspannungstechnik ist in Wahrheit eine religiöse Zeremonie, in der er indische Götternamen anruft. TM verschweigt ihm diesen religiösen Hintergrund vollkommen. Ein Freund erklärt es ihm später:"Das Mantra ist ein Kürzel, ein verkürzter Göttername, den man durch die Meditation anruft. In den weiteren Meditationstechniken wird das ganz klar, wo z.B. vor das Mantra auf Sanskrit: 'Ich verneige mich', gesetzt wird. Und dann kommt das Mantra.

Die Technik der Vergebung der Mantren ist die, daß die Mantren ganz kategorisch nach Altersstufen verteilt werden. Aingnamha zum Beispiel wird ergänzt bei einer Zusatztechnik durch Shree. Und dann heißt das Shree Aing-Nahma. Und das heißt übersetzt: "Oh, du wunderbarer Aing, vor dir verneige ich mich."

Auch die Abschlußveranstaltung, die sog. "Puja", hat eine religiöse Bedeutung:"Die Puja ist eine Anbetungszeremonie. Es werden da die Meister von Maharishi angebetet. Die Meister werden verglichen mit den höchsten Göttern in einer Form, die sehr stark an das Gebet erinnert."

Joachim hat 880.- DM Kursgebühren bezahlt für die Einführung in eine religiöse Zeremonie. Es ist, als wolle man das Rosenkranz-Gebet in der katholischen Kirche als wertneutrale Entspannungstechnik für knapp 1000,- DM verkaufen.

3. Schritt: Auf dem Weg zum idealen Menschen in einer idealen Gesellschaft

Auch wenn er immer noch nicht alles verstanden hat, setzt Joachim seine Meditationsübungen fort. Dabei stellt er fest, daß viele Wirkungen, die TM ihm versprochen hat, so gar nicht eintreten. Er spricht mit seinen Lehrern darüber, auch über seine Ängste, die die Meditation zuweilen ausübt. Die TM-Lehrer bestätigen ihn lächelnd und bieten ihm weitere Kurse an. In den Gesprächen wird ihm immer deutlicher, daß der Initiator der Transzendentalen Meditation, den die Angehörigen immer liebevoll Maharishi nennen, über absolute Autorität in der Gruppe verfügt. Es fallen Sätze wie: *"Wir müssen Wort für Wort befolgen, was Maharishi uns sagt!"* Die fast religiöse Verehrung des Meisters paßt nicht zu der übrigen Sprache.

Joachim besucht weitere Kurse, die immer kostspieliger werden. Eines Tages liest er etwas über das sog. *Siddhi-Programm.* Darin werden ihm übernatürliche Kräfte versprochen. Man könne *"auf der Luft gehen", "durch Wände schreiten."* Maharishi schreibt sogar: *"Die ideale Koordination zwischen Geist und Körper, die das Fliegen voraussetzt, führt zu völlig neuen Dimensionen der Kreativität."* Ein TM-Lehrer beschreibt ihm die phantastischen Wirkungen dieses Programms:

"An einem Kurs an der Ostsee habe ich das Siddhi-Programm erlernt. Als ich die Technik bekam: Es war ein unwahrscheinlicher Energiestrom, der durch den Körper ging, es war mit Licht und Glückseligkeit verbunden. ...Dann begann mein Körper sich zu schütteln, und dann war ein ganz starker Impuls da, daß der Körper sich in die Höhe begeben wollte. Diesem Impuls habe ich nachgegeben. Und das Ergebnis waren ein paar Hopser-Sprünge. Wir saßen alle auf Schaumgummi-Matratzen, weil die meisten doch immer wieder herunterkamen."

Um diese höheren und höchsten Stufen der Mediation zu erreichen, muß Joachim 12.000 bis 15.000 DM bezahlen. Hinzu kommt, daß es ihm immer schlechter geht. Er spürt, daß TM seinen Tag bestimmt. Seine innere Unruhe ist schon fast einer Sucht nach Meditation gewichen. Immer noch weiß er nicht, was mit ihm geschieht.

Was Joachim nicht weiß:
Die TM-Lehrer, die ihn so freundlich betreuen und sich nach außen so wissenschaftlich versiert geben, verfügen über keinerlei Möglichkeiten, psychologisch oder medizinisch zu helfen. Sie sind ausgebildet in TM-Technik und haben sonst keine weiteren Kenntnisse. Wenn jemand Probleme mit TM bekommt, psychische Schwierigkeiten zeigt, dann besteht keine Möglichkeit der Diagnose. Bei TM werden bedenkenlos Bewußtseinstechniken angewendet, so als würde man Bauchoperationen auf dem Küchentisch vornehmen.

Ein TM-Lehrer kommentiert die Tatsache, daß depressive Störungen und psychische Abhängigkeitsstrukturen aufkommen können, mit den Worten: "Zu den sog. Ausgetickten. Jugendliche neigen zum Übertreiben.

Dann versucht man alles mögliche dazu. Und dann macht eben das Nervensystem einfach Peng, weil es das eben nicht aushalten kann."

4. Schritt: Der Abgang in die meditative Abhängigkeit

Joachim kann es ohne Meditation nicht mehr aushalten. Selbst bei seiner Arbeit meditiert er pausenlos. Er hat sehr viel Geld investiert und dafür das Gefühl bekommen, TM sei so etwas wie eine Droge, die ihn nicht mehr losläßt.

Als er einmal einem TM-Lehrer sagte, daß er früher Drogen genommen hätte, wird ihm mitgeteilt, TM sei auch eine gute Drogentherapie.

Seine Verwandten und Freunde halten ihn für verrückt, rücken von ihm ab. Er ist mit seinem Problem weitgehend allein. Die TM-Lehrer können ihm auch nicht helfen.

Viel später, als es ihm dann doch gelungen ist, sich von TM zu lösen, kommt er zu der Einsicht:

"Sie ist deswegen eine gute Drogentherapie, weil sie selbst eine Droge ist. Man fühlt sich leicht und beschwingt. Es kommen natürlich auch Ängste hoch. Genau das gleiche geschieht auch in der Meditation. Man erfährt tiefe Ruhe, sehr oft. Man fühlt sich wohl und geborgen. ...Man hat ein gehobenes Lebensgefühl, das dann immer wieder erneuert werden muß, wie man eine Droge auch quasi immer wieder neu einnimmt, geht es dann mit der Meditation genauso. Und man kommt langsam in eine Art Sog hinein. Es reicht dann nicht mehr die Grundmeditation, man will neue Techniken lernen. Man kann das vergleichen mit der Erhöhung der Dosis. Und all das geschieht, ohne daß man überhaupt weiß, was da alles geschieht, was da mit dem Körper, was da mit dem Geist wirklich passiert. Man nimmt das einfach hin, man macht Erfahrung, und die Erfahrungen werden bestätigt. Die Erfahrungen werden bestätigt, daß sie o.k. sind von der Seite der Organisation. Aber man hat gar kein Wissen darüber, was da wirklich mit einem passiert. Man bekommt nur ein paar Brocken mit, aber das ist viel zu wenig, um all das zu durchschauen."

Diese Einsicht hat ihn nicht nur sehr viel Geld, sondern auch seine psychische Gesundheit gekostet.

2. Der Kult-Führer: Maharishi Mahesh Yogi

"Nicht viel lernen ist nötig, nur die reine Auslieferung an den Meister. Dies gibt uns den Schlüssel zum Erfolg." (Maharishi)

Als bürgerliche Namen von *Maharishi Mahesh Yogi* werden die Namen *Mahesh Prasad Varma* und *J.N.Srivastara* angegeben.

Geboren wurde er 1918 in Jabalpur/Indien. Über seine Ausbildung ist wenig bekannt. Von ihm wird erzählt, er sei der Schüler von *Swami Brahmananda Sarasvati*, kurz genannt "der göttliche Lehrer" oder *Guru Dev*, der ein orthodoxer Hindu war.

Von seinen Anhängern wird er *Maharishi* genannt, d.h. "großer Weiser".

1958 beginnt *Maharishi* mit seiner öffentlichen Tätigkeit. Er gründet eine "Geistige Erneuerungsbewegung" (SRM - Spiritual Regeneration Movement) und schreibt fünf Jahre später sein grundlegendes Buch: *"Die Wissenschaft vom Sein und die alte Kunst des Lebens"* (deutsch 1966).

Maharishi reist in die USA und versucht, seine Gedanken dort zu verbreiten.

Er gründet dort die SIMS, die *"Students International Meditation Society"*.

Er entwickelt die *Wissenschaft der Kreativen Intelligenz (WSI)*

1967 kommt Maharishi in die Schlagzeilen der Weltpresse, weil er mit seiner Meditation die "Beatles" betreut.

Am 8. Januar 1973 gibt Maharishi nach sieben Tagen des Schweigens seinen *"Weltplan"* zur Lösung aller Weltprobleme bekannt. Seit 1970 sammeln sich explosionsartig immer Anhänger um *Maharishi*. Die Meditationskurse werden von der *Maharishi International University (MIU)* bzw. von dem europäischen Ableger, der *"Maharishi European Research University" (MERU)*, koordiniert.

1975 ruft *Maharishi* das *"Zeitalter der Erleuchtung aus"*. 1976 gründet er eine *"Weltregierung des Zeitalters der Erleuchtung"*.

Sein europäischer Hauptsitz wird in Seelisberg, über dem Vierwaldstädter See in der Schweiz eingerichtet.

1977 erleidet Maharishi einen Rückschlag, indem er einen Grundsatzprozeß in den USA verliert, in dessen Urteil es heißt, die TM sei

Kult-Führer Maharishi Mahesh Yogi wurde 1918 in Indien geboren.

"Fliegen" ist keine Zauberei. Aus dem sogenannten Lotussitz heraus sollen die Meditierenden hüpfen, was in der Tat bei einiger Übung und Konzentration möglich ist. Doch diese Übung hebt die Naturgesetze nicht in geheimnisvoller Weise auf, sondern wendet sie nur an.

"ihrem Wesen nach religiös" und dürfe deshalb in öffentlichen Bildungseinrichtungen nicht mehr gelehrt werden.

Wieder läßt sich der Meister etwas Neues einfallen. Er entwickelt das sog. *Siddhi-Programm*, ein Kursprogramm, das den Teilnehmern die Überwindung der Schwerkraft verspricht. In Deutschland wird das Satire-Blatt *"Pardon"* zum Werbeträger für dieses Versprechen eingesetzt.

1982 ernennt *Maharishi* zum *"Jahr des Naturgesetzes"* und gründet die *"Maharishi Universität für Naturgesetz"*.

1986 wird von TM ein *"Weltplan für die vollkommene Gesundheit"* entwickelt. Fortwährend versucht *Maharishi* durch große Anzeigen in den Tageszeitungen und durch Werbematerial, mit öffentlichen Einrichtungen zu kooperieren, ja ganze Regierungen für sein Programm zu gewinnen. Sein Ziel ist eine Weltregierung, die nur nach seinen Ideen gestaltet wird.

Über sein Imperium herrscht er mit absoluter Autorität, die Organisation ist streng hierarchisch gegliedert. Auf seine Anhänger hat er eine faszinierende Wirkung:
"Eine zierliche Gestalt im weißen indischen Gewand, das freundlich lächelnde Gesicht eingerahmt von weißen Haar- und Bartsträhnen, einen Strauß Blumen im Arm, umgeben von einer Schar Verehrer - so präsentiert sich Maharishi Mahesh Yogi..." Kaum einer kann sich vorstellen, daß dieses sanfte Äußere harsche Finanzpraktiken und autoritären Führungsstil verbirgt. *Maharishi* nennt sich auch gern *"His Holiness"*, seine Heiligkeit.

Einer seiner Bremer Adepten ist ihm in England begegnet und drückt seine Verehrung folgendermaßen aus:
"Man hat hier wirklich eine ganzheitliche Persönlichkeit auf Erden wandelnd....Mir wurde am ganzen Körper ziemlich heiß, als ich ihn sah. Und dies Gefühl hatte ich von Maharishi, daß wir in Maharishi einen einzigartigen Menschen haben."

3. "Wissenschaft" als pseudoreligiöses Programm

"Durch das Fenster der Wissenschaft sehen wir die Morgen-dämmerung des Zeitalters der Erleuchtung." (Maharishi)

Maharishi und seine Adepten ersetzen Argumente oft durch blumige Redewendungen, zeigen sich recht vielseitig und phantasievoll in der Erfindung neuer Naturgesetze.

TM nennt sich *"Wissenschaft der Kreativen Intelligenz"*, bei genauerer Betrachtung stellt sie sich als religiöses Programm dar. Schon der Titel des Kult-Führers, die Aufmachung der Anzeigen, die wissenschaftlichen Erfolgsmeldungen und der Ablauf des Einführungsprogramms zeigen deutlich, daß es sich um eine wissenschaftlich verbrämte Psychotechnik handelt.

Wenn die Organisation von TM als einer *"geistigen Technik, die eine volle Entfaltung des Bewußtseins und ein Leben in Einklang mit der Gesamtheit der Naturgesetze ermöglicht"* spricht, dann hat sie in einer gewissen Weise recht. Denn

1. es handelt sich um eine grobe Simplifizierung indischer *Mantra-Meditation* und
2. verwendet TM mehr oder weniger absichtsvoll den Begriff *"Wissen"* im Sinne religiöser Erkenntnis, wie sie durch die vedische Weisheitsliteratur aus Indien überliefert wird. *Maharishi* versteht unter Wissenschaft etwas grundsätzlich anderes als der akademische Wissenschaftsbegriff, so wie wir ihn kennen. "Wissen" und "Weisheit" ist in seiner etwas naiven Weltsicht ununterscheidbar.

Was TM als Meditation verkauft, ist eine **mechanische Psychotechnik**, die in sieben Stufen eingeteilt ist. 1. Einführungsvortrag (Werbeveranstaltung der Organisation) 2. Vorbereitungsvortrag, Einführung in die Technik. 3. Persönliches Gespräch mit dem TM-Lehrer und dem zukünftig Meditierenden. 4. Die sog. "Puja", d.h. die Initiation, das Einführungsritual und die Übergabe des Mantra. Das Mantra soll geheimgehalten werden. Eine ehemalige Meditierende stellt dazu fest: *"Ich kann mir vorstellen, der Grund liegt wohl darin: Ich habe mit einer Freundin zusammen den Kurs besucht. Und wir haben festgestellt, daß* *wir alle dasselbe Mantra haben. Darin liegt wohl der Grund für diesen Geheimhaltekult."*

Ein anderer ehemaliger TM-Anhänger beschreibt den religiösen Hintergrund des Mantra, siehe oben.

Stufe 5. - 7.: das sog. *Checking.* Jeder Meditierende muß sich kontrollierenden Gesprächen stellen, die überprüfen, ob er auch genau nach dem System von TM meditiert. Der TM-Lehrer leitet die Meditation ein und unterbricht sie durch ständiges Fragen, das von der Organisation mechanisch vorgegeben ist. Fragen, Kritik und innere Widerstände werden zurückgewiesen.

Weder ist der TM-Lehrer in der Lage, psychische Konflikte und Probleme zu erkennen, noch vermag er sich individuell auf den einzelnen einzustellen. Hinzu kommt, daß TM, ähnlich wie Scientology, auf diese Weise eine Reihe von persönlichen Daten erhält, über die sie auch weiter verfügen kann.

Dieser mechanistische Umgang mit dem *Checking* steht im übrigen im krassen Widerspruch zu östlicher Meditationspraxis, die auf einem sehr *persönlichen Verhältnis zwischen Schüler und Meister* basiert.

TM drapiert sich gern mit medizinischen Begriffen. Sie spricht von Streßabbau, von Sekundärreaktionen des Hautwiderstandes, von Änderung der Herzfrequenzen und von sozialen TM-Effekten. Daß die Ruhe eine *"natürliche Tendenz des Geistes"* sei, gibt sie als naturwissenschaftliches Gesetz aus. Eine der Lieblingsanalogien der TM ist das sog. *Blasendiagramm.* Der Zuhörer des Vorbereitungsvortrags soll sich einen Ozean vorstellen, auf dem die Wellen hin und herschaukeln, in der Tiefe sei aber große Ruhe. So ähnlich sei es auch mit dem Bewußtsein. Dieses dringe durch die Meditation in die tiefsten Schichten des Bewußtseinsozeans vor. Aufsteigende Blasen seien die *Gedankenblasen,* die aus der Tiefe des Bewußtseins aufsteigen, aber im Normalbewußtsein nur an der Oberfläche erfaßt würden.

4. Der religiöse Hintergrund

In dem Initiationsritus ruft der TM-Lehrer immer wieder die hinduistischen Weisen Shankara sowie seine Vorläufer und Schüler an.

Shankara lebte um 800 v.Chr. Er ist der wichtigste Vertreter einer hinduistischen Einheitsphilosophie. Er vertritt die *"Advaita-Vedanta"*, d.h. das Wissen um die *"Nicht-Zweiheit"*. Alles sei eins, die innersten Kräfte des Universums bildeten mit dem Einzelwesen, mit dem Selbst des einzelnen, eine unverbrüchliche Einheit. Der Religionswissenschaftler H.v. Glasenapp schreibt dazu: *"Wer erkannt hat, daß sein Selbst (atman) mit dem Selbst des Weltalls, mit dem Brahma, eins ist, der kann von sich das große Wort sagen: Aham brahma asmi (Ich bin das Brahma)."* Die Puja nimmt diesen Satz auf, indem dort gesagt wird: *"Tat twam asi."*, d. h. "du bist das, du lebst in einer Wesenseinheit mit dem All".

Um den Menschen zu dieser Wesensschau zu bewegen, muß er die Einsicht in die *maya*, d.h. die Täuschung in der vereinzelten Wirklichkeit erkennen und sich aus ihr befreien. Die im Alltag begegnende Lebenswirklichkeit ist geprägt durch die Täuschung der Vereinzelung, die in der Meditation und in der liebenden Tat aufgehoben werden kann. Ein Anhänger dieser lebensphilosophischen Grundhaltung steht in einem kritischen Verhältnis zur Welt und ihren Problemen der Vereinzelung.

Dieser Gedanke und die damit verbundene Nachdenklichkeit ist Maharishi viel zu schwierig. Er vereinfacht das System zu einer simplen Erfolgsmechanik, die den einzelnen zu einem folgsamen Rädchen im Getriebe seiner Weltsicht machen soll. "Wirtschaftlicher Erfolg", "Leistung" und "Unterordnung unter seine Prinzipien" schaffen Glück und Zufriedenheit.

Gründlicher reflektierende Menschen geraten durch dieses auf platte Psychotechnik heruntergebrachte Meditationssystem in schwere innere Konflikte. TM ist auch auf intensive Nachfrage nicht bereit, ihren religiösen Hintergrund preiszugeben. In Indien stößt Maharishi auf Skepsis und harsche Kritik.

Wenn TM behauptet, sie funktioniere ganz "automatisch" und brauche keine weiteren kompetenten Unterstützungen, so ist das eine Schutzbehauptung, zudem eine sehr gefährliche, weil hier durchaus wissentlich durch Psychotechniken tiefere Seelenschichten angesprochen werden, die unbedingt einer qualifizierten Supervision bedürfen.

Die psychologische und medizinische Inkompetenz der TM-Lehrer stellt für den Meditierenden eine nicht zu übersehende Gefahr dar. Daß die Technik 100%igen Erfolg verspricht, häufig auch ohne weiteren Schaden angewendet wird, ist kein Argument für ihre Ungefährlichkeit. Ein Medikament ist nicht schon dadurch nützlich, daß es in vielen Fällen keinen weiteren Schaden zufügt.

Zur blanken Scharlatanerie wird TM immer dann, wenn psychisch Labile und latent Kranke aufgrund der 100%igen Erfolgsversprechen mit dementsprechenden Erwartungen hineingezogen werden.

Vor allem die Tatsache, daß TM sein Programm auch an Kindern und Jugendlichen ausprobiert, wenn auch mit dem Einverständnis der Eltern, ist vergleichbar mit der unverantwortlichen Einführung der *"Kinder- und Schülerdianetik"* bei *Scientology*.

An dieser Stelle wird Menschen nicht nur Unsinn verkauft, sondern ihr psychischer Schaden bewußt in Kauf genommen.

5. Organisation im schillernden Gewand

"Ich gebe euch den Schlüssel." (Maharishi)

Der gesamte Aufbau von TM weltweit gliedert sich streng hierarchisch. Die Einnahmen der Kurse müssen zum großen Teil auf Anweisung von Maharishi an die Zentrale abgeführt werden. 75% ihrer Einnahmen müssen die TM-Lehrer abgeben.

Wie rigide der sanft-weise Meister werden kann, zeigt ein Rundschreiben der deutschen Zentrale vom 14.8.74:
"Bitte, übersenden Sie gleichzeitig mit den Einführungsgeldern die Einführungsbelege. MAHARISHI wünscht Versäumnismeldung."

Die Kontrolle der Gebühreneinnahmen behält sich der weise Meister selbst vor, auch den Schlüssel, nach dem die Einnahmen verteilt werden. Wenn es um das Geld geht, gewinnt die unendliche Weisheit einer Holiness knallharte Kalkulationsformen.

TM tritt in verschiedenem Gewand auf, um auf diese Weise Sympathisanten zu gewinnen:
In Hamburg gründet sie eine sog. **"Naturgesetzpartei"**, über die wir im Glossar noch einiges sagen werden. Darüber hinaus gibt es eine

große Zahl von Vereinen und Initiativen, die unter anderem Namen die Ideen von TM verbreiten sollen. Auch sie werden z.T. im Glossar erwähnt.

6. Einige Zentralbegriffe von TM:

ADEPT: ein Schüler, der in die Weisheiten seines Meisters eingeweiht wurde.

ASTRALREISE: Nach der Lehre Maharishis tritt der feinstoffliche Leib aus dem physischen Körper aus und wird dadurch frei.

CHAKRA: Entlang der Wirbelsäule gibt es nach indischer Lehre sechs bzw. sieben sogenannte Chakren, d.h. Zentren, die durch aufsteigende nadis, Adern, miteinander verbunden sind. Jedem Chakra sind bestimmte Mantren, d.h. bestimmte Gottheiten zugeordnet. Mit Hilfe des jeweiligen Mantras werden die Gottheiten nach yogischer Praxis in der Meditation visualisiert. Die Yoga-Schulen und Guru-Bewegungen werden nach der Bedeutung der Chakras in ihrer jeweiligen Meditation beurteilt. TM konzentriert sich auf die unteren Chakras und mobilisiert vornehmlich vitale Energien.

CHECKING: Das Checken findet am Ende der von TM angebotenen Kurse statt. Es wird durch TM-Lehrer durchgeführt und hat selbst den Charakter einer Psychotechnik. Es dient dazu, alle im Sinne von TM störenden Bewußtseinselemente zu eliminieren. Die TM-Lehrer, die dieses Checking durchführen, haben keinerlei therapeutische Qualifikation.

DHARMA: Für jeden Menschen gibt es nach alter indischer Lehre ein göttlich bestimmtes Schicksal, in dem seine Pflichten enthalten sind.

DIE TM-ZEITUNG: Organ der TM. Herausgeber: Gesellschaft für Transzendentale Meditation (GTM). Deutscher Verband e.V. Schledeshausen.

GOUVERNEUR: Ein Rang in der TM-Hierarchie. Ein Meditationslehrer kann diesen Rang nach den entsprechenden Kursen erhalten. Er soll die Fähigkeit haben, kraft seines kosmischen Bewußtseins auf das Bewußtsein anderer einzuwirken (Kosten: ca. 12.000 DM).

GTM: Gesellschaft für Transzendentale Meditation Deutscher Verband e.V., hat seinen Hauptsitz in Schledeshausen.

GURU: Ein geistlicher Lehrer, ein weiser Meister, der seinen Schüler begleitet. In Indien hat der Guru zu seinen Schülern ein persönliches Verhältnis. Er berät sie nicht, sondern weckt in ihnen eigene Lösungsmöglichkeiten. Sein Ziel ist es, den Schüler von sich unabhängig zu machen. Im Westen stellen sich die Gurus oftmals als das genaue Gegenteil heraus. Sie erzeugen nicht Unabhängigkeit, sondern Abhängigkeit ihrer Adepten.

IFSCI: International Foundation for the Science of Creative Intelligence. Internationale Organisation von TM.

IMS: International Meditation Society. Organisation von TM, die sich an alle Menschen, vor allem aber auch an Bildungsinstitute wendet (Erwachsenenfortbildung), um auf diese Weise an offizielle Unterstützungen heranzukommen.

INITIATION: Einweihung in die Praktiken von TM. Dazu dient die Veranstaltung der PUJA.

INSTITUT FÜR VEDISCHE WISSENSCHAFT: Name für TM-Zentren.

KARMA: ein Grundgedanke der indischen Religionen. Es handelt sich um das Gesetz der Wirkungen von Handlungen der Menschen, die auf sie wieder zurückkommen.

KOSMISCHES BEWUSSTSEIN: Nach Maharishi ist es das erstrebenswerte Ziel, einen Zustand zu erreichen, in dem die Personen ein Bewußtsein erlangen, das, von ihren eigenen Zwecken losgelöst, zum Werkzeug des Kosmos wird.

KUNDALINI: Die Shakti-Energie, die wie eine schlafende Schlange am unteren Ende der Wirbelsäule liegt. Der Mensch hat die Möglichkeit, sich dieser Energie bewußt zu werden durch bestimmte religiöse Übungen.

LEVITATION: Die im Siddhi-Programm angebotene Meditationstechnik, mit deren Hilfe man sich in eine Art Schwebezustand bringen kann. Nach der Lehre von TM soll auf dem Höhepunkt der Meditation das "Gesetz der Schwerkraft aufgehoben" werden.

MAHARISHI-AYURVEDA-GESUNDHEITSZENTRUM: Name für TM-Zentrum.

MAHARISHI-EFFEKT: "Nur ein Prozent der Gesellschaft braucht die TM-Technik auszuüben, um die Lebensqualität der ganzen Gesellschaft zu verbessern." Diese geradezu abenteuerliche Behauptung wird von TM immer wieder als wissenschaftlich bewiesene Erkenntnis dargestellt.

MAHARISHI-KOLLEG FÜR NATURGESETZE: Name für TM-Zentren.

MANTRA: Eine Art Götteranrufung, die den Gläubigen in die Lage versetzt, seine Energien mit den göttlichen Energien zu verbinden. Voraussetzung ist die gläubige Hinwendung zu den Gottheiten. TM macht daraus eine Art psychophysische Stimulierung. Die Klangfolge des Mantra hat nach alter indischer Lehre einen religiösen Sinn, und ohne diesen Sinn ist sie nicht nachvollziehbar.

MAYA: Täuschung des Bewußtseins durch Fixierung auf die Vereinzelung der materiellen Welt. Es gilt, diese Täuschung zu durchdringen mit Hilfe religiöser Übungen.

MEDITATION: Geistige Übung zur Versenkung und Beruhigung des Bewußtseins. Man kann Meditationstechniken erlernen, die ohne bestimmten geistigen Hintergrund nachvollziehbar sind. TM vermittelt eindeutig religiöse Meditationsformen.

MERU: ist der europäische Ableger der MIU.

MIU: Maharishi International University. Maharishi gibt seinen zahlreichen Unterorganisationen gern akademische Titel. Die MIU/FRSI (Forschungsring Schöpferische Intelligenz) vertritt die akademische Werbung und Forschung in Deutschland.

NATURGESETZPARTEI: eine politische Partei, die zuletzt im Hamburger Wahlkampf aktiv wurde. Sie knüpft an das ökologische Bewußtsein an und versucht, als politisch unabhängige Organisation getarnt, die Ideologie von TM zu verbreiten. "Die Gehirnfunktion unserer Kandidaten zeigt nachweislich eine überdurchschnittliche Geordnetheit. Dies wird belegt durch die größere Beherrschung, wie sie sich durch die bessere Geist-Körper-Funktion bei der Ausübung des Yogischen Fliegens zeigt." (Stern, 2.10.93)

PUJA: Initiationsritus bei TM, der am Ende des Einführungskursus vollzogen wird. Er hat einen deutlich religiösen Charakter. (Beschreibung siehe oben)

RESIDENZ DES ZEITALTERS DER ERLEUCHTUNG: Name für TM-Zentren.

RISHI: Altindischer Seher, der durch seine Reinheit und Kraft als Werkzeug der Gottheit auf Erden lebt. Maharishi bedient sich dieses Begriffs, obgleich ihm das enthaltsam-asketische Leben eines Rishis allein schon aufgrund seines Geschäftssinns vollkommen abgeht.

SFSI: Stiftungsfonds Schöpferische Intelligenz. Der SFSI wendet sich an die Führungskräfte in allen Bereichen.

SHAKTI: In den indischen Religionen die weibliche Kraft. Sie wird von den sog. Tantrikern, die eine religiöse Vereinigung der Geschlechter in die Meditation mit einbeziehen, als höchstes Weltprinzip verehrt.

SIDDHI: Ursprünglich eine religiöse Versenkung, die dem Meditierenden Kräfte verleiht, sich von natürlichen Gesetzen unabhängig zu machen. Es geht um die Befreiung des Selbst, um zu einer göttlichen Vereinigung zu kommen. TM macht daraus eine Technik, die durch teure Kurse angeblich zur Aufhebung der Naturgesetze befähigen soll. Aus dem sog. Lotussitz heraus sollen die Meditierenden hüpfen. Dies ist in der Tat bei einiger Übung und Konzentration leicht zu bewerkstelligen, hebt aber die Naturgesetze nicht auf, sondern wendet sie an.

SIMS: Students International Meditation Society. Ausbildungsinstitution von TM.

SRM: Spiritual Regeneration Movement. Organisation von TM.

TRANSZENDIEREN: wörtl. überschreiten. Nach TM-Lehre überschreitet in der Meditation das Bewußtsein die Alltagsebene und dringt in immer tiefere und feinere Schichten des Bewußtseins vor, bis es das KOSMISCHE BEWUSSTSEIN erreicht.

VEDANTA: 6. System der indischen Weisheit. Es lehrt die Einheit allen Seins, die im Bewußtsein nur durch die Überwindung der MAYA erreicht werden kann.

VEDEN: altindische Weisheitsliteratur.

WALDAKADEMIE: Name für TM-Zentrum. Ist ein indischer Begriff.

WELTPLAN-CENTER: Name der lokalen Institute von TM.

WSI: Wissenschaft der schöpferischen Intelligenz. Bezeichnung der TM-Ideologie und häufig verwendetes Kürzel.

YOGA: wörtl. aus dem Sanskrit: das Joch. Religiös-meditative Übungen, die in Indien eine jahrhundertelange Tradition haben. Der geistige Hintergrund ist bei den Stufen des Yoga sehr wichtig. Für die Inder unverständlich ist die Verwendung des Yoga als bloße Technik zur Entspannung.

YOGI: Lehrer des Yoga

7. Zusammenfassende Schlußfolgerung: TM - ein destruktiver Kult?

Mit Recht weist die Transzendentale Meditation immer wieder darauf hin, daß die Begriffe *"Sekte"*, *"Jugendsekte"* oder *"Jugendreligion"* unangemessen sind. Auch läßt sich nicht verleugnen, daß es einige grundlegende Unterschiede z.B. zu *Scientology* gibt. Wer die neureligiösen Kulte würdigen und beurteilen will, muß lernen zu unterscheiden. Das ist sicherlich wichtig und auch die Aufgabe dieser Schrift. Darum sollen zunächst die Unterschiede festgehalten werden.

1. TM verzichtet bislang auf aggressive Propaganda, wie wir sie von Scientology her kennen.
2. Es ist uns bislang nicht bekannt geworden, daß TM nach innen mit vergleichbar repressiven Methoden arbeitet, um sich ihrer Mitglieder zu versichern.
3. TM verzichtet auf die Verfolgung von Kritikern durch Psychoterror.
4. TM produziert nicht den finanziellen Ruin ihrer Meditierenden. Es gibt keine systematische Verschuldungspraxis.

Trotz dieser Relativierungen bleibt die Notwendigkeit, auf die **destruktiven Wirkungen** von TM hinzuweisen und die Gefahren klar beim Namen zu nennen:

1. TM tarnt sich als wissenschaftlich gesicherte Meditationstechnik. Davon kann angesichts zahlreicher kritischer Untersuchungen keine Rede sein. Kritische Stellungnahmen zu ihrer Meditationstechnik werden den Kunden gegenüber unterschlagen.

2. TM gibt sich aus als gemeinnützige Vereinigung mit humanitärem Image, die edle Ziele und das allgemeine Wohl der Menschheit im Auge habe. Sie ist in Wahrheit ein Geschäftsunternehmen, das auf den Verkauf bestimmter Psychotechniken ausgerichtet ist. TM will Gewinne machen mit dem Verkauf ihrer Meditation.

3. TM läßt seine Kunden über den religiösen Hintergrund systematisch im unklaren. Dies kann im Einzelfall zu großen Identitätsproblemen führen. Menschen werden in etwas hineingezogen, von dem sie nicht wissen, was es für psychische Auswirkungen auf sie haben wird.

4. TM begibt sich wissentlich in das therapeutische Milieu, ohne daß ihre Lehrer medizinisch-therapeutisch ausgebildet sind. Die Gefahren, die damit verbunden sind, werden strikt geleugnet. Wenn jemand psychische Probleme bekommt, dann hat er in den Augen der Organisation nur die Technik falsch angewendet. Schuld haben immer die Betroffenen.

5. Maharishi genießt, wie alle anderen Kultführer auch, absolute Autorität in der Organisation. Eine Kritik an dem Kultführer ist ausgeschlossen. Die strikte Hierarchie nach innen wird dem Außenstehenden nirgends deutlich gemacht.

6. Kritikern begegnet TM nicht durch Argumente, sondern durch die Androhung von Prozessen, die die Einwände schon im Vorfeld beseitigen sollen.

7. TM versucht, ebenso wie etwa auch Scientology oder UL , Kinder und Jugendliche in ihr Meditationsprogramm hineinzubekommen. Selbst dabei gibt es keine ärztliche oder psychotherapeutische Supervision. Die Eltern, die ihre Einwilligung geben müssen,

wissen nicht, was für Gefahren mit dem Verkauf von Psychotechniken verbunden sind.

Die Transzendentale Meditation ist in vielen Punkten nicht vergleichbar mit Scientology, zeigt aber andererseits durchaus einige Parallelen
und erlaubt aus diesem Grund eine deutliche Warnung vor einigen
ihrer Praktiken.

8. Material zum Weiterlesen

Selbstdarstellung:
Maharishi Mahesh Yogi: *"Die Wissenschaft vom Sein und die Kunst des
Lebens"*, London 1967

Kritische Schriften:
F.-W. Haack: *"Transzendentale Meditation"*, München 1980
Reinhard Hummel: *"Hindu-Gurus heute"*, Nr.65/1992, Wien 1992
Mildenberger/Schöll: *"Die Macht der süßen Worte"*, Wuppertal 1977
A.Schöll: *"Transzendentale Meditation - Eine Generation auf der Suche
nach Autorität"*, Institut für Jugend und Gesellschaft, Bensheim 1979.

DIE BHAGWAN-OSHO-BEWEGUNG
"Heil aus dem Wissen"

Begegnung mit dem erhabenen Meister

Meditation, Satsang, schweigende Begegnung mit dem Meister, Bioenergetik-Kurse, Sommertherapie, Vollmondfeste; Osho-Kinesiologie, Tantra, Primärtherapie, Encounter, Atemtherapie - Veranstaltungen dieser Art werden angeboten auf dem freien Markt esoterischer und asiatisch angehauchter Zivilisationsmüdigkeit. Die Anbieter und Anbieterinnen sind inspiriert und "tief innerlich verbunden" mit Osho, alias Bhagwan. *"Laßt alle Erziehungsreste fallen. Niemand ist verantwortlich. Sei also nicht auf deine Eltern böse. Du steigst einfach aus. Schlüpfe da einfach heraus, ohne irgendwelchen Lärm zu machen. Alles ist bereit. Nur eine tiefe Veränderung in deiner Einstellung ist nötig. Daß du nämlich von dieser Stunde an das Glück für gut und das Unglück für Sünde halten wirst."*

Was dem Außenstehenden verwirrend, vielfältig und zugleich glücksverheißend angeboten wird durch Flugblätter, Zeitungsanzeigen und auf esoterischen Tagungen, sind die Derivate einer Organisation, die durch den Tod ihres Meisters eine gründliche Wandlung vollzogen hat. Mit Bhagwans Leben löste sich zugleich sein strikt hierarchisches Unternehmen in die Bestandteile individuell arbeitender Heiler auf, die nach selbstgestrickten Heilungsmustern und der Devise Oshos in zahlreichen Städten ihr diagnostisches und therapeutisches Wesen oder Unwesen treiben. Osho hat seinen Jüngern ein einfaches und schlichtes Rezept mitgegeben, um Krankheit in ganzheitliche Gesundung zu überführen: *"The word healing comes from the same root as from where the word "whole" comes. Whole, health, healing, holy, all comes from the same root. To be healed means to join with the whole. To be ill means to be disconnected with the whole. An ill person is one who has simply developed blocks between himself and the whole so something is disconnected. The function of a healer is to reconnect it but when I say the function of the healer is to reconnect it, I don´t mean that the healer has to do something. The healer is just a function. The doer is life itself, the whole."* (Osho, *"Beloved of My heart"*).

1981 verließ Bhagwan Shree Rajneesh (1931- 1990) sein indisches Domizil und wandert in die Vereinigten Staaten aus. Im Bundesstaat Oregon baut die Bewegung ein riesiges Meditationscamp, die Rajneesh-Stadt, auf.

Drive-By...

Anzeige aus der Zeitung "Rajneesh Times" (deutsche Ausgabe) die zu einer Begegnung zwischen Meister und Schülern in Rajneeshpuram, USA einlädt.

Wer bereit ist, sich auf dieses aus einer Mischung von Halbwahrheit und Allgemeinplatz gemixte Konzept einzulassen, die Kursgebühren von 6500,- DM auf das Konto von Advaita zu überweisen, dem wird das *"Feuer der Transformation"* versprochen. Was ist hinter diesen Angeboten verborgen, wie stellt sich die Bewegung des Bhagwan Shree Rajneesh dar, die nach seinem Tod nicht aufgehört hat, ihre Bedeutung bei den Anhängern, wenn auch in anderer Form, zu behalten?

Die Geschichte der Bewegung

Ende der siebziger Jahre erscheinen in der deutschen Presse aufregende Berichte über die Machenschaften eines *"Sex-Gurus im indischen Poona"*. Eine junge Schauspielerin berichtet über Gewaltpraktiken in einer sog. *"Let-Go-Gruppe"*. Aufsehenerregende Fotos werden gezeigt und lockere Sprüche eines Meisters kolportiert, der mit *"hypnotischer Kraft"* vor allem junge Menschen in die psychische Abhängigkeit bringt.

Eine Reihe von vorwiegend jungen Erwachsenen fährt ins indische Poona, um selbst Erfahrungen mit dem neuen Idol zu machen, das von sich in einer seiner Veröffentlichungen schreiben läßt:

"Bhagwan ist ein erleuchteter Meister. Wenn er über Zen spricht, dann ist er ein Zen-Meister. Wenn er über Laotse spricht, dann ist er ein taoistischer Meister. Wenn er über Tantra spricht, ist er ein Meister des Tantra. In seiner Lehre ist das Wesen aller Religionen verkörpert."

Der Weg von Sabine in die Gruppe

1. Sabine bekommt ihre ersten Kontakte

Wir begleiten Sabine, die wie zahlreiche andere ihren Weg mit Bhagwan gegangen ist. Bevor sie sich entschloß, Sannyas zu nehmen, war sie Studentin in einer mittelgroßen deutschen Stadt. Sie lernte die Anhänger Bhagwans in der Innenstadt kennen. Mit einer Gruppe von ihnen machte sie sich auf den Weg nach Poona.

"Mein Sannyas-Name ist Ma-Dyam-Amritam. Amritam heißt, die Erfahrung der Unsterblichkeit. Ich hatte damals Schwierigkeiten mit mir und

meinem Studium. Ich wollte einfach nur weg. Ich dachte, ich mach einen Trip durch Indien. Ich war dann in Poona. Damals waren da sehr viel Leute. In der Let-Go-Gruppe waren wir allein schon 80 Teilnehmer. Die ersten vier Tage waren für mich unheimlich schlimm. Da sind halt Sachen passiert in der Gruppe, wo ich unheimlich Angst hatte. Bei uns in der Gruppe wurde dann auch geprügelt. Ich habe immer schon Angst gehabt vor körperlicher Gewalt. Ich kann mich da einfach nicht wehren. Ich habe an manchen Tagen in irgendeiner Ecker gesessen, hinter irgendwelchen Kissen, und habe geheult, weil da so furchtbar geprügelt wurde im Raum."* Ihre ersten Erfahrungen sind widersprüchlich. Ihre Angst und die schlechten Träume wird Sabine nicht mehr los. Trotzdem entschließt sie sich, Sannyas zu nehmen, wie die Gruppe es ausdrückt.

Sannyasin ist das indische Sanskrit-Wort für den weltentsagenden Hindumönch. Die Mönche werden mit Swami angeredet, die Frauen mit Ma. Die Sannyasins ändern ihren Namen, früher änderten sie auch ihre Kleidung, um den Hals tragen sie eine Holzperlenkette, die Mala, mit dem Foto ihres Meisters. Auch Sabine geht zu dieser Prozedur.

2. Sabine wird Sannyasin

"Sannyas genommen habe ich bei Teertha. Das fing an abends um sieben. Da mußte man zunächst durch eine Art Türrahmen, und da wurde man abgetastet nach Waffen. Man mußte durch eine Schnüffelkontrolle. Man mußte im Ashram neutral riechen. Das wurde dann auch abends gemacht zum Sannyas-Darshan. Ich war die letzte, die an dem Abend aufgerufen wurde. Wir wurden zu viert nach vorn gerufen zu Teertha. Und wir haben dann so nebeneinander gehockt. Ich war unheimlich aufgeregt. Ich kriegte die Mala umgehängt. Und dann hat Teertha so die Mala festgehalten und mir auf das dritte Auge auf der Stirn gedrückt, und hat mich angeguckt. Und dann hat er meinen Namen gesagt, meinen Sannyas-Namen. Und dann haben alle gelacht."

Von nun an erfährt Sabine immer mehr über die Organisation und über Bhagwan selbst. Sudhindra, der aus Bremen nach Poona gereist war, erlebt die Initiation und die Feste ebenso eindrücklich. Seine Faszination von Bhagwan ist überdimensional: *"Er sitzt da in der Mitte und hebt einfach nur so seine Arme. Und dazu lächelt er. Und jedes Mal, wenn er seine Arme hebt, habe ich das Gefühl, daß die ganze Halle so'n Stück höher geht."*

In den verschiedenen Therapie- und Meditationsgruppen werden die Sannyasin mit der Lehre von Bhagwan konfrontiert.

3. Sabine erfährt, wer Bhagwan ist und was er will:

Rajneesh Chandra Mohan wurde am 11. 12. 1931 in Madhya Pradesh, einem der ärmsten Bundesstaaten Indiens, geboren.

1953 hat er nach eigenen Angaben eine Art *Erleuchtung* gehabt. Er berichtet über sich, in Jabalpur Philosophie studiert zu haben. Längere Zeit wurde er als Journalist tätig

Mitte der sechziger Jahre reiste Rajneesh durch Indien und entwickelte eine rege Vortragstätigkeit. Seine für indische Verhältnisse extravagante Ausdeutung des Tantrismus machte ihn in der dortigen Öffentlichkeit äußerst unbeliebt. Das aus dem 6. Jahrhundert überlieferte Tantra (=Webstuhl), eine Art magisch-rituelle Meditation, bei der bestimmte Körperzentren (Chakren genannt) aktiviert werden sollen, die in ihrem religiösen Kontext bestimmte symbolische Bedeutung haben, wird von Rajneesh als Methode zur Befreiung der Sexualität interpretiert, was ihm die Kritik im In- und Ausland einbringt.

1967 wird er durch eine Öffentlichkeitskampagne aus Bombay vertrieben.

1969 gründet Bhagwan seinen ersten Ashram, eine hinduistische Einsiedelei in der Nähe von Bombay.

1974 richtet sich die Gruppe auf einem Grundstück mitten im Villenviertel von Poona ein. Tausende von Anhängern aus Amerika und Europa werden angelockt.

Auf täglichen Zusammenkünften, den sogenannten Darshan, treffen sie sich. Neue Mitglieder werden in die Gruppe eingeführt, in ihrer Sprache: Sie nehmen Sannyas. Verschiedene therapeutische Ansätze werden von seinen Adepten entwickelt, die zwar wissenschaftlich nicht abgesichert, aber durch Bhagwan *("Das Göttliche ist unverhüllt")* legitimiert werden. In Poona wird die "Rajneesh-Foundation" gegründet, Grundlage der Bhagwan-Bewegung international.

In Europa werden Zentren eingerichtet, die nach dem System aus Poona meditieren und therapieren.

Bhagwan Shree Rajneesh will seinen Adepten, den Sannyasins, keine Lehre offenbaren. Die Anhänger lachen den Frager aus, wenn er sich nach dem Inhalt der Lehre erkundigt: *"Bhagwan ist für uns nur ein Witz!"*

Wer die Bücher, die vielen Reden Bhagwans liest, erfährt ein Sammelsurium aus Epigrammen und Versatzstücken westlicher Psychotherapie und östlicher Philosophie, deren Hauptinhalt zunächst einmal der Nonkonformismus ist. Bhagwan: *"Ich lehre euch, tief in die Liebe hineinzugehen. Und ich lehre euch auch, wie ihr tief in den Sex hineingehen könnt, ... Sex kann zu einem Sprungbrett ins Samadhi (den Zustand des All-Eins-Seins) werden. Wenn ihr die Sexualität zutiefst versteht und erlebt, werdet ihr euch davon befreien."*

Oder in einem anderen Zusammenhang: *"Die Grundlehre des Tantra ist revolutionär, radikal und rebellisch."* Bhagwan nutzt den Zeitgeist der siebziger Jahre, die Vorstellungen der Studentenbewegung aus und gibt sich ein antiautoritäres Image. Alle bisherigen Vorbilder werden von ihm ironisiert und zugleich in seine Ahnenreihe integriert. Seine spitzzüngigen Abbreviaturen erzeugen immer wieder Lachstürme bei den lauschenden Sannyasins, der Spott über sich selbst deckt die eigenen Autoritätsansprüche gegenüber der Gruppe geschickt zu. Man lacht über Bhagwan und verehrt ihn zugleich glühend.

In einer lecture sagt Bhagwan zu seinen Jüngern:

"Ich möchte mit euch die unerschöpfliche Liebe teilen, die Gottes Gegenwart in mir geschaffen hat. Ich schütte sie über euch aus. Nehmt mein Geschenk an. Liebe ist Bhagwans Wesen." 1980 macht Bhagwan erneut in der Weltöffentlichkeit auf sich aufmerksam in einem SPIEGEL-Artikel, in dem er sich mehr oder weniger unverhüllt zu Hitler bekennt. Das faschistische Führerprinzip ist ihm sympathisch. Die Sannyasins drücken das ebenfalls aus: *"Bhagwan Shree Rajneesh sagt heute das und morgen das Gegenteil. Nicht was er sagt, ist wichtig, sondern allein er selber."*

Sabine hat einen Spruch von Bhagwan bei sich zu Hause aufgehängt:

"Lasse einfach alles geschehen. Und ich werde den Rest besorgen!"

Bhagwan verlangt Hingabe und Selbstauslieferung an seinen göttlichen Energiestrom:

"Wann immer du dich hingibst, wirst du das gleiche empfinden. Du kannst dich dem Meister hingeben. Es ist eine Liebesbeziehung."

4. Sabines Weg in die Jüngerschaft

Sabine kehrt nach Deutschland zurück. Sie meditiert, sooft sie kann, und trifft sich mit den anderen Sannyasins im Center. Ihr Meditationslehrer, Prem Nirvano, erklärt ihr, was bei der Meditation zu geschehen hat.

"Das ist das Wesentliche an der Meditation, daß es das Denken ausklinken läßt. Und einen in einen Kontakt bringt mit einem Zentrum von Ruhe in sich. Je mehr man da hineinkommt, desto mehr wird es zur reinen Wahrnehmung. Eine völlig gereinigte Beziehung zwischen meinen Sinnen und meiner Umwelt. Freiheit von Angst. Denn unsere Welt ist unheimlich fremdbestimmt. Wir werden laufend beeinflußt von irgendwelchen Mächten. Durch Werbung, politisch und durch Gruppendruck. Und wenn dann alles von einem abfällt, dann kommt etwas unheimlich Schönes zum Ausdruck. Etwas sehr Ruhiges, sehr Klares, Angstloses."

Auf der anderen Seite begegnet Sabine sehr viel Unverständnis in ihrer Umwelt. Denn damals mußten noch alle Sannyasins in der Öffentlichkeit die auffällige orange-farbene Kleidung tragen und die Mala. *"Ich bin Anfeindungen begegnet. Die ersten Reaktionen waren so von Leuten aus der Uni. Die haben mich angemacht. Du spinnst ja. Was denkst du dir eigentlich. Du bist so anders geworden. Sie fanden das mit der Mala übertrieben. Aber diese Mala, das war irgendwie ich selbst. Ich habe das so empfunden und bin darin aufgegangen."*

Später werden diese Insignien von Bhagwan wieder abgeschafft, die Sannyasins zeigen sich unauffällig. Sabine erlebt den Neuaufbruch der Organisation aus Indien heraus nach Amerika. Berichte über freizügige Praktiken im Ashram in Poona führen zu Anfeindungen in der indischen Öffentlichkeit. 1981 verläßt der Meister, Bhagwan Shree Rajneesh, sein indisches Domizil. Er wandert aus nach Amerika. In Antelope im Bundesstaat Oregon baut die Bewegung ein riesiges Meditationscamp, die Rajneesh-Stadt. Sannyasins aus Europa und Amerika müssen für den Aufbau dieses Camps kostenlos arbeiten. Sie stecken ihr eigenes Geld in das Projekt.

Jörg Andreas Elten, alias Satyananda, ist einflußreiches Mitglied der Bhagwan-Bewegung. Er begründet, warum der Meister so unglaublich viel Geld braucht: *"In unserer Gesellschaft steht ja das Materielle so im Vordergrund. Und warum soll dann der Guru eine Ausnahme sein? In der Tat sieht die Sache so aus, daß wir für den Aufbau der Kommune in Amerika 30 000 000 ausgegeben haben. Und wir brauchen weiter große Summen. Alle spenden, geben Darlehen für den Aufbau, wir arbeiten kostenlos. Alles, was wir erübrigen können, wird in die Bewegung reingesteckt."*

5. Sabines große Enttäuschung

Im Zusammenhang mit dem Aufbau des Zentrums in Oregon werden die Finanzpraktiken der Gruppe härter und die finanziellen Forderungen immer höher. Sabine wird unsicher. All die Reden über Liebe und Geborgenheit wollen nicht passen zu der Umstandslosigkeit, mit der Bhagwan und sein Management die Mitglieder zur Kasse bitten: *"Zum Beispiel war bei uns im April ein Sannyasin-Meeting, wo dann die Center-Sannyasins berichteten, was an neuen Orders aus Oregon gekommen war. Und da war die Order gekommen, daß Bhagwan gesagt hat, daß jetzt die letzte Gruppe angesagt werde, nämlich die Money-Group. Es ging dann ganz knallhart ums Geld. Auf diesem Meeting ist dann so ein Spielchen veranstaltet worden. Ich kann mich daran noch so wahnsinnig gut erinnern, das hat mich einfach fassungslos gemacht. Wir waren im Meditationsraum dann. Und wir mußten uns dann auf beiden Seiten des Raums so längs an den Wänden aufstellen. Wir sollten die Augen zumachen, und dann lief Musik. Und dann sollten wir uns in der Mitte genau so ne imaginäre Linie vorstellen. Das wäre also die Grenze zu Bhagwan. Wir sollten bei uns gucken, wie wir zu ihm stehen und ob wir ein totales Ja zu ihm haben oder ob wir etwa noch kritisch sind oder Distanz zu ihm haben. Ich habe mich da hingestellt und habe in diesem Moment gedacht: Was passiert hier eigentlich mit dir? Dann wurden kurze Sätze von Bhagwan angespielt aus Lectures, die er einmal gehalten hat.*

Ich wär am liebsten rausgegangen. Ich hatte unheimlich Angst. Ich hatte so das Gefühl, das ist eine absolute Sauerei, was die da machen, ich dachte jetzt, die zwingen mich mit diesen sonderbaren Methoden. Die wollen mich zu etwas zwingen, was ich überhaupt nicht will. Wir sollten auf diese imaginäre Linie zugehen, sollten sehen, wie weit wir für Bhagwan gehen. Ich habe dann immer so heimlich geguckt, wie weit die Leute rechts und links von mir gegangen sind. Ich dachte, du kannst doch nicht einfach stehenbleiben, ich muß das Spiel mitspielen. Als der ganze Hokuspokus vorbei war, habe ich meine Sachen genommen und bin weggegangen, sofort danach."

Noch am selben Abend entschließt sie sich, Bhagwan zu verlassen, obgleich es ihr unendlich schwer fällt und sie unter dieser Trennung sehr leidet.

6. Sabines Erinnerungen an Oregon

Alle Sannyasins arbeiten kostenlos mit an dem Aufbau der Ranch in Oregon. *"Das ist eine Riesenranch. Für die Sannyasins standen da irgendwie nur Zelte. Es ist einfach toll. Bhagwan wohnt da auch. Er hat ein eigenes Haus. Er fährt mit seinen verschiedenen RollsRoyces durch die Gegend."*

Täglich fährt Bhagwan an dem Heer seiner arbeitenden Anhänger vorbei und grüßt aus dem Fenster. Die Sannyasins unterbrechen ihre Arbeit und stellen sich am Wegesrand auf, um ihm zuzujubeln. Bhagwan erscheint und entschwindet wie ein Gott im Auto.
Im Mittelpunkt der Ranch steht die Buddha-Hall, in der man sich alltäglich zu sog. Lectures trifft.
"In der Buddha-Hall hat er seine Lectures gehalten. Da hat er so frei über irgendwas geredet. Und es ist schon unheimlich beeindruckend. Er hat eine wahnsinnige Ausstrahlung. Man kann nur sagen, es ist richtig, was er sagt."

1981 entschließt sich Bhagwan, seine Reden ganz aufzugeben. Er hüllt sich in Schweigen und beschränkt sich darauf, seinen Anhängern stumm zu begegnen. Bhagwan geht in Silence. Sabine hat ihn mehrmals in dieser schweigenden Pose beobachtet: *"Er hat dann immer noch morgens in der Buddha-Hall Satsang gegeben. Satsang ist halt eine Begegnung zwischen Meister und Schülern, wo der Meister eben nichts sagt, eine heart-to-heart-communication. Er sitzt da, und Musik wird gespielt, es werden Texte von ihm vorgelesen. Das ist so alles."*

1987 wird das Pflaster in Amerika für Bhagwan immer heißer. Es kommt zu internen Streitigkeiten im Management. Bhagwan muß die USA verlasssen und kehrt nach einer längeren Odyssee nach Poona zurück, wo er 1990 stirbt.

Vorher hat er noch seinen Namen gewechselt in OSHO. Seine Anhänger verehren ihn glühend über den Tod hinaus. Sie versuchen, seine therapeutischen Ideen auch heute noch in kostspieligen Kursen unter die Leute zu bringen.

Sabine hat sich später endgültig von Bhagwan, als er noch lebte, getrennt. Ihre Angst vor den faschistoiden Strukturen innerhalb der Bewegung spricht sie offen und ehrlich aus: *"Ich habe auch manchmal das Gefühl, es gibt sehr viele Anhänger von ihm, die würden sonst etwas machen, wenn von Bhagwan so eine Order käme. Davor habe ich Angst. Ich weiß nicht, ob er je so etwas sagen könnte wie dieser Typ da mit dem Massenselbstmord in Guyana. Aber ich hab trotzdem die Angst, wenn so etwas käme, daß die Leute so etwas dann auch tun würden. Das erinnert natürlich sehr stark an so etwas wie Hitler und so."*

Daß Sabine mit ihrer Vermutung nicht allzuweit von der Wahrheit entfernt liegt, machte der Kultführer Bhagwan höchstpersönlich deutlich, indem er anläßlich eines SPIEGEL-Interviews 1985 seine *"Liebe für Adolf Hitler"* bekannte. Wie weit die Affinität eines Kultführers zu dem politischen *"Führerprinzip"* geht, soll der folgende Auszug einer Bhagwan-Kolumne im SPIEGEL deutlich machen:

"Ich habe Adolf Hitler mit Mahatma Gandhi verglichen. Natürlich ist das schwer zu verstehen, denn die beiden scheinen einander total entgegengesetzt zu sein. Aber dieser Gegensatz ist nur Schein. ... Ich habe gesagt, daß ich eine gewisse Liebe für Adolf Hitler habe, aus dem einfachen Grund, daß er zumindest ehrlich war. Gandhi war es nicht. Adolf Hitler war nicht gerissen. Was immer er machen wollte, er tat es.

Ich kann Mahatma Gandhi nicht lieben. Er war ein Heuchler. Er war ein gerissener Politiker. Adolf Hitler war einfach das, was er war, ohne Maske. Mahatma Gandhi hatte eine Maske, und ich hasse Menschen, die Masken tragen. Denn sie betrügen jeden, sich selbst eingeschlossen ... Adolf Hitler hatte keine Maske. Mahatma Gandhi hatte eine sehr dicke Maske.

In den Geschichtsbüchern wird Adolf Hitler verdammt und Mahatma Gandhi gepriesen. Aber ich möchte, daß festgehalten wird, daß Adolf Hitler ein aufrichtigerer Mensch war als Mahatma Gandhi...
Im Vergleich zu ihm (Gandhi) ist Hitler geradeheraus. Ich sage damit nicht, daß die Welt Adolf Hitler braucht. Ich sage nicht, daß Adolf Hitler als Messias verehrt werden soll. Ich sage nur, daß wir in einer seltsamen Welt leben, wo ein Mann wie Mahatma Gandhi verehrt wird - der alles im geheimen getrieben hat - und wo Adolf Hitler verdammt wird, weil er alles bei hellem Tageslicht beging.

Beide sind zu verdammen. Und wenn ich gesagt habe, daß ich eine gewisse Liebe für Hitler habe, meine ich damit, daß ich Ehrlichkeit, Integrität, Mut und Direktheit liebe. Und diese Eigenschaften haben in dem Mann gesteckt...."

Die Ungeheuerlichkeit, wie hier ein Massenmörder mit einem weltweit anerkannten Humanisten verglichen wird, hat viele Sannyasins damals zutiefst verunsichert. Bhagwans *Liebe zu Hitler* hat sicherlich nicht zuletzt mit dessen ungebrochenem, von ihm als *"ehrlich"* und *"direkt"* bezeichneten diktatorischen Führungsanspruch zu tun. Wer sich so hemmungslos als Massenführer etabliert, findet nicht geringe Sympathie bei einem Kultführer unserer Tage. An dieser Stelle wird ebenfalls deutlich, daß der Führungsanspruch eines Kultführers durchaus erhebliche Gefahren mit sich bringt für diejenigen, die ihm folgen.

7. OSHOs Wirksamkeit über den Tod hinaus: "Die esoterische Mitte"

Zahlreiche Anhänger Oshos werben heutzutage für ihre therapeutischen Wundertätigkeiten. Eine Auswahl der gegenwärtig häufig angebotenen Praktiken sei kurz erwähnt:
1. **Super Nova e.V.** bietet Massagen zur Entspannung, zur Besinnung und Entscheidungshilfe für Lebensfragen an. Sie nennen sich *"Verein für universelle Erfahrungen und kosmische Psychologie".*
2. **Tantra-Gruppen** werden von Wiesbaden aus in zahlreichen Städten der Bundesrepublik angeboten. Voraussetzung der Teilnahme ist die Kursgebühr von 6500,- DM und ein negativer Aids-Test.

3. Osho-Kinesiologie: *"Mit sanftem Muskeltest wird Dein Potential freigesetzt! Erkenne Dein wahres Wesen wieder - Erlange Deine bewußte Wahl zurück!"*

4. In Bildungs- und Kommunikationszentren wie z.B. Bürgerhäusern o.ä. bieten vorwiegend Therapeutinnen Krankenbehandlungen und Lebenshilfe an. Der Zusammenhang mit Bhagwan bzw. Osho ist dem Außenstehenden zum größten Teil verborgen.

Literatur zum Weiterlesen

Quellen:
Bhagwan Shree Rajneesh: *"Das Orange Buch"*, Stuttgart 1982
ders.: *"Komm und folge mir"*, München 1982
Swami Satyananda: *"Ganz entspannt im Hier und Jetzt"*, Reinbek 1979

Kritische Literatur:
F.-W. Haack: *"Die Bhagwan Rajneesh Bewegung"*, München 1984
E. Flöther: *"Der Todeskuß"*, Neuhausen/Stuttgart 1985
U. Müller: *"Loskommen von der Droge Bhagwan"*, EZW-Sonderdruck aus Materialdienst 12/1983; Erfahrungsbericht.
G. Klosinski: *"Warum Bhagwan?"* München 1985

B. Der "Psychokult"

Auf dem modernen Psychomarkt breitet sich ein riesiges Aufgebot seelenheilender Tätigkeiten aus. In dem Maße, in dem Menschen unter der Vereinzelung und Funktionalisierung im gesellschaftlichen Getriebe leiden, psychosozial belastet sind *(emotionally distressed)* und zunehmend die Frage nach dem "Selbst" und der eigenen "Befindlichkeit" stellen, geraten sie an halbprofessionelle Antwortgeber, die mit selbstgestrickten Psychokonzepten und esoterisch angehauchten Selbstbefreiungsmodellen ein quasitherapeutisches Wirken entwickeln, das häufig eher seelische Abhängigkeitsstrukturen als Heilungseffekte hervorbringt.

Die Tatsache, daß Therapie ein weiter Begriff und die Tätigkeit des Psychotherapeuten nur schwierig rechtlich zu schützen ist, nutzen viele selbsternannte Seelenheiler aus, um ein geschäftiges Treiben mit der Seele ihrer Klienten zu veranstalten. Da die auf diese Weise erzeugten Verwundungen nicht bluten, zuweilen schwer zu diagnostizieren sind, gibt es kaum Möglichkeiten, die seelentherapeutische Spreu vom Weizen zu scheiden. In einigen Fällen gelingt es den meist autodidaktisch geschulten und wissenschaftlich halbgebildeten Psychoheilern, eine feste Gruppe von Adepten und gehorsamen Jüngern um sich zu scharen, die dann den Kern einer strikt organisierten Weltanschauungsgemeinschaft bilden. Solche Psycho-Kulte zeigen nicht selten ähnliche Merkmale wie die destruktiven Kulte im religiösen Bereich. Besonders spektakulär in den letzten Jahren wurden die Vorkommnisse in der AAO des Otto Mühl, in der Deutschen Akademie für Psychoanalyse des Dr. Ammon (vgl. dazu die ausführliche Analyse von H.Hemminger, 1989), im VPM und in der vor allem in Norddeutschland auftretenden Logosophie des ehemaligen Pastors W.A. Siebel.

Wir wollen im folgenden die Merkmale des Psychokults kurz beschreiben, bevor wir sie an zwei Exemplaren verdeutlichen.

Merkmale des Psychokults

1. Merkmal: Der Absolutheitsanspruch der psychologischen Weltanschauung.

Das zentrale Zauberwort des modernen Psychokults heißt: *Ganzheitliche Therapie.* Hinter diesem Stichwort verbirgt sich der exklusive Anspruch, eine Theorie auf den Markt zu bringen, die, in sich absolut schlüssig und einmalig, allen anderen psychologischen Argumenten und Ansätzen gegenüber überlegen sei und eine Art geschlossene Weltanschauung mit utopischem Charakter darstellt. Das Ziel ist der *"neue Mensch"*, die Negativfolie, von der er sich abheben soll, eine psychisch krank machende gesellschaftliche Umgebung. Eine Legitimation durch wissenschaftliche Argumente, eine Überprüfung des Ansatzes gegenüber den gängigen Fachwissenschaften sei nicht nur nicht nötig, sondern im höchsten Maße überflüssig. Die wissenschaftlichen Lehrmeinungen, die den eigenen Ansatz eventuell relativieren könnten, werden nicht selten vollkommen abqualifiziert.

Die Exklusivität der Methode wird auf die Gruppe übertragen. Nur wer dem Kult angehört, kann auf seine psychische Gesundheit hoffen. Diese Ideologisierung eines therapeutischen Ansatzes schafft Binnenstruktur einer Psychosekte oder eines Psychokultes, bei dem, wie Gerhard Schmidtchen formuliert, *"die Grenzen der Gruppe mit den Grenzen der Wahrheit zusammenfallen."* Der Psychokult immunisiert sich auf diese Art und Weise gegenüber abweichenden wissenschaftlichen Lehrmeinungen und Argumenten, die nicht in sein System hineinpassen.

2. Merkmal: Wissenschaftlicher Eklektizismus, Fortschrittsglaube und Allgemeinplätze

Die meisten Psychokulte formulieren Theorieelemente, die sie aus längst bekannten psychoanalytischen oder psychotherapeutischen Modellen gewinnen und einfach nur umformulieren. Die mehr oder weniger willkürlich zusammengewürfelten Einzelaussagen werden zu einem der Phantasie des jeweiligen Kultführers entsprechenden System ausgebaut. Die Quellen seiner Gedanken gibt er nicht explizit preis, sondern tut so, als sei das weltanschauliche Gebäude allein sein origineller Einfall. Auf diese Weise entsteht ein Konzept mit eigener Nomenklatur, die, als Fachbegriffe verwendet, den Anwendern der Therapie eine eindrucksvolle Kompetenz verleihen sollen. Der Außenstehende, psychologisch wenig gebildete Laie vermag das Begriffssystem nicht zu durchschauen. Der Psychokult verfügt über wenig oder gar kein empirisches Material, das die Behauptungen des Konzepts in irgendeiner Weise absichern könnte. Unter Forschung und Überprüfung versteht der Kult die ständige Wiederholung seines Therapiekonzepts. Einer Überprüfung durch akademische Disziplinen steht er prinzipiell kritisch gegenüber.

Das Fachwortspektakel deckt indessen die psychologischen und tiefenpsychologischen Allgemeinplätze zu, die der Psychokult als vollkommen neue, einmalige, bahnbrechende Theorie verkauft. Diese Theorie kennt, ähnlich wie die Weltanschauungen der religiösen Kulte, wenig oder gar keine Zwischentöne, sie ist *dualistisch* aufgebaut. Es gibt nur richtig oder falsch, gut und böse. Inhalt ist dabei stets ein ungebrochener, linearer Fortschrittsglaube, der die Idee vom neuen Menschen befördert durch die Anwendung seines Psychokonzeptes. Diesem Fortschrittsglauben an das individuelle und gesellschaftliche Heil durch die Segnungen des Psychokult-Konzepts entspricht eine Heilungsgarantie dem Patienten gegenüber.

3. Merkmal: Die Heilungsgarantie

Der Psychokult vermittelt seinen Patienten nicht nur das Bild eines geschlossenen Systems, er verspricht darüber hinaus eine garantierte Wirksamkeit seiner Methode. Von seinen Patienten verlangt er nicht nur unbedingtes Vertrauen gegenüber dem Therapeuten, sondern ebenfalls eine Übernahme der ganzen Weltanschauung, die er vertritt. Nur wer die Welt so sieht wie er, vermag in dieser kranken Welt auch gesund zu werden. Daraus folgt für ihn zwingend, daß beim Ausbleiben des Heilungserfolgs lediglich der Patient schuld sein kann an seinem Mißerfolg. Dieser hat entweder *"noch nicht"* die richtige Einstellung gewonnen oder durch kritische Gedanken *"innere Widerstände"* gezeigt, die es abzubauen gilt. Weigert sich ein Patient oder Klient gar, die ganze Weltanschauung zu übernehmen, werden die

Maßnahmen und die therapeutische Sprache dementsprechend *aggressiv.* Als gesund und stabil gelten nur die Personen, die - ganz tautologisch gedacht - das weltanschauliche Konzept des Kultes bestätigen.

4. Merkmal: Der Führer im Psychokult

An der Spitze eines Psychokults steht immer ein Kultführer, der die Therapie ersonnen hat und dessen weltanschauliche Betrachtungsweise von allen Adepten und Klienten Wort für Wort übernommen werden muß. Er wird von ihnen verehrt wie ein religiöser Meister, der keinerlei Fehler macht und keinen Widerspruch duldet. Er selbst produziert durch seine therapeutischen Maßnahmen psychische Abhängigkeitsstrukturen. Die Klienten und die Therapeuten, die in seinen Diensten stehen, sind vollkommen auf ihn fixiert, eine kritische Befragung seines Verhaltens ist ihnen nicht mehr möglich. Sie zitieren seine Worte oder seine Schriften wie heilige Weisheiten, die durch nichts in Frage zu stellen sind. Sein Leben und seine Praktiken werden nach außen vollkommen immunisiert und tabuisiert.

Der Kultführer schafft sich in der Organisation eine geheim oder offen gestaffelte Hierarchie. Es wird nur von oben nach unten regiert. In der Gruppe gilt das Prinzip des absoluten Gehorsams gegenüber seinen Anweisungen. Ist der Kultführer verstorben, dann werden seine Aussagen weiterhin quasi-religiös verehrt. Eine Veränderung seiner Lehren, eine Anpassung an neuere psychologische Erkenntnisse ist von vornherein ausgeschlossen. Der Kultführer regiert diktatorisch über seine Adepten und wird aggressiv und schikanös gegenüber Abweichlern.

5. Merkmal: Das Elitebewußtsein

Dafür schenkt er seinen Anhängern das Bewußtsein, zu einer erlauchten Elite der Gesellschaft zu gehören. Sie sind nicht nur psychisch gesund, sondern zugleich auch die *Inhaber einer absoluten Wahrheit,* die von Außenstehenden nicht verstanden wird. Es gilt auch hier immer wieder das Argument gegenüber Kritikern: Ihr könnt uns nicht verstehen, weil ihr nicht bei uns seid. Fragen und Unverständnis, die namentlich von Novizen oder von Skeptikern gegenüber den

Therapeuten geäußert werden, quittieren diese mit einem *"Auguren-lächeln"*. Dieses wissende Lächeln der Eingeweihten wird von ehemaligen Anhängern solcher Psychokulte immer wieder als besonders abstoßend und arrogant empfunden. Es vermittelt das Gefühl, *"ganz klein und unwissend"* zu sein. Man steht der Weisheit und Erkenntnis der *Auguren* prinzipiell unreif oder verblendet gegenüber.

6. Merkmal: Der Umgang mit Klienten (Vertraulichkeit der Therapeut-Patient-Beziehung) - "Busting" gegenüber Patienten

Die Abhängigkeitsstrukturen, die im Psychokult sowohl materiell als auch psychisch hergestellt werden, nehmen verschiedene Formen an:

1. Der Therapeut tritt dem Patienten als allwissender und letztlich auch allmächtiger Menschenkenner gegenüber. Er hat auf alles eine Antwort, reagiert schnell und selbstbewußt mit häufig sehr einfachen Verhaltensrezepten.

2. Der Therapeut wird in seiner Beziehung zum Patienten durch keinerlei Selbstinfragestellung getrübt. Die in der Tiefenpsychologie zentralen Problematisierungen in diesen Beziehungen wie z.B. die Frage nach Übertragung und Gegenübertragung, die Frage nach inneren Widerständen usw. spielen überhaupt keine Rolle.

3. Der Psychokult geht bedenkenlos mit den gewonnenen Daten und Informationen über seine Klientel um. Einige Psychokulte verwenden diese außerordentlich persönlichen und intimen Erkenntnisse über ihre Anhänger auch in der Öffentlichkeitsarbeit, um z.B. Kritiker aus den eigenen Reihen zu diskreditieren. Die Vertraulichkeit gegenüber den Klienten wird nicht nur nicht gewahrt. Es besteht darüber hinaus auch nicht das geringste Unrechtsbewußtsein, wenn man diese Informationen einfach nach außen hin oder im inneren Diskussionsprozeß über die Patienten preisgibt.

4. Betroffene klagen immer wieder darüber, daß die Therapie selbst oftmals den Charakter der *Indoktrination* annimmt. Der Patient

wird angeschrien, aggressiv angegangen, um eine Verhaltensänderung zu bewirken. Dieser fordernde, bisweilen ruppige Umgangsstil ist aus der amerikanischen Psychotherapie als *"Busting"* bekannt.

5. Häufig geht die Therapie des Psychokults auf die primären sozialen Kontakte ihrer Klienten ein, indem sie sie massiv kritisiert und eine Trennung von nahestehenden Menschen empfiehlt. Diese familienzerschneidende Wirkung des Psychokults ist oftmals der Ausgangspunkt für schwere Depressionen und Konflikterfahrungen auf Seiten der Patienten und ein Skandal in den Augen ihrer Angehörigen. Es kommt dabei zu dramatischen Auseinandersetzungen, in deren Verlauf die Angehörigen in ihrer Verzweiflung zum letzten Mittel greifen und an die Öffentlichkeit gehen, um das Schicksal der *psychotherapeutisch verordneten Trennung* gegenüber dem Kult anzugreifen. Sie haben sonst keine Möglichkeit, sich dagegen zu wehren, da der Kult seine Klienten meist ideologisch fest im Griff hat und diese eine Rückkehr in die eigene Familie entweder nicht wollen oder nicht wagen.

6. Die Therapie geht über in eine vollständige *Milieukontrolle* der Lebensverhältnisse ihrer Klienten (vgl. Hemminger, 1989, S.143f). Was sie den ganzen Tag tun, wie sie es tun, warum sie es tun, unterliegt der Beurteilung und Bewertung des Kults. Wer versucht, sich dieser Kontrolle zu entziehen, gilt als unsicherer Kantonist und muß dieses umständlich rechtfertigen.

7. Das Ziel des Psychokults ist nicht die seelische Gesundheit des Patienten, sondern die Gewinnung von Anhängern seiner Weltanschauung, die in die Lage versetzt werden sollen, selbst wieder Multiplikatoren des Kults zu werden.

7. Merkmal: Der Umgang mit Kritikern

Ebenso hemmungslos, wie sie mit ihren Klienten verfahren, ist auch ihr Umgang mit Kritikern, die von außen kommen. Wagt einer, das System des Psychokults, die monomane Fixierung auf den Kultführer, die doktrinären Beeinflussungen, den Wahrheitsanspruch der Lehre in Frage zu stellen, wird nicht mit Argumenten versucht, den Einwänden zu begegnen. Für den Psychokult sind Kritiker in erster Linie *"Feinde"*, die man mit allen Mitteln, auch denen der Verunglimpfung und der öffentlichen Diskreditierung bekämpfen muß.

Der Psychokult ist außerordentlich prozeßfreudig. Sowie Einwände in der Öffentlichkeit durch Kritiker geltend gemacht sind, werden die Einwender mit Prozessen überzogen. Da der Psychokult meistens sehr kapitalkräftig ist, kann er sich das Prozessieren grundsätzlich mehr leisten als die von ihm Verklagten. In der letzten Zeit stellen sich viele Gerichte schützend auf die Seite der betroffenen Kritiker, Prozesse gehen für die Psychokulte negativ aus. Für die öffentliche Selbstdarstellung des Kults reichen aber wenige gewonnene Prozesse, um daraus öffentlichkeitswirksam Profit für die Selbstdarstellung des Kults zu schlagen.

Die oben genannten Merkmale gelten für alle Psychokulte in unterschiedlichem Maße. Sie sind im großen und ganzen identisch mit den Merkmalen des religiösen destruktiven Kults, zeigen aber einige Besonderheiten auf, die mit den Eigentümlichkeiten der psychotherapeutischen Weltanschauung zusammenhängen.

Abweichend von den vorherigen Kapiteln werden wir die beiden Beispiele moderner Psychokulte, den *"Verein zur Förderung psychologischer Menschenkenntnis"* und die *"Logosophie"* des *Walter Alfred Siebel* nach den oben angegebenen Merkmalen strukturieren und eine kurze Geschichte der Organisation und ihres jeweiligen Kultführers anfügen.

Der Verein zur Förderung der Psychologischen Menschenkenntnis - VPM

"Ihr seid die Vorposten der neuen Gesellschaft..." (F. Liebling)

Bis zum September 1992 führte der Verein zur Förderung der Psychologischen Menschenkenntnis ein eher achtbares Dasein in Deutschland. Unter diesem harmlos klingenden Namen hatte sich eine Organisation in verschiedenen Städten eingerichtet und sprach psychisch Hilfsbedürftige, lernbehinderte Schüler an, engagierte sich in der Drogen- und AIDS-Prävention und bot ein Konzept an, das, wie ihr Präsident Dr. Ralf Kaiser formulierte, *"eine große Bedeutung für die Psychohygiene und die allgemeine Volksgesundheit"* (SPIEGEL) habe.

Auf der anderen Seite kamen vereinzelt kritische Berichte aus der Schweiz, dem Stammsitz und Ursprungsland des VPM. Dort gab es schon seit 1980 Berichte in den Zeitungen über die umstrittenen Praktiken des VPM und eine dementsprechend scharfe Reaktion des in Deutschland noch vollkommen unbekannten Vereins.

Ende September 1992 kam es auf einer Veranstaltung der Karl-Rahner-Akademie in Köln zum Eklat. Ein Kritiker des VPM hielt ein kritisches Referat über die Tätigkeit des VPM in Deutschland und wurde pausenlos durch eine Gruppe von VPM-Anhängern massiv am Reden gehindert, wie der SPIEGEL in seiner Ausgabe Nr.43/1992 beschrieb. Was verbirgt sich hinter dieser wütenden und lautstarken Vereinigung, die jedes Mal, wenn Kritiker auf den Plan treten, in aufgeregter Form die rhetorischen Messer wetzt?

Kurze Geschichte des VPM

In den fünfziger Jahren gründeten der ehemalige Kaufmann und psychologische Autodidakt Friedrich Liebling und sein Schüler Josef Rattner in Zürich eine *"Psychologische Lehr- und Beratungsstelle"*.

1967 nannte Friedrich Liebling, unbestrittener Führer des neuen Instituts, seine Lehre und die sie vertretende Einrichtung *"Zürcher Schule"*. In großen Scharen sammelte F. Liebling Anhänger um sich, in der Schweiz waren es bald ca. 4000.

Liebling wurde bekannt vor allem durch seine öffentlichen Therapiesitzungen, bei denen zum Teil Hunderte Menschen seinen therapeutischen Dialogen lauschten.

Als Liebling 1982 starb, hatte die Organisation durch die Therapiegebühren ein beträchtliches Vermögen angesammelt. Es kam intern zu schweren Auseinandersetzungen, wer die richtige Nachfolge des Erbes antreten könne. Am Ende stand als einzige Führerin Frau Annemarie Buchholz-Kaiser an der Spitze der Organisation.

1986 wurde der *"Verein zur Förderung der Psychologischen Menschenkenntnis"* ins Leben gerufen. Schnell konnte sich die Vereinigung auch in Deutschland ausbreiten. Mittlerweile gibt es Dependancen des VPM in Berlin, Erlangen, Frankfurt, Freiburg, Hannover, Hamburg, Karlsruhe, Köln, Konstanz, München, Tübingen und Villingen. Er tritt dabei unter verschiedenen Namen auf:

GFPM: Gesellschaft zur Förderung der Psychologischen Menschenkenntnis

IPM: Institut zur Förderung der Psychologischen Menschenkenntnis

EVPM: Europäischer Verband zur Förderung der Psychologischen Menschenkenntnis (in Wien und in Köln)

AK-Suchtprophylaxe Tübingen

EURAD: Europe against drugs

AAS: Aids-Aufklärung Schweiz

Zentraler Begriff und Markenzeichen ist aber immer wieder die *"psychologische Menschenkenntnis"*. Mittlerweile ist die Organisation in der Bundesrepublik Deutschland auf ca. 3000 Mitglieder angestiegen.

Der geistige Führer des VPM: Friedrich Liebling

1893 wurde Friedrich Liebling als Sohn einer jüdischen Familie geboren. Mit 20 Jahren kam er nach Wien. Er war Soldat im 1. Weltkrieg und arbeitete nach dem Krieg in kaufmännischen Berufen.

Er setzte sich intensiv mit dem österreichischen Marxismus auseinander und wurde zum radikalen Gesellschaftskritiker. Neben diese Gesellschaftskritik trat die Beschäftigung mit der Individualpsychologie Alfred Adlers. Liebling entwickelte sich nicht nur zum Gegner seiner eigenen Religion, sondern verwarf jegliche Art von

Der geistige Führer des VPM:
Friedrich Liebling.

Die Schweizer VPM-Zentrale in Zürich.

religiöser Einstellung. Von ihm stammt der Satz: *"Wenn einmal die Kirche die Hand im Spiel hat, dann ist Gefahr, dann ist Tod und Verderben."* *(Die Zeit)*

1938 mußte Liebling mit seiner Familie vor dem Nationalsozialismus fliehen. Er gelangte in die Schweiz, bekam aber erst 1950 eine dauerhafte Aufenthaltsgenehmigung. Diese Erfahrung der permanenten Unsicherheit hatte wohl für ihn traumatische Bedeutung.

1950 wird Liebling im Melderegister als Psychologe geführt. Zunächst war der Kreis seiner Anhänger verhältnismäßig klein. Aber seine Ausstrahlung sorgte bald dafür, daß die Zahl der Heilsuchenden beständig wuchs. Liebling hatte eine eigene psychologische Theorie entwickelt, setzte sich aber nie der allgemeinen psychologischen Diskussion aus, vertrat vielmehr die Ansicht, daß sein Ansatz der Inbegriff der therapeutischen Lehre und Methode sei.

Im Mittelpunkt dieser Lehre stand eine grundsätzliche Kritik an Staat, Erziehungsinstanzen und an der Religion, die die Psyche der Individuen deformieren würden. So ist in der *"Zeitschrift für Psychologische Menschenkenntnis"* fortwährend der folgende Passus zu finden:

"Trotz aller oberflächlichen Publizität, welcher auch heute der Psychologie zukommt, hat die moderne psychologische Aufklärung die allermeisten Menschen noch nicht erreicht. Unsere pädagogischen Institutionen und Lehranstalten bieten in dieser Hinsicht ein armseliges Bild... und die Eltern, die eigentlichen Ursachen des psychischen Elends beim Kinde, sind wie eh und je unvorbereitet und selbst von Kindheit auf falsch informiert für ihre wichtigste Erziehungsaufgabe. So pflanzen sich auf allen Gebieten des Lebens die Ängste, Schwächegefühle und Wahnvorstellungen des Menschen von Generation zu Generation fort... Diese unermessliche seelische Not war Anlaß zu einem Wagnis, aus dem sich die Zürcher Schule für Psychotherapie (begründet und geleitet von Friedrich Liebling) entwickelt hat." (Hemminger, S. 7)

Es gibt kaum schriftliches Material von ihm selbst. Die meisten Aussagen Lieblings sind überliefert durch ausführliche Tonbandaufzeichnungen, die bei seinen Therapiesitzungen gemacht wurden. Die Aufzeichnungen des Meisters fanden schnelle Verbreitung. Man hörte sie in anderen Städten mit großer Aufmerksamkeit, und die Radikalkritik Lieblings fand in der Studentengeneration der sechziger

Jahre ein offenes Ohr. Der programmatische Satz des Neu-Psychologen: *"Ihr seid der Vorposten der neuen Gesellschaft, des Fortschritts. Eine Umwälzung werdet ihr vollziehen. Eine schönere und humanere Welt wird entstehen."* (SPIEGEL) Die psychologische Utopie Lieblings übte eine große Faszination auf die jüngere Generation aus.

Auf der anderen Seite entwickelte sich unter seinen Anhängern ein fast ideologisches Verhältnis zu seinen Ideen und seiner Person. Der Gruppendruck nahm ständig zu. Eine große Zahl seiner männlichen Anhänger ließ sich auf Anraten Lieblings durch Vasektomie zeugungsunfähig machen, was der ideologischen Vorstellung entsprach, in einer menschenfeindlichen Gesellschaft keine Kinder zu gebären.

Nach dem Tod des psychologischen Meisters blieb zwar die Nibelungentreue seiner Adepten und Anhänger bestehen, das Konzept indessen erfuhr eine totale Umdeutung. Hemminger schreibt in seiner Darstellung des VPM: *"Weltanschaulich mutete der VPM den ehemaligen Anhängern Lieblings geradezu einen Salto mortale zu: ethisch von libertinären zu restriktiven Positionen, politisch von links nach rechts, von einer anarchistischen Gesellschaftskritik zu einer strukturkonservativen politischen Gesinnung."* (Hemminger, S. 11) Lieblings Jüngerin, Annemarie Buchholz-Kaiser, scheint hauptsächliche Autorin dieser Tendenzwende zu sein.

Merkmale des Psychokults im VPM

1. Merkmal: Der Absolutheitsanspruch der psychologischen Weltanschauung

Schon zu Lieblings Lebzeiten wurde die Verbindung von Psychologie und Weltanschauung zum grundlegenden Bestandteil seiner Theorie. War ursprünglich seine Aversion gegenüber anderen theoretischen Ansätzen auf seine Gesellschaftskritik zurückzuführen, so nahm die exklusive Beanspruchung der psychologischen Wahrheit im Verlauf mit dem Wachsen der Anhängerschaft bei Liebling schon recht bald ideologische Formen an. Aus einer Festschrift nach seinem Tod stammen die Sätze: *"Die Konsequenzen, die er in seinem Lebenswerk aus der Einsicht in die Bedeutung des Gemeinschaftsgefühls für das Lebens-*

glück des einzelnen Menschen und die Zukunft der Menschheit zog, und
den Beitrag, den er der Erziehung, der Pädagogik, der wissenschaftlichen
Psychotherapie, der Gruppentherapie und der Volksaufklärung zumass,
stehen bis heute einzigartig in der Welt." (Hemminger, S. 14)

2. Merkmal: Wissenschaftlicher Eklektizismus, Fortschrittsglaube und Allgemeinplätze

Der theoretische Ansatz des VPM zeichnet sich nicht eben gerade durch eine besondere Originalität aus. Die Adaption der Individualpsychologie Alfred Adlers ist deutlich herauszuerkennen. Auch in der Darstellung der Ziele zeichnet sich der VPM in erster Linie durch unverbindliche Allgemeinplätze aus. In der Selbstdarstellung des VPM heißt es z.B.: *"Der VPM ist frei von jeglicher politischer oder konfessioneller Verpflichtung. Er setzt sich hingegen dafür ein, daß erhalten bleibt, was sich die Menschheit über Jahrhunderte an wissenschaftlichen Kenntnissen und ethischen Werten errungen und was sich für das Leben des einzelnen und der Gesellschaft als wertvoll erwiesen und bewährt hat. Auf dieser Grundlage unterstützt der VPM alle konstruktiven Bestrebungen zur Verbesserung der zwischenmenschlichen und gesellschaftlichen Belange. Tragfähige Lösungen lassen sich nur finden, wenn sie sachbezogen, zum Wohle aller Beteiligten, aus Achtung vor dem Individuum und der anderen Meinung entwickelt werden und wenn die gesellschaftliche Verantwortung in den bewährten Formen wahrgenommen wird."* (Hemminger, S. 12)

Ähnliche Leerformeln finden sich auch bei der Darstellung der Ziele in den Teilbereichen Jugend, Eltern und Erzieherarbeit des VPM:

Für Jugendliche entwickelt er das Ziel:

"So wächst eine gepflegte Jugend heran, die im gesellschaftlichen Zusammenleben einen konstruktiven Beitrag leisten wird."

Für die Elternarbeit gilt:

"In einer vertrauensvollen Beziehung können die Eltern ihren Kindern eine gesunde, tragfähige Lebenseinstellung und eine verantwortungsbewußte Haltung zu den Fragen der Gesellschaft vermitteln."

Zur Lehrer- und Erzieherarbeit schreibt der VPM:

*"Um bei den Kindern ein konstruktives Miteinander anregen und för-
dern zu können, braucht der Lehrer selbst zu Fragen des Lebens und der
Gesellschaft eine Einstellung, anstehende Probleme sachlich aufbauend
lösen zu wollen, so daß das Wohl des einzelnen und der Gemeinschaft
einbezogen ist."*
Für Ehepaare entwickelt der VPM die Zielvorgabe:
"Ihr gemeinsames Interesse für die Welt gibt ihrem Leben einen Sinn."
(Hemminger, S. 13)

3. Merkmal: Fortschritt- und Heilungsgarantie

Annemarie Buchholz-Kaiser schreibt in ihrer Dissertation mit dem
Titel *"Das Gemeinschaftsgefühl"*: *"Der Gesundungsprozeß der Gesell-
schaft als Ganzes vollzieht sich nur mittels des Gemeinschaftsgefühls.
Adler ist tief davon überzeugt, daß die ungestörte Entfaltung des
Gemeinschaftsgefühls im Leben jedes einzelnen die Störungen im sozialen
Organismus reduzieren würde. Daß die Menschheit einmal ihre Natur
verstehen lernt und beginnt, deren Erfordernissen gemäß zu leben - das
ist das Bemühen, mit dem Adler einen Platz unter den Humanisten aller
Zeiten einnimmt."* (Hemminger, S. 13)

Der Zentralbegriff ist das *Gemeinschaftsgefühl*, das der VPM durch
seine pädagogischen und psychotherapeutischen Maßnahmen zu
wecken und zu entwickeln verspricht. Gegenüber der in der Tiefenpsychologie leidenschaftlich geführten Diskussion über die Anlage-
Umwelt-Disposition der Psyche vertritt der VPM einseitig die Theorie, daß der Charakter des Menschen Produkt seiner Umwelt sei. Nur
durch die radikale Änderung der Umwelteinflüsse, Abschaffung falscher Erziehungseinflüsse im Elternhaus bzw. in der Schule sei das
"Lebensglück" des einzelnen zu bewerkstelligen. In diesem Zusammenhang tritt der VPM immer wieder als konservativer Vertreter
einer allgemeinen Gesellschaftskritik auf, veranstaltet Kongresse und
Diskussionsveranstaltungen, zu denen er anerkannte Persönlichkeiten einlädt, mit deren Reputation er gern Werbung für sich selbst
macht.

1993 fand in Bregenz am Bodensee zum Beispiel ein solcher Kon-
greß unter dem Thema: *"Mut zur Ethik"* statt. Die Thesen, die er dort
entwickelte, zeigen ein in sich geschlossenes weltanschauliches Ge-

bäude des Wertkonservativismus. Einige Auszüge aus diesen Thesen lauten:*"Wir wehren uns gegen die Propagierung eines angeblichen "Lebens ohne Werte" und die Zersetzung bewährter Werte...Wir wenden uns gegen den Mißbrauch der personalen Auffassung des Menschen und daraus gefolgerte Ableitungen eines angeblichen Rechts auf Tötung oder auf "selbstbestimmten Tod", insbesondere auch gegen die ethische Absegnung von Menschenversuchen mit Rauschgiftabgabe....*

Wir wenden uns gegen alle Bestrebungen, im Namen einer 'neuen Freiheit' Erziehung als 'repressiv' zu diffamieren oder abzuschaffen, und gegen die Abwertung der Erziehungsaufgabe, der Familie und der Elternrolle...

Wir wenden uns gegen den modernen Hedonismus, der den Menschen als 'Erlebnismaschine' betrachtet und Glück in Form von Reizüberflutung, Nervenkitzel, Drogenrausch anpreist, als bestünde Glück in einer Folge starker Empfindungen." (PRS-Public-Relations-Systems - 93-10-13)
Die Aussagen des VPM zu Fragen der Zeit zeichnen sich meist weniger durch psychologischen Feinsinn, eher durch polemischen Angriff auf Wissenschaft und Gesellschaft aus.

4. Merkmal: Der geistige Führer

So wie ehemals Liebling, gibt es im VPM auch heute wieder eine unhinterfragbare Autorität, deren Aussagen im Mittelpunkt der Organisation stehen. Wie oben schon dargestellt, wird diese Autorität von Annemarie Buchholz-Kaiser vertreten.

Widerspruch ihr gegenüber wird nicht mit Argumenten, sondern mit schweren Anfeindungen begegnet: *"Jeder verantwortungsbewußte Mensch, dem das Wohl des Mitmenschen ein Anliegen ist, wird verstehen, wie beschämend es für die Drahtzieher ist, eine Hetzkampagne gegen das reichhaltige Werk Friedrich Lieblings, das heute im VPM unter der Leitung von Frau Dr. Buchholz-Kaiser fortgeführt wird, zu entfachen, und zugleich erkennen, welche Primitivität sie damit sowohl in ihrem Kenntnisstand als auch in ihrer Gesinnung bekunden."* (Hemminger, S. 14)

5. Merkmal: Das Elitebewußtsein

Das Elitebewußtsein wird innerhalb des VPM durch die Abgeschlossenheit des Gruppenverhaltens nach außen gefördert. Wer Mitglied einer Wohngemeinschaft des VPM wird, lebt nur noch mit Menschen, die diese Richtung vertreten. Sein gesamtes soziales Gefüge wird vom VPM geregelt. Ein ehemaliges Mitglied schreibt in der Zeit vom 22.10. 1993:*"Ich zog in eine Wohngemeinschaft des VPM. Von da an habe ich kaum noch andere Leute gesehen. Ich war rund um die Uhr mit Leuten vom VPM zusammen, in der Wohnung, in der Nachhilfe, in den Pausen an der Uni und natürlich in den Gruppen."*

Aus diesem Grund spricht der Züricher Buchautor und Kritiker des VPM Eugen Sorg auch von einem *"Therapie-Orden"*, der den Anhängern das Gefühl vermittelt, zur Elite einer neuen Gesellschaft oder - mit den Worten Lieblings - zum *"Vorposten der neuen Gesellschaft"* zu gehören.

6. Merkmal: Der Umgang mit den Klienten

Eine ganze Reihe von Fällen wurden im letzten Jahr durch die Presse bekannt, in denen vor allem Einzelpersonen ihr leidvolles Schicksal in und außerhalb des VPM beschrieben haben. Als Beispiel für viele sei an dieser Stelle das Schicksal einer Mutter genannt, die berichtet, wie ihre drei Töchter in eine deutschen VPM-Gruppe hineingeraten sind:*"Die Arbeit des VPM geht ungefähr so vor sich, daß sympathische Menschen sich bei den Eltern vorstellen, Lernhilfe anbieten... Außer Lernhilfe wird den jungen Menschen dann geschickt beigebracht, daß es nicht normal sei, noch bei den Eltern zu wohnen, und sie ja in eine WG ziehen könnten. Die Eltern seien ja aufgrund ihrer vollkommen falschen Erziehung nicht in der Lage, ihre Kinder zu verstehen, was man den armen Dummen aber nicht anlasten dürfe, sie seien aber auf keinen Fall ernst zu nehmen! Verständnis, Hilfe bei allen Problemen würden sie nur in der "Gruppe" und in Zürich beim VPM finden.*

Wenn die jungen Menschen dann in der WG sind, dürfen sie noch 1 bis 2 mal pro Woche die Eltern kurz besuchen, meist mit anderen "Freunden" aus der Gruppe. Die Eltern haben dann keine Möglichkeit mehr, mit ihrem Kind allein ein ernstes Gespräch zu führen. Die Freizeit wird nur noch mit Mitgliedern des VPM verbracht, die Ferien in Zürich oder Verbier, wo im Sommer die Wintersporthäuser gemietet werden. Als Vater/Mutter hat man kaum eine Handhabe, da die Kinder bzw. Jugendlichen ja ihr Studium absolvieren, nicht herumgammeln und eher durch korrekte Kleidung, gutes Benehmen usw. auffallen. Wenn man dann noch hört, daß sie beinahe Tag und Nacht, bei den kleinsten Problemen "ihren Psychologen" in Zürich anrufen dürfen ... dann ahnt man, daß sie mit Mitteln der Psychologie total unter der Kontrolle und Beeinflussung dieser "Psychologen" in Zürich stehen." (Hemminger, S.35f)

Solche und ähnliche Erfahrungen zeigen, daß der VPM eine Gruppenstruktur produziert, in der streng hierarchisch von oben nach unten regiert wird und die Fähigkeit zur Selbstkritik gegen Null tendiert. Bei wem die Therapie erfolgreich war, entscheidet allein die höhere Region der Hierarchie. Schon laut Liebling sind die Patienten häufig in einem lebenslangen Therapieverhältnis. Hugo Stamm schreibt in dem kritischen Buch *"Die Seelenfalle"*: *"Wer über Jahre, teilweise über Jahrzehnte hinweg in der Rolle des Therapiebedürftigen verharrt, verliert den Glauben an die Selbstbestimmung. Die Entscheidungskraft wird geschwächt, die Eigenverantwortung delegiert."* (S.220)

Mit der Vertraulichkeit im Therapeut-Patienten-Verhältnis geht der VPM ebenfalls bedenkenlos um. Interne Kritiker werden aufgrund der persönlichen Daten, die man über sie gesammelt hat, in der Öffentlichkeit pathologisiert. Die ZEIT zitiert den ehemaligen VPM-Vizepräsidenten Henry Goldman: *"Unter anderem werden Gespräche oder intimes Wissen verwendet, um Ehemalige, die man jetzt als Feinde einstuft, schlecht und unglaubwürdig zu machen."*

Der VPM zeichnet sich auch gegenüber Kindern durch Praktiken aus, die eher dazu geeignet sind, Kinder in Angst und Schrecken zu versetzen, als ihnen psychische Gesundheit angedeihen zu lassen. Die geradezu phobische Angst des VPM vor Aids-Infektion führt in den Wohngemeinschaften zu drakonischen Hygienebestimmungen. Im Schweizer Fernsehen berichteten laut SPIEGEL Eltern, mit welchen Ängsten ihre Kinder durch VPM-Behandlung leben müßten. So hätten sie sich zum Beispiel nicht mehr *"getraut, den eigenen Speichel zu schlucken, weil darin "Tierli" enthalten seien."*

Als psychologisch geschulter Verein weiß der VPM zweifellos um die hervorragende Bedeutung der Angst als Mittel, um Menschen gefügig zu erhalten.

7. Merkmal: Der Umgang mit Kritikern

Besonders markant ist der aggressive Umgangston des VPM allen möglichen Einwänden ihnen gegenüber. Wer intern Kritik äußert, wird zunächst durch Aufforderung zur Selbstbezichtigung wieder auf Linie gebracht. Der ehemalige VPMler Rudolf Isler erzählt dazu: *"Es gab große Veranstaltungen, wo einzelne sehr aggressiv aufgefordert wurden, sich selbst zu kritisieren. Sie haben dann wirklich zum Teil Dinge zugegeben, die sie gar nicht gemacht haben."* (Die Zeit)

Unleidlich und außerordentlich feindselig reagieren VPM-Anhänger aber auf jede Art von Kritik, die sich nicht auf ihre Linie bringen läßt. Beleidigungen und Herabsetzungen ihrer vermeintlichen Gegner sind noch die vornehmeren Formen, in denen man ihnen zu Leibe rückt. In der Schweiz hat die Auseinandersetzung zum Teil abenteuerliche Formen angenommen. Als ein Beispiel für viele soll der Fall des VPM-Aussteigers Rudolf Isler gelten, der von der *Zeit* ab 22.10.93 wie folgt dokumentiert wird: *"Am 3. November 1992 funktionierte bei ...Isler das Telefon nicht mehr. Ein Installateur suchte die Störung und stieß auf eine Abzweigung der Leitung. Als die Polizei die darunter liegende Wohnung durchsuchte, entdeckten die Beamten nicht nur eine Telefonabhöranlage, sondern auch ein Loch in der Zimmerdecke, durch das ein hochempfindliches Mikrophon geführt worden war. ... Urheber der Abhöraktion waren VPM-Mitglieder. Die später geständigen "Lieblinge" hatten außerdem Dokumente aus dem Briefkasten Islers entwendet, kopiert und beim VPM abgegeben."* (Die Zeit) Auf Diskussions- und Informationsveranstaltungen, auf denen VPM-Praktiken kritisiert werden, kommt es immer wieder zu lautstarken Störungen und Beleidigungen von Referenten. Der Psychokult zeigt sein totalitär-dogmatisches Antlitz immer dann, wenn ihm der Hauch eines Einwandes begegnet.

Schwer verständlich für den Außenstehenden ist die Tatsache, daß der VPM seine Mitglieder vorwiegend aus akademisch ausgebildeten Kreisen rekrutiert. Ärzte, Lehrer, Psychologen bilden das Reservoir ihrer Mitglieder. Auch scheint der Widerspruch von freundlicher, gewinnender Außenwirkung des VPM und seiner rigiden inneren Struktur dazu zu führen, daß viele sich nicht vorstellen können, *"was dahinter sich alles verbirgt"*. Um so wichtiger ist es, das heute sich immer vielfältiger darstellende Psycho-Angebot genau unter die Lupe zu nehmen, auf seine Hintergründe und internen Strukturen zu untersuchen, um durch gezielte Information psychisch Leidende und Suchende rechtzeitig zu warnen. Dieses soll noch an einem zweiten Beispiel deutlich gemacht werden.

Literaturhinweise

Selbstdarstellungen:
VPM (Hg.): *"Der VPM - was er wirklich ist"*, Zürich 1991
Annemarie Kaiser: *"Das Gemeinschaftsgefühl - Entstehung und Bedeutung für die menschliche Entwicklung"*, Zürich 1981
VPM (Hg.): *"Zu Theorie und Tätigkeit des VPM"*, Zürich 1990 (Verlag Psychologische Menschenkenntnis)

Kritische Darstellungen:
Hansjörg Hemminger: *"Verein zur Förderung der Psychologischen Menschenkenntnis"*, Stuttgart 1991
Eugen Sorg: *"Lieblingsgeschichten"*, Zürich 1991
Hugo Stamm: *"VPM - die Seelenfalle"*, Bern 1993
Frank Nordhausen: *"VPM - Warnung vor einer Psychosekte"*, Die ZEIT Nr.43/Oktober 1993
SPIEGEL: *"Dieses seligmachende Grinsen"*, Ausgabe Nr.43/1992

Logosophie - Psychopraxie - Noosomatik des Walter Alfred Siebel

"Ich werde dir sagen, wie du richtig denken lernst, wie du richtig fühlen lernst!" (W.A. Siebel)

Im Dezember 1989 treffen sich schockierte und empörte ehemalige Klienten und Angehörige eines neuen, bis dahin noch unbekannten Psychokultes in einer evangelischen Gemeinde in Bremen. Sie tauschen ihre Erfahrungen und Erinnerungen aus, erzählen von brutalen familiären Trennungserfahrungen, die durch den Kult und seinen Führer in die Wege geleitet, tiefgreifende Leidsituationen erzeugten, von ruppigen Umgangsmethoden in der Psychotherapie und einem *"immensen Machtgeflecht"* in der Organisation eines ehemaligen norddeutschen Pastors. Seine Klienten locke der *Psychopraktiker*, wie er sich nennt, mit dem Angebot, für ihn zu arbeiten an: *"Du bist genau der Mann, den ich brauche!" (Weser Kurier, 15.12.89)*. Mit schmeichelhaften Bestätigungen werde man in die Arbeitskreise, die Therapiesitzungen hineingelotst. Ängste, Trennungsschmerz und Abhängigkeitsstrukturen seien oftmals das Ende

Was verbirgt sich hinter der von ihrem Erfinder so genannten *"Logosophie"*? 1988 erscheint ein Buch des *Walter Alfred Siebel* im Selbstverlag auf dem Markt mit dem Titel: *"Umgang"*, in dem er eine vollkommen neue *"psychologische Erkenntnistheorie"* verbreitet. Sein Anspruch, alle bisherigen tiefenpsychologischen Schulen zu überbieten, klingt verlockend: *"Wird der Mensch mit der Fähigkeit geboren, krank werden zu können? Oder wird er mit der Fähigkeit geboren, mit Kränkungen umgehen zu können? Die bisher bekannten tiefenpsychologischen Schulen sagen 'ja' zur ersten Frage. Eine ganz andere Theorie sagt 'ja' zur Fähigkeit des Menschen, Mensch sein zu können und mit Kränkungen deshalb im Sinne des 'Überlebenkönnens' umzugehen." (Anzeige des Verlages zum Buch "Umgang")*

Siebels Versprechen nehmen viele ernst, sie folgen ihm auf dem Weg in seine neue Psychotherapie. Er selbst reagiert auf Kritik wütend und aggressiv, verweigert jegliche öffentliche Stellungnahme.

Über fünf Jahre lang ist Pastor Walter Alfred Siebel Gemeindepastor in der evangelischen Gemeinde Otterstedt in der Nähe von Bremen. Er setzte sich ein für Gemeindechorarbeit, aktivierte Jugend- und Seniorenarbeit, betrieb den Bau eines gemeindeeigenen Kindergartens, kurz, er versah engagiert seine Gemeindearbeit.

Schon während seiner Amtszeit aber entwickelt er eine ausgedehnte Beratungstätigkeit gegen Honorar.

Im Jahre 1980 gibt Siebel seine Pfarramtstätigkeit auf. Es wird die *"Deutsche Gesellschaft für Psychopraxie gegründet"*. Siebel bezeichnet sich selbst als Psychopraktiker oder als Meditationstherapeut. Außerdem wird die *"Deutsche Gesellschaft für aufdeckende Meditation"* gegründet.

Siebel gründet eine *"Psychologische Praxis"* in Bothel und in Völkersen. Er bietet Ehe- und Lebensberatung, Instituts- und Unternehmensberatung, Tiefenpsychologische Analysen an, bezeichnet sich auf dem Aushängeschild als *Psychopraktiker, Meditationstherapeut und Lehranalytiker.*

In Bremen wird die *HEB, die Human-Elementare Beratungsgesellschaft* gegründet. (Leher Heerstr. 111)

Die Vereinigung verfügt über einen eigenen Verlag: der *Glaser-Verlag*, der seinen Sitz in Langwedel hat. In Langwedel wird außerdem eine *Pädagogische Praxis* gegründet, die ihre Dépendancen in Ottersberg und Tarmstedt hat.

Siebel trägt sich mit dem Gedanken, eine *noosomatische Klinik* zu gründen in der Gemeinde Völkersen. Dieses Unternehmen scheitert an der mittlerweile vorsichtig gewordenen örtlichen Behörde.

1989 stellt der Verein "Al tosom" (alle zusammen) einen Bauantrag für ein Kinderheim in Dauelsen. 28 Kinder sollen nach den Prinzipien Siebels dort aufbewahrt und erzogen werden.

Im Dezember 1989 schließen sich ehemalige Siebel-Anhänger und betroffene Angehörige zu einer Vereinigung zusammen, die Mitglied in der AGPF ("Aktion für geistige und psychische Freiheit - Arbeitsgemeinschaft der Elterninitiativen") wird.

31.1.1992: Das Verwaltungsgericht Stade weist die Klage Siebels auf Erlangung der Erlaubnis zur Heilkunde nach dem Heilpraktikergesetz ab. In der Begründung heißt es, daß Herrn Siebel die notwendigen Voraussetzungen fehlten, um *"eigenverantwortlich mit Menschen im weitesten Sinn therapeutisch zu arbeiten."* Ein Überprüfungsgespräch hatte ergeben, daß der Kläger *"auf keinem der Teilgebiete der Psychologie/Psychotherapie sichere Kenntnisse und Fähigkeiten besitze und somit nicht die Voraussetzung erfüllt, ohne Schaden für die Volksgesundheit tätig zu sein." (Achimer Kreiszeitung, 18.3.92)*

Merkmale des Psychokults in der Logosophie

1. Merkmal: Der Absolutheitsanspruch der psychologischen Weltanschauung

"In diesem Buch möchte ich eine allgemeine Zusammenfassung der Theorie jeder tiefenpsychologischen Richtung geben, die ich die Logosophie genannt habe und die die Grundlage ihrer praktischen Anwendung in der Psychopraxie bildet".

Mit Logosophie und Psychopraxie soll versucht werden, die Tür zum Unterbewußten des Menschen aufzustoßen, daß der Einzelne dabei lernen kann, mit den aufgedeckten Inhalten umgehen zu können. Störungen sollen in ihrem Sinnzusammenhang erkannt und so sinnvolle Korrekturen ermöglicht werden. Der Umgang mit dem Logos (Sinn, vernünftiger Grund, Beziehung) verdient das Attribut weise (sophia)" (Umgang, S.VI)

Im Jahre 1990 komt es zu einer ausführlichen Stellungnahme von Dr.Hansjörg Hemminger von der EZW zu der Theorie und Praxis der Logosophie/Psychopraxie/Noosomatik. Sein Urteil und das anderer Fachleute über die neue *"psychologische Erkenntnistheorie"* ist vernichtend. Siebels Wahrheitsanspruch wird von ihm selbst apodiktisch formuliert: *"Ein Sachverhalt ist angemessen beschrieben, wenn er den wahren Zusammenhang zur Sprache bringt, wenn gesagt wird, was tatsächlich der Fall ist. ...für den gleichen Sachverhalt kann es nur eine Wahrheitsaussage geben." (Noosomatik BD.VI, S.4)* In dem Selbstbewußtsein, die einzige psychologische Wahrheit zu formulieren, erübrigt sich für den Autor jegliche Auseinandersetzung mit anderen Schulen und die Überprüfung seiner Theorie durch die akademische Wissenschaften. Auch die klinische Bewährung seiner

Behauptungen bleibt Siebel schuldig. Stattdessen verharrt er auf der Ebene von Allgemeinplätzen und der Erfindung neuer, verwirrender Begriffe, die einen neuen Ansatz vortäuschen, der aber, soweit er überhaupt nachvollziehbar ist, weitgehend längst überkommene Theoreme der Tiefenpsychologie mehr oder weniger unreflektiert übernimmt. So schlägt er z.B. vor, den Begriff Psychotherapie durch den Begriff der Psychopraxie zu ersetzen: *"Aus der Psychologie läßt sich die dazugehörige Psychotherapie entwickeln, aus der Theorie ihre Anwendung, und damit gleichzeitig ihre Bewährung in der konkreten Arbeit. Aus dem Raum der Anwendung heraus folgt also die Bewährung oder auch die notwendige Korrektur der Theorie."* (Umgang S.11) Nach diesem Schema ergibt sich für ihn:*"In diesem Sinne und entsprechend unserer Definition von Psychotherapie ist der Begriff 'Therapie' als 'Hilfe' zu verdeutlichen und darf nicht nur für die Heilkunde vereinnahmt werden. Um hier eine klare Abgrenzung vorzunehmen, ist es sinnvoller, die praktische Anwendung einer Psychologie 'Psychopraxie' zu nennen, denjenigen, der eine Psychologie praktisch anwendet, als 'Psychopraktiker' zu bezeichnen."* (Umgang, S.17)

Durch die Verwendung des Begriffs Psychopraktiker bzw. Meditationstherapeut gelingt es dem ehemaligen Pastor, sich therapeutisch zu betätigen, ohne sich in irgendeiner Weise medizinische-therapeutisch auszubilden.

2. Merkmal: Wissenschaftlicher Eklektizismus, Utopismus und Allgemeinplätze

"In der Psychotherapie liegt der Akzent gerade darauf, daß der Patient in die Lage versetzt wird, seine Probleme selbst zu lösen." (Umgang, S.18) Ausgehend von dieser Binsenwahrheit psychotherapeutischer Zielsetzung, entwickelt Siebel sein Konzept der *Logosophie bzw. Noosomatik.* Für ihn sind psychische Probleme in erster Linie hirnphysiologische Vorgänge, die durch von ihm entdeckte Stoffwechselprozesse in Gang gesetzt werden. Aus diesem Grund ersetzt er auch den Begriff Psychosomatik durch den Begriff der *"Noosomatik".* Mediziner bewerten diese Behauptungen als außerordentlich problematisch: *"Es erscheint mir jedoch hochgradig unwahrscheinlich, daß eine Fülle von Kausalzusammenhängen zwischen biochemischen Laborwerten*

und seelischen Problemen, wie sie von Siebel behauptet werden, ohne die umfangreichsten Forschungen gefunden werden können. Da Siebel nicht angibt oder angeben kann, woher er seine Kenntnisse hat, sind sie wissenschaftlich bedeutungslos." (Hemminger, S.8)

Siebel bietet eine Reihe von kostspieligen Büchern an, in denen in unterschiedlicher Aufteilung wortwörtlich dasselbe steht. Seine Theorie läßt sich, zieht man einmal das Fachwortspektakel ab, recht einfach zusammenfassen. *"Hineingeboren in die Weite des Lebens, ... sucht der Mensch nach Wegweisern, nach Linien, Deutungen des Gegenwärtigen und des Vergangenen: er will erkennen. Man nennt dies seine 'Suche nach Sinn'".* (Noosomatik S.7) Für Siebel ist der Begriff *"Sinn"* ein wissenschaftlicher Terminus technicus in seiner psychologischen Erkenntnistheorie. Das Wort ist für ihn eine objektive Kategorie, die falsch oder richtig interpretiert werden kann. *"Der Gedanke, daß ein Mensch nach seiner Geburt sich seines Gewordenseins 'würdig' erweisen müsse, daß er nachzuweisen habe, daß es richtig ist, daß es ihn gibt, führt zu vielfältigen Formen von irrtümlichen Denkmustern und Verhaltensweisen, zu Unterdrückung von Anteilen des Menschen oder gar seiner selbst. In den verschiedensten Ideologien bildet sich ab, was Menschen von Geburt an lernen, was an Pseudosinngebungen durch Erziehung und Erfahrung angenommen wird."* (Noosomatik S.7) Siebel entwickelt eine Art Traumatheorie, in der defizitäre frühkindliche Erfahrungen zu späteren seelischen Konflikten führen.

Daß unverarbeitete Vorgänge in der Kindheit später psychische Probleme erzeugen können, nimmt Siebel auf und verbindet es mit einem neuen Begriff: *"Irrtümer bedeuten dem Kind unverarbeitete Erfahrung. ... So er-lebt das Kind solche Erfahrungen als gegen sich gerichtet. Wir sprechen von einer 'Verwundungsatmossphäre bzw. -erfahrung' (abgekürzt VA)."* (S.8)

Siebels Menschenbild schreibt eine streng **dualistische** Beschreibung menschlichen Verhaltens vor: *"Aversiv (dem Leben gegenüber 'abgewandt') sei der Oberbegriff für irrtümliches Verhalten im Hinblick auf den Umgang mit möglichen, realen und regenerativ wirkenden Relationsinhalten im Lebensvollzug eines Menschen. Adversiv (dem Leben 'zugewandt') sei der Oberbegriff für der Sache nach angemessenes Verhalten."* (Umgang, S.11) Entweder hat das Individuum ein *aversives* oder ein *adversives* Verhältnis zur Wirklichkeit. Es ist der Wirklichkeit gegenüber ab- oder zugewandt. Dies wiederum hängt von der

Wirkungsweise der Eltern ab, die dem Kind als *"sinngebende Instanz" (abgekürzt 'sI')* gegenübertreten. Konflikterfahrungen des Kindes im Sinne der VA haben bestimmte Konsequenzen in der Beurteilung der elterlichen Erziehungstätigkeit. *"Wir sprechen deshalb sachgemäß und ohne Wertung vom 'schädigenden Elternteil' (abgekürzt 'sE'), insofern wir das verwundende Verhalten im Hinblick auf den Umgang mit dem Kind meinen und die Eingrenzung von Sinnerfahrungen durch die Eltern."* (Noosomatik S.10) Die Stigmatisierung als sE hat in der Psychopraxie, d.h. in der praktischen Umsetzung von Siebels Theorie verhängnisvolle, familienzerstörende Wirkungen, wie wir noch sehen werden.

Auf diese Weise entsteht so etwas wie der *Lebensstil (abgekürzt "LS")* des Individuums. *"Der Lebensstil als etwas Gemachtes ist einerseits für jemanden anderen da (den sE) und andererseits für einen Effekt, der dann für ihn selbst (für den LS selbst als Selbsterhalt und Sicherungstendenz, wie auch für den Menschen, der diesen LS praktiziert!) da ist."* Die *kränkenden* frühkindlichen Erfahrung verwandeln den LS in einen Überlebensstil (ÜS), der unbewußt den Krankheitsprozeß in Gang setzt. Die VA in der frühen Kindheit wird **monokausal** auf spätere Krankheitsbilder bezogen. Die Trennung von allen Bezugspersonen, die in früher Kindheit einer Biographie auftauchen, bzw. diese schematischen Deutungsmuster in der Gegenwart bezweifeln, ist stetes Rezept seiner *Psychopraxie*.

3. Merkmal: mechanistische Deutung und Heilungsgarantie

Für Siebel gibt es aufgrund seiner schematischen Weltanschauung nur sehr einfache und unhinterfragbare Deutungen von Alltagssituationen: *"Der Satz 'was habe ich nicht alles für dich getan?' enttarnt denjenigen, der ihn sagt, als jemanden, der einen Effekt erzwingen will, der mit dem, was er tat, ein Geschäft machen wollte, als jemanden, der 'lieben' mit 'haben' verwechselt. Wenn ich jemanden etwas schenke, bedanke ich mich bei dem, der es mit Freude annimmt. Wenn ich den Dank beim andern erwarte, ist der Verdacht allemal angebracht, daß ich mithilfe dieses Geschenkes den anderen bestechen will, kaufen, daß ich ihn in die Knie zwingen will, daß er mir zu Füßen liegt und mir gefällig ist. Wir können das bei Kindern beobachten, die ein wunderschönes Geschenk* bekommen, es sofort auspacken und damit zu spielen beginnen. Und dann steht einer der Eltern daneben und zwingt das Kind aus seiner Freude heraus, indem gesagt wird 'nun sag' mal schön danke'. Das Kind steht auf, tut, wie befohlen, ist verwirrt, und die Freude ist weg." (Umgang, S.191)

Seine unduldsamen und krassen Deutungen psychischer Vorgänge lassen keine Alternativen zu: "Wenn einer ...sagt, er habe sich in einer Discothek verliebt, weiß er entweder nicht, was Liebe ist, oder er lügt." (Umgang S.184) Siebels Deutungsschemen versprechen dem Klienten einfache und schnell wirksame Hilfe. Das Versprechen des selbst ernannten Therapeuten können die meisten nicht durchschauen. Ein ehemaliger Klient Siebels schreibt: "Aus eigener Erfahrung kann ich bestätigen, daß Siebels Lehre in der Tat schwer durchschaubar ist. Durch von ihm neugeschaffene Begriffe und Kürzel wird die Sache zusätzlich vernebelt. Dazu kommen noch seine messianischen Gesten und Gebärden. Dies alles macht auf Klienten, die in Seelennot und Heilserwartung zu ihm kommen, natürlich einen tiefen Eindruck. Auch mir hat er in mehreren Einzelgesprächen seine abstrakten Utopien vorgeführt. Gefährlich und verführerisch dabei war, daß Siebel mich unter dem Netz seiner Visionen einlullte. Und gerne ließ ich dies geschehen, denn ich hoffte auf wundersame Wege aus meiner Not." (Leserbrief, Prinz, 23.2.1980)

4. Merkmal: Der geistige Führer

Schon Siebels Selbsttitulierungen weisen auf einen außerordentlichen Anspruch seines therapeutischen Wirkens. Keine andere Therapie kann es geben außer derjenigen, die er vertritt. Siebel stellt nicht nur alle Psychotherapien sondern auch alle hirnphysiologischen Untersuchungen in den Schatten, ohne seine Aussagen in irgendeiner Weise überprüfbar zu machen. "Mit Logosophie wird von mir eine Theorie bezeichnet, mit deren Hilfe Sinnzusammenhänge leichter zugänglich werden können. Dabei steht der ganze Mensch im Vordergrund. Dagegen wird in den klassischen tiefenpsychologischen Schulen eines gemeinsam gesehen: Der Mensch wird als ein Mängelwesen betrachtet. ... Dem ist jedoch nicht so. ...Die Gehirnforschungen der letzten Jahrzehnte haben die Unterscheidung möglich gemacht zwischen Seele und ihren warmen Gefühlen und jedem Bereich des Unterbewußten, der oft störend oder *auch leidvoll in unser Leben eingreifen kann." (Verdener Zeitung, 24.10.92)*

Das bekannteste Zitat, mit dem er seine Klienten auf sich ein-schwört und das in der Öffentlichkeit mit Recht immer wieder genannt wird, spricht für sich selbst: *"Du denkst nicht richtig und du fühlst nicht richtig. Ich werde dir sagen, wie du richtig denken lernst, wie du richtig fühlen lernst." (WK 10.12.89)*

5. Merkmal: Elitebewußtsein

Die Siebelanhänger zeichnen sich dadurch aus, daß sie in der Öffent-lichkeit als eine Gruppe von Auguren einer neuen Wissenschaftlichkeit auftreten, die sich nicht zu rechtfertigen braucht. Zu einer öffentli-chen Diskussion sind sie nur selten bereit. Wer ein derart abgedich-tetes und immunisiertes Lehrsystem vertritt, ist zu einer Diskussion weder bereit noch in der Lage.

6. Merkmal: Der Umgang mit den Klienten

Besonders deutlich wird in diesem Psychokult der rauhe Umgang in den Therapiesitzungen. Die zahlreichen Erfahrungsberichte von Be-troffenen zeigen immer wieder deutlich die Strukturen des Busting. Siebel wurde in den Sitzungen aggressiv und ruppig, eine Haltung, die durchaus seinem dogmatischen Anspruch in der Theorie ent-spricht. Zwei Beispiele aus vielen sollen die Praxis der *Psychopraxie* ein wenig beleuchten:

Beispiel 1:
"Als ich Walter Siebel das erste Mal aufsuchte, befand ich mich in einer persönlichen Sackgasse. Er war mir als ein Geheimtip empfohlen worden. Siebel hat mir drei Stunden lang interessiert und engagiert zugehört und schließlich dazu Stellung genommen. Ich habe mich richtig verstanden und beraten gefühlt. Nach zehn Einzelsitzungen meldete ich mich bei einem Intensivseminar in Völkersen an. Das ging von morgens bis abends mit nur einer kleinen Pause. Manche Teilnehmer haute er in die Pfanne. So eine junge Mutter, der er vorwarf, Gift für ihr Kind zu sein. Sie trachte ihrem Sohn unbewußt nach dem Leben. Wir anderen schwiegen dazu.

Gefühle wie Empörung oder Solidarität hatten in dem Seminar keinen Platz. Wir dachten, da muß sie jetzt durch. Natürlich kam auch das Kind der Frau bald in die Therapie, in eine Kindergruppe." (Weser Kurier, 10.12.89)

Beispiel 2:

Tagebuchauszüge einer jungen Frau (Prinz, 2/1990)

"18.12.80: Sich gegen W. durchzusetzen, das wäre etwas. Ich will mich nicht mehr gängeln lassen.

22.1.81: Ich weiß nicht mehr, wer ich bin, was alles soll. Alles schwimmt.

17.3.81: Die W.-Sache ist schon ein Abenteuer! Ein Auswandern! Erstmal hat man dann nichts. Ich habe alles aufgegeben.

21.6.81: Es kommt mir so vor, als ob W. sein eigenes System schafft. W. ist so groß, es ist schwierig, sich von ihm zu lösen. Er macht mir überhaupt keinen Mut mehr. Es kann sein, daß W. recht hat, und es kann sein, daß W. unrecht hat.

25.6.81: Er tut so, als wären wir alle mit Dummheit geschlagen. Nur er hat den Duchblick - und das ist bestimmt nicht der Fall. Er denkt, er sei Herr über Leben und Tod. Ich fühle mich krank.

18.9.81: Ich gehe gern zu W. Da ist Sinn.

28.9.81: Er zwängt alles in sein System, und dadurch sind wir nicht frei. Er macht sich zum Herrn. Er will das ganze System perfekt, lückenlos. Er ist wahnsinnig. Ich hatte immer Lust zum Denken, er hat mir die Freude daran ausgetrieben.

10.10.81: Bei W. höre ich manchmal etwas heraus, was den anderen Menschen total vernichtet.

17.8.82: Das wäre großartig, sich mal gut zu fühlen; dafür sind 7 Jahre nicht zulang und ein paar tausend Mark nicht zuviel.

1.2.83: Er zerstört mich und ich lasse es zu ... W. übt Macht aus." (Prinz, 2/1990)

7. Merkmal: Umgang mit Kritikern

Im Gegensatz zu anderen Psychokulten geht Siebel mit den gesammelten Daten seiner Klienten etwas vorsichtiger um. Er gibt Informationen in öffentlichen Inteviews nicht bekannt.

Auf der anderen Seite pflegt er einen aggressiven Umgangsstil mit Kritikern innerhalb und außerhalb seiner Organisation. Es existiert nur ein dafür oder dagegen, Freund oder Feind. Nach diesem Prinzip werden auch die Angehörigen seiner Klienten beurteilt und vor die Frage gestellt, inwieweit sie sich in sein Konzept einpassen wollen oder nicht.Siebel versucht, das ganze Umfeld der Betroffenen in seine Therapie hineinzuziehen. *"Dadurch entsteht ein Wissens-Geflecht, dessen Auswirkungen an Denunziantentum erinnern. Ich kann nicht mehr entscheiden, was ich erzähle und was nicht. Walter Siebel weiß alles von mir." (WK, 10.12.89)*

Dieses Wissen gibt dem Psychopraktiker die Möglichkeit, die Angehörigen der Klienten zu diskreditieren und auf diese Weise tiefgreifende familiäre Konflikte zu produzieren. Die häuslichen Verhältnisse von Ehepartnern, von Kindern und Eltern werden durch den bei ihm gelernten "Umgangs"-Stil unerträglich gemacht. *"Schließlich ist man emotional und intellektuell völlig drin in Siebels System. Zuhause herrrscht eine tötliche Atmossphäre, bei Siebel der ungeheure Machtanspruch. Manche Klienten sind daran zerbrochen." (WK, 10.12.89)*

Außenstehenden Kritikern, öffentlichen Infragestellungen durch die Presse begegnet Siebel wie alle Kultführer, indem er sich selbst immunisiert und die vermeintlichen Gegner als Lügner oder Ignoranten darstellt: *"Ich kenne keinerlei solche Fälle aus meiner Beratungstätigkeit, die ja das Gegenüber der Angriffe ist. ...Eine Lüge ist offenbar weniger peinlich als die Wahrheit." (VAZ.24.10.92)*

Der Psychokult um W.A. Siebel ist ähnlich wie der VPM und vergleichbare Organisationen ein in sich geschlossenes und nach außen abgedichtetes System, öffentlichkeitsscheu und aggressiv gegenüber jeglicher kritischen Meinungsäußerung, doktrinär und unduldsam gegenüber den eigenen Klienten.

Literaturhinweise

Selbstdarstellungen:
Siebel, Walter Alfred: *"Umgang"*, Bremen 1988
Siebel, Walter Alfred / Winkler, Thomas: *"Noosomatik Bd.I"*, Langwedel 1990

Siebel, Walter Alfred / Winkler, Thomas: *"Noosomatik Bd.VI,2"*,
Bremen 1989

Kritische Darstellungen:
Hemminger, Hansjörg: *"Stellungnahme zu Theorie und Praxis der
Logosophie / Psychopraxie / Noosomatik / Aufdeckende Meditation (Lehr-
und Methodengebäude von Walter Alfred Siebel, 2725 Bothel)"*, Stuttgart
11.1.1990
Artikel aus den Zeitungen: "Weser Kurier", "Achimer Kreiszeitung",
"Verdener Aller Zeitung" (VAZ), Wochenmagazin "Prinz", in der
Zeit von 1980 - 1992

C. DER NEUE OKKULTISMUS
"Wenn die Geister dich hinüberziehen"

Einführung

Schwarz gekleidete, junge Leute mit gefärbten Haaren, weißen, z.T. künstlich aufgelegtem blassem Teint, Silbersymbole durch Nase, Ohren, Münder ziehend und zahlreiche Ringe an den Händen tragend, durchstreifen Städte und Schulen. Man schaut mit nicht geringer Skepsis und wohligem Schauer auf diese Nachtgestalten. Sie lieben die Dunkelheit, hören Heavy Metal in ihren dröhnenden Walkmen, lesen magische Bücher, die es zuhauf mittlerweile in jeder seriösen Buchhandlung gibt. Kurz, die Hinwendung zu okkult-esoterischen Bräuchen scheint im vollen Gange. Neuere Untersuchungen haben ergeben, daß eine relevante Zahl von Jugendlichen sporadischen und zum Teil auch regelmäßigen Umgang mit okkulten Praktiken pflegen *(vgl. Hartmut Zinser, "Okkultismus in Ost und West", München 1993)*. Gleichzeitig schreibt aber der Autor auch: *"Wenn man die Ergebnisse der Befragungen der erwachsenen Schüler und Studierenden auf die Gesamtbevölkerung verallgemeinern dürfte, so müßte festgestellt werden, daß okkulte Praktiken unter Erwachsenen verbreiteter sind als unter Schülern."* *(ders. "Moderner Okkultismus als kulturelles Phänomen unter Schülern und Erwachsenen", Bonn 1993)*. Eigene Befragungen unter ca. 350 Konfirmanden haben in den letzten Jahren ähnliche Ergebnisse gezeitigt. Hinzu kommt die Tatsache, daß sich die Medien, allen voran die sog. Regenbogenpresse, zunehmend diesem Bereich zuwenden und wie auch in anderen Fällen sensationsfördernde Berichte zu verbreiten suchen. Dabei ist die präzise Umschreibung, was sich hinter dem modernen Okkultismus verbirgt, ebenso schwierig, wie die Einzelberichte häufig spekulativ und mangelhaft recherchiert sind. Der Theologe H. J. Ruppert bietet folgende Definition an: *"Der Begriff Okkultismus...faßt weltanschauliche Richtungen und Praktiken zusammen, die beanspruchen, das Wissen und den Umgang mit den unsichtbaren, geheimnisvollen Seiten der Natur und des menschlichen Geistes besonders zu pflegen. Er bezieht sich einerseits auf bestimmte okkulte Praktiken wie Magie, Pendeln, Wahrsagen oder die Vielzahl spiritistischer Praktiken der Geister- und Totenbefragung mit Hilfe des wandernden Gläschens, klopfender Tische oder anderer Indikatoren. Andererseits ist aber auch das sog. Geheimwissen gemeint, wie es von okkulten Weltanschauungsgemeinschaften...in sog. Geheimwissenschaften systematisiert wird, die den Horizont der herkömmlichen Natur- und Menschenerkenntnis in okkulte Bereiche hinein erweitern. Da diese Bereiche in ihrer Realität umstritten und nicht allgemein einsehbar sind, ist der Okkultismus seit jeher ein Tummelplatz von Täuschung und Verführung." (Hans-Jürgen Ruppert, "Okkultismus", Wiesbaden 1990, S.11)*

Die eigentümliche Mischung aus "Neugier" auf unbegriffene Mächte, "Interesse am Außergewöhnlichen", exotischer "Unterhaltung" sowie der Hoffnung auf "Orientierungs- und Entscheidungshilfe" in persönlichen Schicksalsfragen gibt das Motivationsgeflecht der am Okkulten interessierten Jugendlichen und Erwachsenen an. *(vgl. Allensbacher Berichte, 1990)*. Im Kontext der "Dialektik der Aufklärung" - Schlagwort der Frankfurter Schule in den 60er und 70er Jahren - wird die wissenschaftlich begriffene und erklärte Welt immer komplizierter und und für den einzelnen undurchschaubarer. Begriffliche Vereinzelung führt in die universale Verwirrung. Die Menschen wissen, daß alles schwieriger geworden ist, sie fühlen sich gerade deshalb von der Wissenschaft verlassen und versuchen auf anderen Wegen, den Sinn und die Zusammenhänge zu entdecken. In dem Maße, in dem der Begriff einer allgemeinen, durchschaubaren und universalen Wahrheit obsolet wird, wird die Suche nach ihr auf anderen Feldern um so emsiger ausgetragen. Auf der Landkarte finden sich viele weiße Felder des Natur- und Seelenlebens. So schreibt der Parapsychologe J. Mischo: *"Unter Okkultismus wird hier die praktische und theoretische Beschäftigung mit den geheimen, verborgenen, von der Wissenschaft noch nicht allgemein anerkannten Erscheinungen des Natur- und Seelenlebens verstanden, die die gewohnten Gesetzmäßigkeiten zu durchbrechen scheinen und vielfach als übernatürlich angesehen werden." (Johannes Mischo: "Okkultpraktiken Jugendlicher",* in *Materialdienst der EZW, Sonderdruck Nr.17, 1988,S.7)*.

Gerade die seltsame Verschränkung von durchaus rational nachvollziehbarer Erfahrung und spekulativer Durchdringung ihrer Grenzen macht die Ambivalenz des Okkulten aus und die kritische Beschäftigung mit ihm außerordentlich schwer. Der vordergründig einleuchtende Angriff auf den Okkultismus, hier handele es sich um die Spinnerei aberrierter Persönlichkeiten, wird den Erscheinungsformen, wie wir sehen werden, nur in seinen Extremformen gerecht. Viele, gerade professionelle Okkultisten verstehen, auf geschickte Weise gewisse Naturerkenntnisse und ihre Praktiken so miteinander zu verbinden, daß eine eigentümliche okkulte Plausibilität entsteht. Wer sich mit den Phänomenen des modernen Okkultismus beschäftigt, kommt an diesen Begründungszusammenhängen nicht vorbei.

Wir wollen daher diese Plausibilität anhand der phänomenologischen Struktur einer Séance etwas deutlicher werden lassen. Im folgenden sollen einige Zentralbegriffe des Okkultismus und des Spiritismus kurz erklärt werden. Daran schließen sich einige prototypische Erfahrungsberichte von Bremer Jugendlichen, die über ihren vereinzelten, häufigen oder regelmäßigen Umgang mit Okkultpraktiken berichten. Daraufhin wird anhand des Beispiels einer professionellen Séance die phänomenologische Struktur der okkulten Erfahrung beleuchtet, um dann zum Schluß auf die Frage nach möglichen Gefahren und Schwierigkeiten hinzuweisen.

Okkult-esoterisches Glossar

Wir behandeln im folgenden eine Auswahl exemplarischer Begriffe und Namen, die in der okkult-esoterischen Szene eine zentrale Rolle spielen (vergleiche auch das Glossar der Psychokulte).

AKASHA-CHRONIK: Nach anthroposophischer Lehre gibt es im Jenseits eine geheime Chronik, in der das gesamte Weltenschicksal und der Weg jedes Individuums vorherbestimmt ist. Jedem Menschen ist in dieser Chronik ein geistiger Führer bestimmt. Rudolf Steiner berichtet davon, in der Akasha-Chronik gelesen zu haben.

AMULETT: Ein kleiner Gegenstand, ein Symbol, das schädliche Geister vertreiben soll. Es ist ein Schutzzeichen, das in Naturreligionen auch von Zauberern, Schamanen und Medizinmännern vergeben wird.

ANIMISMUS: Außersinnliche Phänomene werden durch unbewußtes psychische Kräfte erklärt (lat. anima = Seele).

AROMATHERAPIE: Aus Pflanzenextrakten gewonnene Aromen sollen die Aura oder bestimmte Wesenseigenschaften von Menschen positiv beeinflussen.

ASTRALLEIB: (lat.) von den Sternen herkommend. Nach Auffassung des Spiritismus hat jedes Lebewesen einen materiellen Leib und einen Astralleib, d.h. einen unsichtbaren, unirdischen, inneren Leib, der sich von dem Körper der Lebewesen trennen kann. In einer Art Seelenreise wirkt dieser Astralleib weiter. In den Träumen und unbewußten psychischen Vorgängen erkennt der Spiritist die Spuren der Wirkungsweise des Astralleibs.

ASTRALREISEN: Der Astralleib kann nach okkulter Lehre durch Hypnose, Trance usw. auf die Reise in die Vergangenheit, Zukunft oder in das Jenseits geschickt werden.

ASTRO-PSYCHOLOGIE: Mit Hilfe der Deutung von Sternzeichen sollen bestimmte Seelentypen (Archetypen) bestimmt werden.

ASTROLOGIE: (lat.) Auf die Sumerer zurückgehende Lehre, die aus der Stellung der Gestirne bei der Geburt oder bei aktuellen Ereignissen auf Charakter und Lebensschicksale der Menschen schließt. Die Behauptung der astrologischen Lehrer geht dahin, daß Planeten und Sterne physikalische Kräfte auf unseren Planeten ausstrahlen (wie z.B. an Mond und Sonne unmittelbar zu erkennen), die auch psychische Wirkungen beinhalten können. So sieht die Astrologie sich gewissermaßen als Erfahrungswissen, das durch jahrtausendelange Überlieferungen von Vergleichen der Sternenkonstellationen mit geschichtlichen Ereignissen, diese gewissermaßen in die Gegenwart und die Zukunft extrapoliert. Seriöse Astrologen verweisen immer wieder auf Bedingtheit ihrer Erkenntnisse und halten aus diesem Grund individuelle Vorhersagen für problematisch.

ASW: Außersinnliche Wahrnehmung, im Englischen: ESP (Extra Sensory Perception)

AURA: (griech.) Schein, Hauch. Jedes Lebewesen hat nach der Lehre des Spiritismus eine Aura, eine unsichtbare Sphäre, die aber durchaus mit Hilfe bestimmter Medien erkennbar gemacht werden kann.

AUTOMATISCHES SCHREIBEN: Eine medial veranlagte Person erhält Botschaften aus der jenseitigen Welt, die spontane Schriftzüge erzeugen, die wiederum einen bestimmten Sinn ergeben. Ganze Bücher werden auf diese Weise aus dem Jenseits diktiert (Shirley Mc Laine: "Zwischenleben").

AUTOSKOPIE: Ehemals klinisch tote Menschen berichten, sie hätten sich in diesem Zustand außerhalb ihrer körperlichen Hülle selbst gesehen.

BACKWARD MASKING: Die Methode, auf der Tonbandaufzeichnung eines Pop-Titels auf einer Spur rückwärts okkulte oder satanische Botschaften aufzuzeichnen. Die Beatles, die Stones und andere Gruppen haben nach diesem Prinzip Botschaften auf einige ihrer Titel gepreßt. Man kann sie erkennen, wenn man durch Umlegen des Keilriemens auf alten Plattenspielern die Platte rückwärts abspielt. (Beispiel: Der Titel "Revolution" enthält die Botschaft: "Turn me on - dead man!" Dead man ist das Synonym für "Satan").

BILOKATION: Die angebliche Fähigkeit von Menschen, an zwei Orten gleichzeitig zu sein.

BLACK METAL: Musik der siebziger Jahre im Rock-Stil, die okkulte Botschaften enthält.

BRAIN-MACHINE: Ein Gerät aus den USA in Brillenform, das durch kurz aufeinander folgende Lichtimpulse eine Art Bewußtseinserweiterung erzeugen soll.

CHAKRA: Nach indischer Lehre gibt es sieben Körperzentren, die durch Meditation aktiviert werden können. Jedes Chakra hat eine andere Eigenschaft.

CHANNELING: Die Auffassung, daß eine Person Medium für eine nicht anwesende andere Person oder deren Geist sein kann, so daß ihre Stimme und ihre Worte durch letztere gelenkt werden. Medial veranlagte Personen behaupten von sich, sie seien Kanal (channel) eines höheren Geistwesens, das durch sie sprechen würde. Dieser Brauch geht auf das antike Sehertum zurück.

CROWLEY: Aleister Crowley (1875-1947) gilt als Gründer der Satanismus-Bewegung. Er faßte die Grundgesetze des Satanismus zusammen: "Es gibt keinen Gott außer dem Menschen. Der Mensch hat das Recht, nach seinem eigenen Gesetz zu leben, wie er will, zu arbeiten, wie er will, zu lieben, wie er will. ... Dieses Gesetz ist das Gesetz des Starken, Erleuchteten. Wir haben nichts gemein mit den Ausgestoßenen und den Unfähigen; laß sie sterben in ihrem Elend...tritt nieder die Elenden und Schwachen. ... Glaube, o König, nicht der Lüge, daß du sterben mußt; in Wahrheit sollst du nicht sterben, sondern leben." Sein Grundgesetz ist die Aufforderung an seine Anhänger: "Tue, was du willst, soll sein das ganze Gesetz!"

DEATHROCK: siehe HEAVY METAL.

ECKANKAR: esoterisch-okkulte Vereinigung, die sich selbst als die Religion von Licht und Ton Gottes beschreibt. Diese Verbindung von Gott und Mensch wird ECK genannt. Der jetzige Führer von Eckankar nennt sich SRI HAROLD KLEMP. Die Organisation hat ihren Sitz in vielen Städten der Bundesrepublik.

EDELSTEINTHERAPIE: Edelsteinen wird eine geistige Kraft zugeschrieben, die positive Kräfte auf denjenigen, der sie trägt, ausüben und darüber hinaus negative Strahlungen abhalten kann.

ERDSTRAHLEN: Nach einer bestimmten okkult-esoterischen Auffassung gibt es negative Erdstrahlungen, die kosmische Strahlungen reflektieren (Wasseradern, Metalle, Radiostrahlen usw.). Mit bestimmten Geräten, die teuer verkauft werden, meint man die Wirkung dieser Strahlungen abzulenken.

EXORZISMUS: In vielen Religionen gibt es den Brauch der Dämonenaustreibung. Auch im Neuen Testament wird darüber berichtet, daß Jesus Dämonen austreiben konnte. In den Großkirchen werden solche Praktiken kritisch betrachtet.

FERNHEILUNG: Fernheiler wollen durch Sprüche und Beschwörungen Krankheiten heilen.

FISCHEZEITALTER: Nach astrologischer Lehre ist es der Zeitpunkt im Weltenjahr, an dem der Frühlingspunkt durch das Sternzeichen der Fische hindurchzieht. Das Fischezeitalter dauerte nach dieser Lehre 2000 Jahre und wird nun durch das Wassermannzeitalter abgelöst. Das Fischezeitalter sei durch seinen polaren Charakter an den derzeitigen Krisen schuld.

GEDANKENÜBERTRAGUNG: Die Übertragung von Gedanken und Empfindungen über größere Entfernungen hin (TELEPATHIE).

GEHEIMLEHREN: Geheime Lehren von esoterischen Geheimbünden. Beispielsweise hatten die Bauhütten im Mittelalter ihre architektonischen Rezepte als Geheimlehren tradiert. An diese Tradition knüpfen die Freimaurer-Logen an.

GEISTERCHIRURGIE: Bestimmte Geistheiler nehmen Eingriffe in den Körper von Menschen vor, ohne ihn zu verletzen. Diese Geistchirurgen glauben, sie würden bei diesen Operationen aus dem Jenseits angeleitet werden.

GLÄSERRÜCKEN: Die Teilnehmer sitzen um einen meist runden Tisch. Sie legen den Finger vorsichtig auf das in der Mitte des Tisches stehende Glas. Am Rand sind die Buchstaben A - Z ausgelegt oder eingraviert, die Zahlen 1 - 0 und die beiden Worte "Ja" und "Nein". Wenn keiner das Glas manipuliert, was sich im übrigen relativ leicht erkennen läßt, wird wiederum durch die spontane Motorik das Glas nach einer Weile in Bewegung gesetzt, nachdem vorher dem im Glas angeblich anwesenden Geist bestimmte Fragen gestellt wurden. Die Teilnehmer haben das Gefühl, das Glas würde sich von allein bewegen. Die entstandenen Buchstaben- bzw. Zahlenreihen werden häufig von einem Propheten (einem Deuter) als jenseitige Botschaften erkannt und gedeutet.

GRAL: Der Gral soll ein Behälter sein, in dem Joseph von Arimathäa das Blut des Gekreuzigten aufgefangen haben soll. Die Gralssage wurde später mit mythischen Elementen aus dem Germanischen vermischt (Parzival und Lohengrin).

GRÖNING: Bruno Gröning (1906-1959) gilt seinen Anhängern als Geistheiler, der seine heilenden Kräfte auf gewisse Nachfolger übertragen haben soll. Das Organ seiner Anhänger wird im Grete-Häusler-Verlag vertrieben. Grete Häusler ist die Leiterin des Bruno-Gröning-Freundeskreises.

HANDLESEN: Praktiken und Lehren, die die Handlinien eines Menschen in bezug auf sein Schicksal deuten.

HARDROCK: Unter Jugendlichen verbreitete Musik, enthält z.T. Botschaften an Satan.

HEAVY METAL: Der unter Jugendlichen verbreitete Sound wurde von der Gruppe "BLACK SABBATH" ins Leben gerufen. Auch Gruppen wie "KISS" (Ritter im Dienste Satans), IRON MAIDEN, AC/DC, MERCYFUL FATE, VENUM, S.A.D.O. oder SLAYERS (Totschläger) machen besonders durch brutale und blutige Texte in der Jugendszene auf sich aufmerksam. Ursprünglich gab es in der Musikszene den Brauch, auf eine getrennte

Tonspur des Aufnahmebandes eine umgekehrte Satansbotschaft zu verbreiten, das sog. backword-masking-system.

HEXEN: So werden in manchen Religionen Frauen bezeichnet, die über magische Kräfte verfügen. Sie können zaubern, böse oder gute Geister bannen, aber auch auf der Basis erfahrungsmedizinischen Wissens Heilsalben und Heilkräuter herstellen. Im Mittelalter wurden sie als Teufelsanhängerinnen verfolgt und häufig gefoltert und öffentlich verbrannt. In der Neuzeit bekommt die Hexe wieder eine esoterische Bedeutung. Es gibt sog. Hexenzirkel (Wica-Kult). In der Frauenbewegung spielt die Hexe eine wichtige Rolle.

HOROSKOP: Die Astrologie stellt aufgrund von Berechnungen aus Sternbildern ein Schicksalskonzept für Individuen her und sagt in diesen Horoskopen auch die Zukunft voraus.

HYPERVENTILATION: Ein medizinischer Begriff, der in der okkult-esoterischen Szene eine besondere Bedeutung erlangt. Wer durch schnelles und tiefes Atmen eine übergroße Sauerstoffzufuhr im Körper erzeugt, kann sich auf diese Weise in den Zustand der Trance oder der religiösen Ekstase begeben. In der transpersonalen Psychologie des Stanislav Grov wird die Hyperventilation zum Beispiel therapeutisch genutzt.

HYPNOSE: (griech.: hypnos = Schlaf) Eine suggestive Technik, einen Menschen in einen schlafähnlichen Zustand zu versetzen. Wird häufig angewendet, um Menschen für okkulte Praktiken zu öffnen.

I-GING: Eine Orakeltechnik, die aus China stammt. Mit kleinen Holzstückchen werden Hexagramme ausgewürfelt. In einem chinesischen Orakelbuch können dann die gewürfelten Konstellationen in bezug auf die Zukunft oder Vergangenheit eines Individuums gedeutet werden.

INKARNATION: Die Fleischwerdung des Geistes oder der Seele. Die Inkarnationslehre hat das dualistische Prinzip von Geist und Körper zur Grundlage (z.B. Beginn des Johannesevangeliums).

JOHANNISCHE LOGE: Spiritistische Vereinigung, die auf die Offenbarungen des Geistheilers Joseph Weißenberg (1855-1941) zurückgeht. Sie betrachtet sich selbst als eine christliche Vereinigung, die auch Formen der Geistheilung betreibt.

KARMA: siehe oben. (S. 91 und S. 107)

KARTENLEGEN: Meistens werden sog. Tarot-Karten benutzt. Die Karten werden gemischt, während die Teilnehmer über ihre Fragen an die Karten meditieren. Die Karten werden meistens verdeckt gezogen. Die besondere Symbolik und ihre Anwendung auf persönliche Schicksale finden sich in entsprechenden Anleitungen.

KIRLIANPHOTOGRAPHIE: bezeichnet Fotografie, die die Hochfrequenzstrahlung eines Körpers auf einer fotografischen Platte festhält und diese Aufnahme dann als "Aura" eines Menschen oder eines Gegenstandes deutet, die wiederum Aufschlüsse über den Seelen- bzw. Gesundheitszustand des Menschen erlauben sollen.

KOSMISCHE STRAHLUNGEN: Nach der Lehre der Radiästhesie sind es Strahlungen, die aus dem Weltraum auf die Erde wirken.

KOSMISCHES WELTENJAHR: Die Astrologie teilt die Zeit anders ein. Sie geht dabei vom sogenannten "Frühlingspunkt" aus. Dieser ist der Schnittpunkt einer gedachten Linie vom Himmelsäquator aus mit der Sonnenekliptik, der die einzelnen von der Astrologie projizierten Sternbilder durchwandert. Ein Weltenmonat dauert etwa 2000 irdische Jahre, bevor der Frühlingspunkt dann in ein anderes Sternbild überwechselt. Nach astrologischer Lehre beeinflußt ein Weltenmonat das Schicksal einer ganzen Epoche und Kultur.

KRISTALLKUGEL: Mit Hilfe einer solchen Kugel versetzt sich ein Medium in einen tranceähnlichen Zustand, um Botschaften aus dem Jenseits zu empfangen.

MAGIE: (griech.) lehrt die Anwesenheit von geistigen Kräften in bestimmten Gegenständen, die durch geheime Zauberpraktiken bzw. Zauberformeln verfügbar gemacht werden können. Der magische Zauber kann bannenden, fluchenden und glücksbringenden Erfolg bringen.

MANDALA: Ein mystisches Diagramm, das nach indischer Lehre ein Abbild des Kosmos darstellen soll und in der Meditation die Einheit des atman mit dem göttlichen All-einen, dem brahman, ermöglichen soll. In der Esoterik werden die Mandalas als ein Zustand der Seele betrachtet.

MATERIALISATION: Wenn geistige Kräfte bestimmte gegenständliche Formen annehmen.

MEDIUM: (lat.) ist entweder ein Gegenstand oder eine Person, der oder die über vermittelnde Kräfte verfügt, den Kontakt mit der Geisterwelt herzustellen.

NEKROMANTIE: In der Nekromantie behaupten Seher, sie könnten Kontakt mit der Welt der Toten aufnehmen. Saul soll einen solchen Kontakt bei der Hexe in Endor aufgenommen haben (1.Sam.28,6ff).

OKKULT: (lat.) verborgen, geheim. Okkulte Lehren und Praktiken bezeichnen geheime Wahrheiten, die nur dem Eingeweihten, dem Auguren zugänglich sind. Sie offenbaren Wissen, das als Wissen dem allgemeinem Zugriff, der rationalen Deutung und Erklärung versperrt bleibt.

ORAKEL: Ein Spruch oder eine Aussage, die das Schicksal oder die Zukunft deutet. Die Orakel sind häufig mehrdeutig und für einen Allgemeinverstand nicht übersetzbar.

ORDO SATURNI (OS): Unter diesem Namen verbirgt sich eine Satansloge, die aus 150 Magiern besteht, die streng hierarchisch geordnet nur bestimmte Geheimnamen führen. In Deutschland, in Bersenbrück, hat sich der Verein unter dem Namen Ordo Saturni e.V. eingetragen.

ORDO TEMPLI ORIENTIS (OTO): In diesem Orden haben sich in Amerika Satanisten versammelt. Sie leben streng nach den Ritualen und Regeln von A. Crowley. Er soll selbst zeitweilig das Oberhaupt dieser Vereinigung gewesen sein. Auch L.Ron Hubbard war Mitglied in diesem Orden. In Deutschland gibt es nur eine geistige Anhängerschaft.

ORNITHOMANTIE: Weissagungen aus dem Vogelflug oder aus Vogelstimmen.

PARAPSYCHOLOGIE: Akademische Wissenschaft, die außersinnliche und übernatürliche Phänomene aufzeichnet und mit Hilfe des Experiments deren Wiederholbarkeit überprüft.

PENDELN: Beim Pendeln wird eine Schnur mit einem Ring oder etwas ähnlichem um den Finger gelegt, dieser, auf den Arm gestützt, möglichst ruhig gehalten. Durch die spontane Motorik beginnt die Schnur mit dem Pendel sich irgendwann einmal zu bewegen. Der Ausschlag nach links oder mehr nach rechts oder das Kreisen des Pendels wird unterschiedlich gedeutet. Zuweilen wird das Pendel auch über Buchstaben gehalten.

PLANCHET: Eine Art okkultes Schreibtischchen, auf dem Buchstaben eingelassen sind, die durch einen mit einem Zeiger ausgestatteten Gegenstand nacheinander gelesen werden und auf diese Weise geheime Botschaften übermitteln.

PSI: Letzter Buchstabe im griechischen Alphabet, dient als Chiffre für unerklärte, scheinbar übernatürliche Phänomene.

PSYCHOKINESE: Mit Hilfe seelischer Kräfte soll angeblich Materie verändert werden.

RADIÄSTHESIE: (lat.) Die Wahrnehmung von Erdstrahlen durch Wünschelruten oder ähnliche Gegenstände.

REBIRTHING: Eine esoterische Therapie, die durch suggestive Methoden versucht, das Geburtserlebnis zu reaktivieren.

REIKI: Aus Japan kommt diese Glaubensvorstellung, die buddhistische und schintoistische Elemente enthält. Nach der Legende des Reiki hat der Japaner Dr. Mikao Usui die christliche Lehre erlernt und die Heilungswunder Jesu neu erklärt. Durch Meditation wurde er zum Heiler erleuchtet. Seine Heilungsgabe hat er an seine Schüler durch Einweihung weitergegeben. Die Einweihung vollzieht sich auf verschiedenen Stufen.

REINKARNATION: Wiedereinkörperung des Geistes oder der Seele in einen neuen Körper.

RUNEN: Germanische Zeichen und Symbole, mit denen man würfeln kann, um auf diese Weise das eigene Schicksal zu deuten.

SATAN: (hebr.) Feind, Widersacher, Trenner der Seelen. In der Kirchengeschichte der große Gegner Gottes. Dieser Begriff wird von den Satanisten aufgenommen und positiv gewertet als ideale Gottgestalt, die durch magische Rituale gefeiert und angerufen wird.

SCHAMANISMUS: Der Schamane ist eine besonders ausgebildete Person, die in ekstatischen Zuständen Reisen in das Geisterreich unternehmen kann. Er übt seine Tätigkeit vor allem aus, um Geister zu beruhigen, zu bannen oder zu aktivieren.

SCHWARZE MESSEN: Hauptsächlich Jugendliche versammeln sich nach Auskunft eines Bremer Satanskreises unter Schülern um

Mitternacht auf dem Friedhof. Sie tragen schwarze Kleidung und umgekehrte christliche Symbole wie z.B. das Kreuz, das Pentagramm u.a. Es gibt konspirative Telefonketten, über die diese Messen organisiert werden. Einer wird in einem Losverfahren ausgesucht, ein Opfer mitzubringen. Bei Schwarzen Messen der unteren Grade ist dieses Opfer ein lebender Vogel, ein Meerschweinchen, eine Ratte, auf jeden Fall ein Kleintier. Dieses Tier wird nach bestimmten Sprüchen über einem frisch aufgeworfenen Grab erstochen und die Teilnehmer mit seinem Blut bestrichen. Diese Messen werden streng geheimgehalten. Im Laufe dieser Veranstaltungen werden auch die christlichen Symbole auf den Gräbern entweiht, Blumen zerstört oder Grabsteine umgeworfen, streng nach der Regel des alten Hexenmeisters A.Crowley: "Tue, was du willst, soll sein das ganze Gesetz!" In professionelleren Varianten solcher Messen werden auch pervertierte Formen der römischen Messe gefeiert, verbunden mit Opferungen und sexuell-magischen Praktiken.

SÉANCE: spiritische Sitzung, an der unterschiedliche spiritistische Praktiken angeboten werden wie z.B. Gläserrücken, Tischrücken u.a.m.

SECHSTES UND SIEBTES BUCH MOSE: Zwei Bücher, die im 17. Jahrhundert entstanden sind. In diesen Büchern sind Zaubersprüche, Wundermittel und Beschwörungen enthalten. Bereits die griechischen Zauberpapyri kannten ein 8. Buch Moses (Manuskript im Rijkmuseum in Leiden). Unter dem Titel "Zauberpraktiken" hat Christoph Daxelmüller (Regensburger Ordinarius für Volkskunde) 1993 eine Untersuchung solcher Zauberbräuche herausgegeben.

SETH: Der Geistführer, der durch den "Kanal" Jane Roberts (1929-1984) gesprochen und geschrieben hat. Die Aufzeichnungen haben in den USA für großes Aufsehen gesorgt. Überliefert sind die sog. "Seth-Materialien".

SPIRITISMUS: (lat.) der Glaube an eine jenseitige Geisterwelt. Nach der Lehre des Spiritismus, die es in Ansätzen schon im Mittelalter gab und die in ihrer heutigen Form im letzten Jahrhundert vorformuliert wurde durch Allen Kardec (1804-1869), besteht die Möglichkeit, mit den Geistern Verstorbener Kontakt aufzunehmen. Der Spiritismus geht von einer Entsprechung des Mikro- und Makrokosmos aus, spricht von einer "feinstofflichen" und einer "grobstofflichen" Welt. Die "feinstoffliche" Welt besteht aus Strahlen und Schwingungsfrequenzen. Je nach Stärke dieser Schwingungen, die durch bestimmte Medien erfaßt werden können, bestimmt sich die Nähe der reinen Geistwesen.

SUBLIMINAL-KASSETTEN: werden werbewirksam verkauft. Sie sollen das Unterbewußte beeinflussen und somit positive körperliche Wirkungen zeitigen wie z.B. Gewichtsabnahme.

TALISMAN: (arab. tilasm = Zauberbild). Ein kleiner Gegenstand, dem Zauberkräfte zugeschrieben werden. Er wird meistens direkt auf dem Körper getragen.

TANTRA: indisch. Gewebe, Lehre, System. Eine Form der Meditation, die unter gewissen Voraussetzungen auch sexuelle Praktiken mit einschließt.

TAROT: Kommt aus Frankreich und ist seit dem 14. Jh. überliefert. Es besteht aus einem Kartenspiel von 72 Karten, die in große Arkana (Hauptzeichen) und kleine Arkana (Nebenzeichen) unterschieden sind. Die Karten werden gemischt und ausgelegt. Die Deutung stammt zum Teil aus der jüdischen Kabbala (jüd. Zahlen- und Buchstabenmystik). Man kann anhand von Lehr- und Deutungsbüchern diese Karten in bezug auf das individuelle Schicksal deuten.

TELEKINESE: (griech.) Die Bewegung eines Gegenstandes ohne Berührung durch geistige oder psychische Kräfte.

TELEKINESE: Die Bewegung von Gegenständen mit Hilfe geistiger Kräfte auf Entfernung.

TELEPATHIE: (griech.) Hellsehen. Lehrt die Fähigkeit von Personen, über fernwirkende Seelenkräfte zu verfügen und auf diese Weise ohne Hilfe von üblichen Kommunikationsmitteln die Gedanken und Gefühle eines anderen zu erkennen. Telepathisch begabte Menschen sollen überdies über die Fähigkeit verfügen, frühere und noch folgende Ereignisse zu erkennen.

THELEMA-ORDEN: Dieser Satansorden wurde von Michael Dietmar Eschner gegründet. Er hat durch verschiedene Veröffentlichungen vor allem in Berlin und durch seine Darstellung im Fernsehen auf sich aufmerksam gemacht. Der Orden wurde später aufgelöst und hat im Landkreis Lüchow-Dannenberg ein "Netzwerk Thelema" gegründet.

TONBANDEINSPIELUNGEN: Hierbei werden unwillkürlich aufgenommene Geräusche aus dem Äther oder andere schwer wahrnehmbare Geräusche auf ein Tonband als Mitteilung aus der Geisterwelt gedeutet.

TOTENBUCH: Ein altägyptisches Buch, in dem Sprüche enthalten sind, die sich Gedanken über das Leben nach dem Tod machen. Es gibt auch ein tibetisches Totenbuch, in dem Sprüche enthalten sind, die man dem Toten ins Ohr flüstert, damit er aus seinem Zwischenzustand befreit wird.

TRANCE: Ein Zustand, der der Bewußtlosigkeit ähnelt. In diesem Zustand sind Menschen leicht beeinflußbar. Er wird häufig durch suggestive Techniken hergestellt.

UFO: Unbekanntes fliegendes Objekt. Seit den dreißiger Jahren gibt es immer wieder Berichte von Personen, die ein solches UFO, das aus dem Weltraum auf die Erde gelangt, erkannt haben wollen.

VOODOO-ZAUBER: Stammt aus Haiti und ist eine Art Geheimkult. Während ekstatischer Tänze sollen die Zauberer mit den Göttern in Kontakt treten können und übersinnliche Kräfte erhalten. Ähnliche Praktiken sind aus den afrikanischen Naturreligionen überliefert.

WASSERMANNZEITALTER: Astrologischer Begriff, der einen Weltenmonat beschreibt. Der Frühlingspunkt soll in dieser Zeit vom polaren Sternbild der Fische in den ganzheitlichen Bereich des Wassermann-Sternbildes gewechselt sein. Das Wassermannzeitalter soll daher das Zeitalter eines neuen ganzheitlichen Denkens sein.

WICCAKULT: Praktiken der Hexerei, die seit den dreißiger Jahren aus England überliefert sind. An der Spitze dieses religiösen Konzepts steht eine Frau. Die Konzentration auf die Frau ist anziehender Kristallisationskern in der Wiederbelebung dieses Kults.

WIERGOWSKI: Dieter Wiergowski ist ein parapsychologisch-esoterischer Initiator der Zeitung "Die andere Realität". Er betreibt sein Geschäft mit esoterisch-okkulten Praktiken.

WÜNSCHELRUTE: Eine Art Drahtgabel, mit deren Hilfe Wünschelrutengänger Strahlungen, Rohstoffe und Wasser durch Ausschlagen der Rute feststellen wollen.

XENOGLOSSIE: Menschen, die in einer Art Trance ihnen fremde Sprachen sprechen können.

ZAHLENMYSTIK: Die Zahl hat schon seit der frühen Antike immer auch symbolische Bedeutung. In den Zahlen läßt sich nach dieser Lehre die göttliche und die weltliche Ordnung beschreiben. Die Zahl Vier wird zum Beispiel als die Zahl der Welt gedeutet (vier Jahreszeiten, vier Himmelsrichtungen usw.), während die Zahl Drei als die Zahl der göttlichen Welt gesehen wird (Dreieinigkeit, Dreieck für Gott usw.). So wird dann die Zahl Sieben als die Vollkommenheit des Kosmos gewertet.

Beispiele okkulter Praktiken
(Erfahrungsberichte von Schülern)

Beispiel Todesschlaf (Kerstin, 15 Jahre)

"Also es war abends ,und es war schon ziemlich spät im Schullandheim. Und ein Junge hat sich in die Mitte gelegt. Darum saßen einige von uns, und ich saß am Kopfende des Liegenden. Jeder von uns hat zwei Finger unter den Körper gelegt, und ich habe zwei Finger unter den Kopf gelegt. Und dann habe ich so eine Geschichte erzählt. Das ging folgendermaßen. (das Mädchen erzählt flüsternd im suggestiven Ton weiter): *Du wirst einen Taucherkursus mitmachen. Du und dein Freund wollt euch anmelden und kommt zu einer Hütte. In dieser Hütte sitzt ein alter Mann. Du hast Angst vor ihm, doch dein Freund geht hinein. Er sagt, daß ihr beiden mitmachen wollt. Ihr werdet aufgenommen und sollt nächste Woche wiederkommen. In der Zwischenzeit bis zu dem nächsten Tag, wo ihr da sein sollt, kauft ihr euch die Ausrüstung. Ihr trefft euch an dem Tag dort mit eurer Ausrüstung. Ihr steigt ins Wasser. Ihr seid jetzt im Wasser. Ihr spürt die Wellen, alles ist naß um euch herum. Mit einem Mal verlierst du die anderen, denn du siehst etwas Glitzerndes auf dem Boden. Du schwimmst darauf zu, doch es war nur ein Stein. Du drehst dich um. Doch die anderen sind längst weg. Du gerätst in Panik und willst den anderen nachschwimmen, doch du verhakst dich irgendwo. Dein Tauchgerät fällt ab. Du bekommst mit einem Mal keine Luft mehr. Du*

spürst einen stechenden Schmerz. Die Luft wird dir abgeschnitten. Du kannst nicht mehr. Du bist tot.

Das letzte Wort von jedem Satz haben wir alle, jeder einzeln, flüsternd wiederholt. Zum Beispiel: Du spürst einen stechenden Schmerz. Und Schmerz hat dann jeder einzeln leise wiederholt. Aber der Nachfolgende hat es immer leiser gesagt als der, der es vorher gesprochen hat. Wir hatten vorher versucht, den Körper des Jungen mit den zwei Fingern hochzuheben. Das ging irgendwie nicht. Aber danach, nach der Geschichte, ging es mit einemmal ganz leicht, denn seine Seele war ja für einige Zeit verschwunden. Der Junge, der in der Mitte lag, hat dann erzählt, er habe sich gefühlt wie in einem Film. Er habe das richtig so gefühlt, als sei er für eine Zeit tot gewesen. Wir haben alle furchtbare Angst gehabt vorher und hinterher noch mehr. Dann haben wir gar nicht mehr schlafen können. Für mehrere Nächte."

Todesschlaf - Originalaufnahme einer solchen okkulten Veranstaltung.

Jungen und Mädchen haben sich im Kreis um Edgar, der am Boden liegt, gesetzt. Kerstin leitet diese Sitzung. Sie versuchen, Edgar mit jeweils zwei Fingern hochzuheben. Es gelingt ihnen scheinbar nicht. Nach längerer Stille fängt Kerstin an, im Flüsterton zu erzählen:
"Deine Eltern ziehen um!"
Die anderen wiederholen, immer leiser werdend: *"Um, um, um, um...."*
"Du kommst auf eine neue Schule!"
Die anderen: *"Schule, Schule, Schule...."*
"Am ersten Tage kommst du in deinen Klassenraum!"
Die anderen: *"Klassenraum, Klassenraum, Klassenraum..."*
"Du hast etwas Angst, denn es sind viele neue Gesichter in dieser Schule."
Die anderen: *"Schule, Schule, Schule,......"*
"Gleich am ersten Abend verabredest du dich mit einem, den du dort kennengelernt hast."
Die anderen: *"kennengelernt hast, kennengelertn hast, kennengelernt hast....."*
"Dieser Junge erzählt dir etwas von einer Clique, in die du hineinkommen kannst, von einer Clique für dich."
Die anderen: *"Clique für dich, Clique für dich, Clique für dich....."*

"Doch zuerst mußt du eine Mutprobe bestehen!"

Die anderen: *"Mutprobe bestehen, Mutprobe bestehen, Mutprobe bestehen....."*

"Er sagt dir: Geh auf das Hochhausdach!"

Die anderen: *"Hochhausdach, Hochhausdach, Hochhausdach....."*

"Ihr geht nun hinauf auf das Hochhaus!"

Die anderen: *"Hochhaus, Hochhaus, Hochhaus...."*

"Du stehst oben und siehst, daß von einem Hochhaus zum anderen ein Seil gespannt ist."

Die anderen: *"ein Seil gespannt ist, ein Seil gespannt ist, ein Seil gespannt ist...."*

"Du mußt hinüber, und nun gehst du auf das Seil."

Die anderen: *"Seil, Seil, Seil...."*

"Da es bedrohlich wird, versuchst du dich an dem Seil hinüberzuhangeln."

Die anderen: *"Hangeln, hangeln, hangeln...."*

"Du spürst, wie das Seil an deinen Händen reißt."

Die anderen: *"reißt, reißt, reißt....."*

"Du findest keinen Halt mehr, du mußt loslassen, damit er dir leichter wird, und du fällst."

Die anderen: *"Du fällst, du fällst, du fällst....."*

"Du hast panische Angst!"

Die anderen: *"Angst, Angst, Angst....."*

"Plötzlich spürst du einen stechenden Schmerz!"

Die anderen: *"Schmerz, Schmerz, Schmerz....."*

"Du bist tot!"

Die anderen: *"Tot, tot, tot...."*

Alle heben den Körper von Edgar hoch, sie sind dabei sehr ernst. Sie haben den Eindruck, wie sie später bestätigen, daß Edgar leichter geworden ist.

Gläserrücken (Katharina, 14 Jahre)

"Es war abends. Und ich war mit einer Freundin und mit der Mutter der Freundin in einem dunklen Zimmer. Wir wollten Gläserrücken machen. Dazu brauchten wir ein Glas, so Papierschnitzel, wo drauf steht die Zahlen Eins bis Zehn und das Alphabet und die Worte Nein und Ja. Und das muß man in einen Kreis legen und dazu das Glas in die Mitte. Und

es muß total dunkel sein, und eine Kerze muß brennen. Aber nur eine Kerze, kein totes Licht. Alle legen ganz sanft ihren Finger auf das Glas. Man dreht aber das Glas um, damit der Geist im Glas bleibt. Und wenn man den Finger auf dem Glas hat, muß man total konzentriert sein und darf nicht lachen oder so was. Sonst geht das nicht. Dann habe ich den Geist gefragt: Geist, bist du da? Und ich habe ihn gefragt: Bist du gut oder böse? Und dann haben wir gewartet. Irgendwann ist es total still. Wir waren total erschrocken, als mit einemmal sich das Glas von allein bewegte. Jetzt wußten wir, daß der Geist da ist. Einmal hat der Geist auf die Frage, ob er uns liebt, Ja geantwortet. Und da ist mit einemmal das Glas mit einem Schwung vom Tisch gerast, ohne daß das irgend jemand bewußt getan hätte. Der Geist hat uns auch gesagt, daß er für immer in uns drinne ist. Die Antworten, die uns der Geist gegeben hat, die haben uns ziemlich angst gemacht."

Gläserrücken (Nico, 14 Jahre)

"Wir haben das mit dem Gläserrücken ausprobiert. Am Anfang hatte ich das Gefühl, daß irgend jemand an dem Glas irgendwie herummanipuliert. Aber dann hatte ich das Gefühl nicht mehr. Und dann mit einemmal kam das Glas auf mich zu. Ich versuchte, mich irgendwie dagegen zu wehren. Aber das Glas kam immer mehr auf mich zu. Da bekam ich es mit der Angst."

Kaffeesatzlesen (Heike, 14 Jahren)

"Als wir mit meiner Tante im Urlaub waren, hat sie gesagt, ob sie uns beibringen soll, wie man aus dem Kaffeesatz lesen kann. Wir haben uns dann um den Tisch gesetzt, und dann hat meine Tante gefragt, ob wir Kaffee möchten. Sie hat den Kaffee nur mit Wasser aufgebrüht. Als wir dann ausgetrunken hatten, fragte sie uns, ob sie uns aus dem jeweiligen Kaffeesatz lesen sollte. Wir sagten ja. Dann haben wir die Tassen umgedreht, so daß der ganze Kaffee hinausfließt. Nach längerer Zeit kann man die Tasse wieder hochheben. Und dann waren dann so ganz viele kleine Spuren im Kaffee. Das sah aus wie eine Schrift. Ich konnte da nichts lesen, aber meine Tante konnte diese Schrift deuten. Das, was meine Tante da herausgelesen hat für unsere Zukunft, das hat wirklich fast alles gestimmt.

Z.B. daß wir einen neuen Hund bekommen. Als wir wieder zu Hause waren, wurde uns ein neuer Hund geschenkt. Ich weiß nicht, warum, aber ich fand das alles trotzdem nicht gut, weil es irgendwie angst macht."

Pendeln (Meike, 15 Jahre)

"Also wir haben das mit dem Pendeln in der Pause in der Schule ausprobiert. Wir haben eine Kette genommen, und dann haben wir einen Ring daran gehangen. Und dann haben wir uns voll auf das Pendel konzentriert. Und dann haben wir alle möglichen Fragen gestellt. Zum Beispiel: Welcher Junge findet mich gut. Wenn das Pendel immer hin und her ging, dann hieß das Ja, und wenn das Pendel im Kreis ging, dann hieß das Nein. Man konnte nur Fragen stellen, die mit Ja oder Nein antworten. Ich habe immer geglaubt, daß das stimmt, was uns das Pendel sagt. Oder ich habe die Frage gestellt: Werde ich eine Vier in Mathe bekommen?"

Gläserrücken (Katharina, 15 Jahre)

Ich hab das einmal mit meinem Freund gemacht. Und mein Freund hat dann gefragt, wie alt er denn wird. Und da hat ihm der Geist geantwortet, daß er 55 Jahre alt wird und dann an einer neuen, noch nicht bekannten Krankheit stirbt. Da hat mein Freund total die Angst bekommen. Er hat gesagt, das alles sei nur Schnickschnack. Aber als er dann rausgegangen ist, da hat er dann pausenlos darüber nachgedacht und so, und hat voll Angst gehabt. Dann hat meine Freundin gefragt, wie heißt meine Großmutter? Und da hat der Geist einen ganz komischen Namen gesagt. Und da hat sie dann gesagt: Nee, das stimmt nicht. Und dann hat sie zu Haus ihren Vater gefragt, wie das angehen kann. Darauf hat der Vater gesagt, daß sein Vater sich hat früher scheiden lassen und hätte dann ihre jetzige Oma geheiratet. Aber seine richtige Mutter hat wirklich so geheißen, wie es der Geist gesagt hat. Das muß doch alles irgendwie stimmen."

Spiritistische Sitzung mit Gläserrücken.

Spiritistisches Schreiben (Edgar 14 Jahre)

"Als ich einmal abends in das Zimmer meiner Schwester kam, war alles ganz dunkel im Zimmer, und sie hatte nur eine Kerze an. Und sie saß mit einigen Freunden am Tisch. Die hatten ein großes Blatt Papier auf dem Tisch ausgebreitet und einen Haarspraydosendeckel genommen und daran mit Tesafilm einen offenen Kuli befestigt. Und jeder hat einen Finger drauf gelegt. Und dann konnte jeder seine Fragen stellen, auch ich. Dann ist der Deckel losgegangen und hat was geschrieben. Und das hat fast immer gestimmt. Ich habe immer erst gedacht, da schiebt vielleicht irgend jemand von den anderen. Aber dann hatte ich mit einemmal das Gefühl nicht mehr."

Kartenlegen (Astrid, 14 Jahre)

"Also, wenn ich jetzt wissen möchte, wer mein Traummann ist, dann legt man da aus einem ganz normalen Kartenspiel, legt man dann die vier Buben hin und benennt die dann nach Typen oder Namen. Und dann ziehe ich eine Karte, die aber verdeckt bleibt. Und dann deckt man die später auf. Die Zeichen haben alle irgendwie eine Bedeutung: Karo ist Haß, Herz ist Liebe, Pique sind die Kinder und Kreuz bedeutet Reichtum. Und dann weiß man sein Liebesschicksal. Also wenn man nur ein Karo hat, dann weiß man, es ist nur wenig Haß. Ein Pique zum Beispiel zeigt mir, daß ich nur ein Kind bekommen kann."

Warum macht ihr da mit und wie geht ihr damit um?
Nico: *"Ich finde das spannend. Und außerdem hat man ja auch irgendwie Abenteuerlust. Und irgendwie will man ja auch erforschen, ob es noch andere Mächte auf der Welt gibt. Und von daher reizt einen das schon, da irgendwie mitzumachen. Man hat auch immer irgendwie ein bißchen Angst. Aber ich glaube, ich würde die überwinden."*
Kerstin: *"Bei mir war das so, daß ich Angst hatte davor. Ich hatte Angst davor, daß ich irgendwie Zweifel vor mir selbst bekommen würde. Und außerdem war es nachts. Und es war dunkel, ich mußte noch allein nach Haus gehen. Da hat es dann bei mir aufgehört. Da wollte ich nicht mehr. Aber wenn mich heute noch einmal jemand fragen würde, würde ich doch versuchen, es wieder mitzumachen."*

Kattrin: *"Ich möchte da lieber nicht mitmachen. Aber ich würde gern zugucken, um zu sehen, wie das ist."*

Meike: *"Ich finde das irgendwie lustig. Auf der einen Seite glaube ich dran, aber andererseits auch nicht. Meine Freundinnen haben auch lauter solche Bücher. Die finde ich faszinierend. Ich lese darin auch ab und zu mal."*

Stefan: *"Wir haben das einmal auch zu Hause gemacht mit dem Todesschlaf. Da hat eine Freundin von uns mit einemmal jemanden gesehen, der hereinkam, der hatte kein Gesicht. Und dann hat sie am laufenden Band Blut gesehen. Dann hat sie die ganze Zeit geschrien und geweint. Und dann mußten wir sie beruhigen. Die hat total viel Angst gehabt. Und dann hat sie ganz oft davon geträumt. Sie fand uns dann alle total mies."*

Begegnungen mit Satan (ein Gesprächsprotokoll mit Schülern)
"...weil das mit Satan irgendwie viel besser klappt als mit Gott..."

Zwei Schülerinnen berichten über ihre Erfahrungen, die sie mit Satan hatten, und wie sie eine schwarze Messe erlebten:

Annette: *"Also ich glaub sowieso lieber an Satan. Vor ein paar Wochen hat uns ein Freund angesprochen. Ob wir nicht Lust hätten, bei so was mitzumachen, was die Älteren ne Schwarze Messe nennen. Ich bin da einfach mit hingegangen und Susanne auch."*

Susanne: *"Wir hatten davor ziemlich Angst. Aber irgendwie hat das dann hinterher Spaß gemacht. Wir haben uns nachts vorm Friedhof getroffen. Und dann sind wir über die Mauer. Einer von uns hat ein frisches Grab gesucht. Wir haben dabei nur die ganze Zeit geflüstert. Es war richtig unheimlich. Einer der Jungen hat denn eins gefunden. Wir haben uns um das Grab herum aufgestellt. W. hat dann so Sprüche gerufen. Ich weiß nicht mehr so genau, wie das ging."*

Annette: *"Auf jeden Fall hat er Satan angerufen. Da war uns noch unheimlicher. Einige hatten Kerzen mitgebracht, aber die gingen immer wieder aus, weil es so windig war. Ein Opfer war beim ersten Mal auch noch nicht dabei."*

Susanne: *"Wir haben uns dann immer wieder mal getroffen. Das geht so über ne Telefonliste. Da stehen nur die Nummern drauf, die Telefonnum-*

mern. *Den Namen dürfen wir uns nicht sagen. Dann kriegt man am Telefon den Zeitpunkt und den Ort des Treffens durchgesagt. Und ich glaub, das ist so, daß W. immer bestimmt, wer ein Opfer mitbringen soll."*

Annette: *"Bei uns waren das immer nur Kleintiere. Also einmal eine Ratte und dann ein Vogel, den einer der Jungen geklaut oder gefangen hatte. Die wurden dann über dem Grab abgestochen. Das muß immer ein frisches Grab sein. Man tunkt dann seinen Finger in das Blut von dem Tier und macht solche Zeichen auf die Stirn. Dann ist Satan ganz nahe und hört zu. Auf den Grabstein hängt einer von uns immer eine Kette mit so einem Anhänger dran. Manchmal nehmen wir auch Gegenstände von Gräbern mit. Ich hab da so ein paar Sachen wie Kerzen. Satan sagt uns auch, wenn wir einen Grabstein umwerfen sollen."*

Susanne: *"Bei den Messen, die einen höheren Grad haben, werden auch Katzen oder Hunde geopfert. Und manchmal, hat W. gesagt, sind da auch Mädchen, die werden als Opfer für Satan irgendwie geliebt. Aber das habe ich nie mitgemacht. Ich weiß nicht, ob W. das wirklich getan hat. Erzählt haben die anderen immer wieder darüber."*

Annette: *"Wir machen auch Kartenlegen und Tischerücken und so was. Immer wird dabei Satan angerufen. Und wirklich, der hat auch geholfen. Ich hab das richtig gemerkt, daß der unser Schicksal leitet."*

Susanne: *"Ich glaub viel lieber an Satan als an Gott, weil das mit Satan irgendwie viel besser klappt als mit Gott. Gott kann ich mir nicht richtig vorstellen, aber Satan kann ich mir gut vorstellen."*

Annette: *"Mir hat Satan schon so viele Male geholfen, in der Schule und in der Freundschaft und so. Auch in unserer Gruppe ist das immer total gut. Da herrscht das Gesetz, jeder kann machen, was er will. Die richtige, totale Freiheit. Nicht so wie in der Kirche, wo immer alles so ernst ist. Ich kann mit Satan reden, so wie ich immer rede. Es gibt da so einen Satansführer, der hat das mal gesagt. Jeder kann machen, was er will. Ich finde das irgendwie gut.*

Susanne: *"Wenn ich ne Arbeit geschrieben habe, dann frage ich einfach die Karten, und Satan sagt mir dann ziemlich genau, wie ich war. Das können die anderen alle nicht."*

Annette: *"Es ist aber nicht so, daß wir nicht an Gott glauben würden. Wir lassen uns ja auch konfirmieren. Vielleicht gibt es ja Gott auch. Aber mir hat der noch nie so richtig geholfen. Man kann doch an Gott glauben und an Satan. Oder geht das nicht?"*

Susanne: *"Natürlich gibt es auch einen ziemlichen Druck in der Gruppe, wenn man da einfach wegbleibt. Da habe ich auch manchmal Angst davor. Wenn ich da aussteigen will."*

Annette: *"Ach, das glaube ich nicht. Da kommt man auch irgendwie raus, wenn man das will. Ich weiß nicht so genau, vielleicht stimmt das doch mit dem Druck. Ich geh da das nächste Mal bestimmt wieder mit hin...."*

Das Phänomen des Okkulten und seine Merkmale

Am Beispiel einer professionellen Séance, die ich im vergangenen Jahr besuchte, sollen die Merkmale okkulter Praktiken deutlich und ihre spezifische Plausibilität sowie die damit verbundene ambivalente Wirkungsweise erkennbar werden.

1. Merkmal: Der magische Charakter atmosphärischer Bedingungen

Über eine Kleinanzeige in der Tageszeitung wurde eine Séance im sog. Szeneviertel der Stadt Bremen, im Ostertorviertel, angeboten: *"Wollen Sie etwas über Ihre Zukunft wissen?"* Angegeben wurden eine Telefonnummer und der Teilnahmepreis von 40,- DM. Nach einem Anruf wurde ich zu einer bestimmten Adresse in diesem Viertel bestellt zu später Abendzeit. An der Tür stand ein junger Mann, der, in Schwarz gekleidet, geschmückt mit allerlei okkult-esoterischen Symbolen, mich freundlich empfing. Wir stiegen auf einer alten Treppe hinauf in die oberen Etagen und gelangten in ein dunkles Mansardenzimmer hinein, in dem sich schon sechs weitere Teilnehmer an dieser Séance versammelt hatten. Man sprach im leisen Flüsterton miteinander, tuschelnd und gedämpftes Lachen austauschend, eine gewisse leicht-ironische Stimmung verbreitend. Einige schienen die Bräuche zu kennen und lächelten augurenhaft dem Neuling entgegen. Der Beitrag wurde schon unten an der Eingangstür erhoben. Das Zimmer, in fast schwarzen Tönen gestrichen mit schweren dunklen Vorhängen an den großen Fenstern, strahlte eine geheimnisvolle Atmosphäre aus. An der Decke waren Sterne reliefartig befestigt und zeigten eine bestimmte, mir unbekannte Sternenkonstellation auf. Es brannten zwei Kerzen, keine elektrische Lampe, von Okkultisten auch "totes Licht" genannt, war zu erkennen. Dieses sogenannte **"lebende Licht"** scheint ein **wesentliches Merkmal** okkulter Veranstaltungen zu sein. Durch seine ständige Bewegung versetzt es alle Gegenstände und Personen in eine sich fortwährend bewegende Licht-Schatten-Veränderung, die das magische Grundverständnis versinnbildlicht, "tote Gegenstände" seien geistig belebt, enthielten eine lebendig-wirksame geistige Energie. Das Verhältnis von Licht und Dunkel ist konstitutiv für zahlreiche okkulte Veranstaltungen. Es scheint dabei nicht nur um atmosphärische Bedingungen zu gehen, sondern um die Plausibilisierung der okkulten Weltanschauung, die im übrigen in früheren Jahrhunderten, als die Menschen sich in der Dunkelheit nur mit lebendigem Feuer umgaben, eine ähnliche Ausstrahlung vermittelte.

2. Merkmal: Die Sinnhaftigkeit übersubjektiver Kräfte

Nach den fast lautlos geführten Begrüßungsgesprächen wurden wir vom Leiter der Séance aufgefordert, uns an einen runden Spiegeltisch zu setzen. Am Rande des Tisches waren die Buchstaben A-Z, die Zahlen 1-10 und die Worte "Nein" und "Ja" eingelassen. Wir bekamen vom Leiter nach längerer, schweigsamer Pause die Aufforderung, die Mittelfinger unserer rechten Hände sanft auf das in der Mitte des Tisches ruhende Glas zu setzen. Zugleich wurde eine kleine Einführung in die okkulte Praktik gegeben, in deren Verlauf über die Anwesenheit des Geistes in dem Glas (das im übrigen so geartet war, daß sein Schwerpunkt im oberen Bereich lag, so daß es im umgekehrten Zustand nicht leicht umkippen konnte), die notwendige Bereitschaft und die positiven geistigen Voraussetzungen der Teilnehmer und über die Art des Vorgehens und die Reihenfolge der Fragen an den Geist im Flüsterton gesprochen wurde. Keiner sollte seine Frage direkt an den Geist stellen, sondern sie zunächst an den Leiter der Séance richten, der sie dann an den Geist weitergeben wollte.

Die ersten Fragen zielten auf den Umstand, ob der Geist überhaupt anwesend sei, welchen Namen er trage und ob er auch bereit sei, mit den Anwesenden Kontakt aufzunehmen. Anfangs tat sich zunächst nichts auf dem Tisch. Erst nach längerer Zeit fing das Glas an, sich ein wenig zu bewegen, wurde dann immer agiler und rutschte von Buchstabe zu Buchstabe. Eine Manipulation des Glases durch eine anwesende Person war nicht erkennbar. Die unwillkürliche Motorik der Teilnehmer schien seine Bewegung zu bestimmen.

Diese Art des Verlaufs macht den Eindruck sinnfällig, daß nicht die Aktivität einer oder mehrerer Personen die Ursache für die entstehende Bewegung ist, sondern das Glas sich gewissermaßen von selbst fortbewegt. Teilnehmer an okkulten Veranstaltungen berichten immer wieder über diese verblüffende Erfahrung, daß sie Kräfte spüren und erfahren, die gewissermaßen ohne die eigene Beteiligung wirksam werden. Auch der Hinweis auf die spontane Motorik bringt den professionellen Okkultisten in keine Verlegenheit, er gesteht sie umstandslos zu und behauptet nur, daß lediglich die versammelten Kräfte, Ausdruck des versammelten Unbewußten, eine gemeinsame geistige Kraft bilden, die sich dem einzelnen bewußten, subjektiven Zugriff entzieht. Gerade dies aber sei der Beleg für eine jenseitige, transzendente Kraft, die keiner bestimmen oder näher begründen könne. Die spürbare **Erfahrung übersubjektiver Kräfte** ist indessen das **zweite Merkmal** okkulter Erfahrung. Eine Mischung aus psychologischer und spiritistischer Beschreibung dieser Erfahrung macht die okkulte Praktik auch gerade für Intellektuelle so faszinierend.

3. Merkmal: Die Deutung des Propheten

Im Mittelpunkt der okkulten Veranstaltung steht immer der Leiter, den wir in diesem Zusammenhang Prophet nennen wollen. In der Antike waren die Propheten ständige Begleiter der Seherin Pythia am delphischen Orakel. Sie wurde von den Göttern inspiriert, galt gewissermaßen als Medium göttlicher Offenbarung und sprach in nicht verständlicher Zungenrede. Die Propheten hatten die ehrenvolle Aufgabe, diese Rede in eine für den Frager verständliche Form zu übersetzen. Auf diese Weise ist es der Genialität des Propheten zu verdanken, wenn er zu angemessenen Übersetzungen kommt.

Bei einer okkulten Veranstaltung kommt der findigen und vor allem reaktionsschnellen Übersetzung eines solchen Propheten zentrale Bedeutung zu. So filtert er zum Beispiel aus einer scheinbar regellosen Aneinanderreihung von Buchstaben die umgekehrten Initialen eines Teilnehmers heraus, bildet aus der Quersumme einer Zahlenreihe die vorher erfragten Geburtsdaten eines Teilnehmers heraus usw. Die verblüffenden Resultate solcher Übersetzungen plausibilisieren zweierlei: erstens spricht der Geist in einer für die Anwesenden fremden Sprache, d.h. er beweist auf diese Weise seine Entzogenheit. Zweitens aber beweist er zugleich, daß sich seine Wirksamkeit und Mächtigkeit auf konkrete Erfahrungen der Teilnehmer bezieht. Die **Fähigkeit des Propheten**, schnell und adäquat zu übersetzen, ist das **dritte Merkmal** einer okkulten Veranstaltung.

4. Merkmal: Die Reihenfolge in der okkulten Erfahrung

Es ist keinesfalls beliebig, wie eine okkulte Erfahrung verläuft. Die Vielzahl der Veranstaltungen zeigte immer wieder, daß eine besondere Ordnung der Fragen den Erfolg und die Wirksamkeit bestimmt.

a) Am Anfang stehen Fragen, die sich auf die Identifizierung des geistigen Wesens aus der jenseitigen Welt beziehen. Die Kraft, die Energie oder der Geist offenbaren ihren Charakter, ihren Namen oder ihre besondere Beschaffenheit und verschaffen auf diese Weise dem Außenstehenden ein persönliches Gegenüber, das in ihm Vertrauen und Zuwendung weckt.

b) Sodann beinhalten die Fragen nachprüfbare Ergebnisse. Sie dienen angeblich dazu, die Erkenntniskraft der geistigen Quelle zu erweisen. Es wird nach Namen, Geburtsdaten, vergangenen Ereignissen und überprüfbaren Zusammenhängen gefragt. Dieses ist zweifellos der schwierigste Bereich für den sog. Propheten. Irren sich die Aussagen, so lassen sie sich nur schwerlich durch nachträgliche Umdeutung wieder plausibel machen. Andererseits erscheint es immer wieder verblüffend, wie selbst intelligente Leute noch so partikuläre "Wahrheitsbeweise" durch selektives Wahrnehmungsvermögen als pars pro toto akzeptieren.

c) Schließlich wendet sich die Fragetechnik auf unvorhersehbare Ereignisse in der Zukunft, die teilweise allgemeinen Charakter tragen oder auch individuell auf persönliche Lebensschicksale zugespitzt sind. Aufgrund der vor allem im zweiten Abschnitt gemachten Erfahrungen bekommen diese Antworten ihren besonderen Wert und zum Teil ihre verhängnisvolle Eigendynamik.

5. Merkmal: Die sich selbst erfüllende Prophezeiung

An dieser Stelle gelangt die okkulte Plausibilität zu ihrer prekären, zum Teil verhängnisvollen Schlußfolgerung. Aus der amerikanischen Soziologie stammt das Modell der sog. *selffulfilling prophecy*. Eine Vorhersage, die das persönliche Schicksal beinhaltet, gewinnt eine spezifische Eigendynamik. Obgleich unglaublich, vom Betreffenden sogar vehement in Abrede gestellt, treibt die Vorhersage in seinem Inneren ihr halb bewußtes oder unbewußtes Wesen bzw. Unwesen. Die Okkultisten wissen um diesen Umstand häufig sehr genau und deuten ihn als eine Wirksamkeit jener jenseitigen geistigen Kräfte, die sich im Leben der Betreffenden als individuelle Kraft ummünzen. Es entstehen Ängste, dunkle Träume oder irrationale Erfolgserwartungen, die solchermaßen von okkulten Vorhersagen Betroffene umtreiben und eine Eigengesetzlichkeit entwickeln können, die sie selbst kaum mehr steuern können. Eine vorhergesagte Krankheit, ein Unfall, ein bestimmtes Liebesschicksal, ein Mißerfolg im Beruf werden in psychische Dynamik umgesetzt und zeitigen auf diese Weise zum Teil furchtbare Konsequenzen. Die Vorhersage bewahrheitet sich, indem sie unbewußt umgesetzt wird.

Die Gefahren des Okkultismus

Wenn wir nach der Motivation fragen, die zahlreiche Menschen bewegt, sich intensiv mit okkulten Bräuchen und Gepflogenheiten auseinanderzusetzen, dann ergeben die Umfragen, daß *"Neugier am häufigsten als Grund für die Beteiligung an okkulten Praktiken"* genannt wird. Als zweiter ist *"Interesse am Außergewöhnlichen"* und als dritter *"Unterhaltung"* angegeben. Mit einigem Abstand folgt die Angabe von Orientierungs- und Entscheidungshilfe. Wenn man allerdings nur die Gruppe der aktiv eine okkulte Praxis Ausübenden herausgreift, so wird dieser Grund bis zu 36% der Befragten angeführt, und dies von den

Erwachsenen fast doppelt so oft wie von den Jugendlichen. Die genannten Gründe verweisen auf das, was die Jugendlichen und Erwachsenen durch die okkulten Praktiken zu finden hoffen." (H. Zinser: "Okkultismus als kulturelles Phänomen unter Schülern und Erwachsenen", in "Aus Politik und Zeitgeschehen", Oktober 1993, S.19)

Gerade an dieser Stelle werden aber auch die Gefahren des Okkultismus offenkundig:

1. Aus einem zunächst lediglich neugierig in Angriff genommenen Experiment kann sich sehr schnell bitterer Ernst entwickeln. Gerade die Erfahrung der **okkulten Plausibilität** birgt die Gefahr, daß einzelne der eigenen, vorausgesetzten kritischen Haltung verlustig gehen. Man will nicht daran glauben, fühlt sich aber trotzdem angesprochen. Auf relativ harmloser Ebene zeigt sich dieser Zusammenhang bei den Zeitungshoroskopen. Keiner will sie ernst nehmen, aber fast alle lesen sie. Der Übergang von neugieriger, unterhaltsamer Auseinandersetzung in kritischer Gebärde zu innerer, mehr oder weniger bewußter Betroffenheit läßt sich nur schwer ausmachen.

2. Psychisch Labile und Orientierungsschwache sind häufig Opfer okkulter Praktiken. Den Zusammenhang von Selbsttäuschung und Täuschung durch Okkultisten können sie kaum erkennen. Sie orientieren ihre Lebensplanung, häufig sogar ihren Tagesablauf nach den Karten, den Aussagen des Pendels und geraten in eine Art **psychische Abhängigkeit**, die ihnen Außenstehende kaum noch ausreden können.

3. Besonders verhängnisvoll sind okkulte Geistheilungen. Auch der Okkultist begibt sich auf das **therapeutische Feld** und spielt sich auf zum Krankenheiler. Immer dann, wenn solche Praktiken den Gang zum Arzt be- oder gar verhindern, sind sie geradezu skandalös für die Betroffenen. Es soll damit in keiner Weise in Abrede gestellt werden, daß gewisse okkulte Praktiken, wie das Besprechen von Warzen oder Gürtelrosen, durchaus in der Lage sein können, psychosomatische Kräfte zu wecken, die, medizinisch

nicht erforscht und immer noch unerklärt, sog. Spontanheilungen bewirken. Dies kann aber keineswegs rechtfertigen, solche Praktiken in irgendeiner Weise zu universalisieren.

4. Die immer wieder auftauchenden Ängste und Paniksituationen bei Jugendlichen und Erwachsenen, die sich häufig oder regelmäßig okkulten Praktiken aussetzen, geben Anlaß, darüber nachzudenken, inwieweit okkulte und esoterische Praktiken nicht auch gewissermaßen als eine Bewußtseinsdroge gesehen werden müssen, vor der gesellschaftliche Institutionen wie Schule, Kirche und andere Bildungseinrichtungen dringend zu warnen haben.

Ratschläge im Umgang mit Okkultisten und Esoterikern

1. Okkult-esoterische Angebote gibt es in Hülle und Fülle. Im Gespräch mit Anhängern ist die vordergründig aufklärerische Gebärde, dies sei ja alles nur Spinnerei, unbedingt zu vermeiden. Aufgrund der **okkulten Plausibilität** prallen solche polemischen Angriffe von vornherein ab.

2. **Die Augurenhaftigtkeit der Okkultisten und Esoteriker** läßt sich in der Regel nicht durch inquisitorische Fragen entschleiern. Es hat keinen Zweck, auf Informationen zu bestehen, die sie nicht bereit sind zu geben.

3. Es geht auf keinen Fall darum, die Wirksamkeit ihrer Praktiken zu widerlegen, ihre Unwahrheit zu beweisen, sondern ein empathisches Verhältnis zu den Betroffenen zu gewinnen. D.h. man sollte das Hauptaugenmerk auf die seelische Befindlichkeit des Betreffenden, auf seine gemachten Erfahrungen legen. Was er empfindet und wie er es empfindet, sollte bei der Beurteilung ausschlaggebend sein.

4. Die Frage nach den Empfindungen wird möglicherweise die **Ambivalenz** der okkulten Erfahrung zutage fördern, mehr als jeder Beweis oder Gegenbeweis. Es geht darum, die Ängste und

psychischen Beklemmungen bewußt zu machen und dabei immer wieder die Möglichkeit einer Alternative behutsam ins Gespräch zu bringen: "Es kann sein, daß dir all das sehr hilft. Aber geh doch auch einmal zum Arzt und hol dir seinen Rat ein!"

5. Auf keinen Fall sollte man - ähnlich wie bei den destruktiven Kulten - opportunistische Vorschläge machen. Mitgehen und mitmachen hat keinen Zweck.

6. Auch vor okkulten Experimenten in Schulen und Bildungsanstalten ist dringend zu warnen. Denn erstens lassen sie sich nicht unter den notwendigen und der Szene angemessenen Bedingungen ausführen und verlieren schon auf diese Weise ihre Legitimation in den Augen der Betroffenen. Zum anderen verfügen Lehrer und Multiplikatoren nicht über eigene okkulte Erfahrungen und Kompetenz, um die Wirkungsweise ihrer vorschnellen Versuche einschätzen zu können.

7. Professionelle Okkultisten und Esoteriker sind in der Regel nicht bereit, sich einer Diskussion zu öffnen. Stellen sie sich trotzdem dem Gespräch, dann sind sie hervorragend geschult. Ihr zentrales, stets wiederholtes Argument dem Gegner gegenüber ist kaum zu entkräften: *Sie wissen ja gar nicht, wovon Sie sprechen, denn Sie kennen uns nicht!* Auch ihr zweiter Rechtfertigungsgrund stößt häufig bei Zuhörern auf ungeteilten Beifall, wie in zahlreichen Fernsehdiskussionen zu diesem Thema vorgeführt: *Wollen Sie etwa in Abrede stellen, daß es Dinge zwischen Himmel und Erde gibt, die kein Mensch erklären kann?"* Dieser Allgemeinplatz führt unweigerlich in einen Glaubensstreit, der für die vor dem Okkultismus Warnenden obsolet werden muß.

8. Eine sachliche Auseinandersetzung mit okkulten Praktiken sollte sich in erster Linie auf die oben ausgeführten Merkmale der okkulten Erfahrung, ihre Plausibilität und die dargestellten Gefahren beschränken.

9. Der Okkultismus ist eine moderne Zeiterscheinung, die sich weitgehend an der Peripherie der Gesellschaft bewegt. In den Schulen und Bildungseinrichtungen gilt es darüber aufzuklären, welche gesellschaftlichen Ursachen in die Faszination vom Unbegriffenen und seine magische Handhabung führen. Gesellschaftliche Unmündigkeit und das Gefühl, Objekt in einem undurchschaubaren Geschehen zu sein, die Frage nach den Ohnmachtserfahrungen Jugendlicher und Erwachsener und ihrer Bewältigung sind wesentliche Bestandteile einer Aufklärung, die prophylaktisch wirksam werden könnte.

10. Es kann nicht darum gehen, den Glauben des Okkultisten vor einer bestimmten theologischen Lehrmeinung zu desavouieren. Die Bezeichnung als "Aberglaube", der in die Abhängigkeit führt, und die Bevorzugung des rechten Glaubens berührt die vom Okkultismus Begeisterten nur wenig, muß notwendig irrelevant bleiben. In der theologisch-religiösen Bewertung okkulter und esoterischer Praktiken sollte eher Akzeptanz als apologetischer Gestus gelten. Die Gefahren, die damit verbunden sind, werden dadurch nicht verharmlost, sie sollten auf den oben angegebenen Feldern deutlich und klar aufgezeigt werden.

Literaturhinweise

Andreas Gertler/Wolfgang Mattig: *"Stimmen aus den Jenseits"*, Berlin 1992

Otto Prokop/Wolf Zimmer: *"Der moderne Okkultismus"*, Stuttgart 1987

Hartmut Zinser: *"Okkultismus unter Jugendlichen"*, Berlin 1992

Hans Bender: *"Parapsychologie, Entwicklung, Ergebnisse, Probleme"*, Darmstadt 1979

Johannes Mischo: *"Okkultpraktiken Jugendlicher"*, Mainz 1991

Ulrich Müller: *"Ergebnisse einer Umfrage unter bayerischen Schülern und Schülerinnen zu Okkultismus und Spiritismus"*, Regensburg 1989

Hans-Jürgen Ruppert, *"Okkultismus"*, Wiesbaden 1990

Hartmut Zinser: *"Okkultismus in Ost und West"*, München 1993

H.P. Dürr: *"Traumzeit"*, Frankfurt 1978

F. Capra: *"Wendezeit"*, München 1983
Ken Wilber: *"Das Spektrum des Bewußtseins"*, Hamburg 1991
J. Sudbrack: *"Neue Religiosität - Herausforderung für die Christen"*,
Mainz 1987

III. Aspekte gesellschaftlicher Verursachung der destruktiven Kulte

So sehr einerseits die Tatsache nicht zu verleugnen ist, daß die Szene neureligiöser Kulte immer mehr zunimmt, so gibt es andererseits keine eindeutige Einschätzung ihrer psychosozialen Ursachen.

In den zahlreichen Interviews mit betroffenen Anhängern oder ehemaligen Kultabhängigen kam auch stets die Frage nach dem Grund oder dem Motiv des Einstiegs in den Kult. Die Antworten wiesen gewisse Ähnlichkeiten auf. Als häufigstes Motiv wurde immer wieder recht unspezifisch die *Neugier* genannt: *"Ich war neugierig, mehr über mich selbst zu erfahren"*. Dem entspricht die Missionsstrategie der Kulte, zunächst einmal die Probleme und Wünsche des Novizen in den Vordergrund zu stellen: *"Wir kümmern uns um dich und deine Probleme! Auf dich kommt es an!"*

Der zweite Bereich, der von den Betroffenen angegeben wurde, waren die *Probleme mit anderen in der unmittelbaren Umgebung.* Die Interviewpartner erzählten von familiären Konflikten, Schwierigkeiten in der Schule und am Arbeitsplatz. Bemerkenswert in diesem Zusammenhang ist der Hinweis eines ehemaligen Kultmitglieds, das in ähnlicher Weise von einigen anderen bestätigt wurde: *"Ich hatte mir das vorher überhaupt nicht klar gemacht, daß es da Probleme gab. Aber die haben das irgendwie sofort durchschaut."* Es scheint also nicht ausgemacht, inwieweit es sich um suggerierte oder tatsächlich vorhandene Probleme handelt, die den Novizen bewegen, sich in die Hände des Kults zu begeben.

Als drittes Motiv wurde von ehemaligen Kultmitgliedern geäußert: *"Ich hatte damals sehr viel Probleme mit mir selbst."* Diesen Bereich sprechen vor allem Psychokulte an. Auch hier handelt es sich meist um latente Konflikte und psychische Defizite, über die sich die Betroffenen vor der Begegnung mit dem Kult noch nicht so recht im klaren waren.

Ein wesentliches Motiv ist auch das *religiös-weltanschauliche Vakuum*, in dem sich Kultmitglieder befanden, bevor sie Kontakt mit dem Kult aufnahmen. In diesem Zusammenhang kamen auch deutlich die Enttäuschungen mit den Großkirchen zum Ausdruck. Typisches Beispiel war die Aussage einer ehemaligen Angehörigen der Vereinigungskirche: *"Von der Kirche war ich irgendwie enttäuscht. Die hatte mir nichts mehr zu sagen. Aber meine Fragen waren ja geblieben. Ich fand das gut, wie die Vereinigungskirche die katholische Kirche kritisierte. Auch war ich begeistert von den neuen Antworten, die ich dort fand."*

Neuere religionssoziologische Untersuchungen und Beurteilungen des neureligiösen Spektrums kommen zu ähnlichen Ergebnissen. Versuchen wir nun diese Erfahrungen und Wertungen zu verallgemeinern, dann geraten wir in die Schwierigkeit, daß auch die Fachleute in der Gesamtbewertung neureligiöser Bewegungen zu sehr unterschiedlichen Ergebnissen gelangen. Wir wollen trotzdem wagen, einige besonders markante Aspekte gesellschaftlicher Verursachung, die die derzeitige Diskussion bestimmen, kurz thesenartig zu erörtern:

1. Die etablierten religiösen Systeme, allen voran die Angebote der Großkirchen, werden zunehmend in Frage gestellt. Das mag bedauern oder begrüßen, wer will. An dem Umstand, daß die Zahl der Kirchenaustritte aus den großen Konfessionen immer größer wird, kommt keiner vorbei. Das soziale und karitative Engagement der Kirchen wird zwar immer noch gesellschaftlich anerkannt, der dogmatisch-religiöse Hintergrund verliert jedoch an Relevanz. Eine Kirche, die sich in einem verkrustet-überkommenen Elfenbeinturm einrichtet, verliert ihre Gläubigen in Scharen. Moderne Wissenschaften und christlicher Glaube, so zeigen viele Umfragen, stellen sich dem Außenstehenden als unversöhnliches Gegenüber dar.

2. *"Es gibt eben keinen einheitlichen, von jedem fraglos geteilten Religionsbegriff mehr."* *(Andreas Feige, 1993, S. 7)*. Religion und Kirche sind in der europäischen Gesellschaft nicht mehr deckungsgleich. Die Kulturen rücken immer mehr zusammen, junge Menschen lernen schon recht früh fremde Glaubenseinstellungen und kulturelle Normen kennen. Das Fremde, Exotische hat häufig eine stärkere Anziehungskraft als die Dogmen und Normen überlieferter Religiosität. Dogmatische Diskussionen in den Kirchen, wie etwa die Frage nach der "Jungfrauengeburt" oder die "prote-

stantische Deutung des Abendmahls" kommen vielen unzeitgemäß und vorsintflutlich vor. Diese Fragen haben mit dem Sinnproblem des modernen Menschen wenig oder gar nichts mehr zu tun.

3. Mit dem Verlust an Glaubwürdigkeit kirchlicher Sinnangebote geht die Ausklammerung des Religiösen in Schule, Familie und anderen gesellschaftlichen Bildungseinrichtungen einher. Die Auseinandersetzung mit religiösen Antworten gleich welcher Art verschwindet aus den Bildungsplänen, die religiöse Frage der betroffenen Schüler und Erwachsenen bleibt nach meiner Einschätzung bestehen. Ein ehemaliges Kultmitglied sagt in einem Interview: *"In der Gruppe konnte ich das erste Mal wieder über meine religiösen Fragen reden. Und keiner lachte mich aus."* Hinzu tritt das Problem, daß durch die mangelnde Befassung mit religiösen Fragen, Symbolen und Geschichten bei Jugendlichen ein grundlegendes Informationsdefizit geschaffen ist. Die Kulte können ihnen alle möglichen Weisheiten und Begriffe verkaufen, die Adressaten verstehen davon ja ohnehin nichts. Wenn ich nie das Wort "Karma" gehört habe, kann man mir allen möglichen Unsinn darüber erzählen.

4. Vorwiegend durch die Diskussion in den Vereinigten Staaten inspiriert, entwickelt sich unterhalb und neben den etablierten Religionsgemeinschaften ein *New Age* alternativer Religiosität, ein *Paradigmenwechsel,* der versucht, neue Antworten auf die offenen Fragen einer sich zunehmend selbst in Frage stellenden wissenschaftlichen Aporie zu geben. Das positive Wissen der modernen Wissenschaft weicht einem neuen *Wissensbegriff,* der den Weisheiten naturreligiöser und esoterischer Erkenntnisse entlehnt ist. Worte wie "Wissen" oder "Wissenschaft" haben eine ganz andere Bedeutung, sind eher der religiösen Weisheit entlehnt. Der Wissensbegriff der neureligiösen Szene gebärdet sich zudem metakritisch gegenüber seiner akademischen Verwendung.

4.1 Kritisiert wird der *Partikularismus (Überbetonung des einzelnen)* der modernen Wissenschaft. Die Erkenntnisse hätten den universalen Bezug verloren.

4.2 Auch der *Probabilismus (Beschränkung auf Wahrscheinlichkeits-aussagen)* wissenschaftlicher Formulierungen wird durch die angeblichen "neuen Erkenntnisse" überholt.

4.3 Als großer Mangel der modernen Wissenschaft wird oftmals ihre Uneindeutigkeit empfunden. Der *Pluralismus* der Schulen und Ansätze gerät in den Verdacht, daß man im Grunde genommen *"gar nichts mehr weiß"*.
Dagegen setzt das New Age und die Esoterik ihren Wissensbegriff, dessen Qualität *universal, eindeutig* und *verbindlich* sei. Es ist offensichtlich ein Problem, daß die *Frage nach der alle und alles verbindenden Wahrheit* für zahlreiche Menschen ebenso unbeantwortet ist, wie sie andererseits drängend nach einer Antwort suchen. Der durchaus positive kritische Impuls gegenüber einem strikten Rationalismus mischt sich indessen im New Age und im Esoterik-Bereich mit einem naiven Antirationalismus, der im Einzelfall, wie oben dargestellt, hybride Formen annehmen kann.

5. Stabile soziale Bezüge wie Schule und Familie vermitteln nicht mehr die *"Geborgenheit"* und *"Sicherheit"* in Konfliktsituationen, sie brechen auf und entlassen häufig psychisch angeschlagene Individuen. Viele der *destruktiven Kulte* bieten sich darum häufig als Familienersatz an, sie versprechen eine *"liebende Gemeinschaft"*, nennen ihre Wohngemeinschaften *"die neue Familie"* oder sprechen voneinander als *"Geschwistern"*, die Leiter lassen sich häufig gern *"Vater und Mutter"* titulieren usw. Daß sich hinter dieser familiären Geborgenheit ein rigid-totalitäres System der Menschenkontrolle verbirgt, ist für die Novizen unerkennbar.

6. Neben das Problem der Instabilität unmittelbarer sozialer Bezüge tritt die *Anonymität* großer gesellschaftlicher Institutionen, die zwar Angebote an den einzelnen machen, aber von ihm erwarten, daß er selbst den ersten Schritt tut. Dieses schafft bei vielen für sie unüberwindbare *Schwellenängste*. Die Kirchen z.B. öffnen ihre Türen und sagen: Kommt zu uns. Der destruktive Kult geht auf die Menschen zu, er spricht jeden persönlich an. Er vermittelt

dem einzelnen das Gefühl, nicht kleines Rädchen im Getriebe zu sein, sondern sagt ihm: *"Auf dich kommt es an!"* Viele ehemalige Kultmitglieder berichten wie Wolfgang: *"Das erste Mal kam jemand auf mich zu, und ich mußte nicht irgendwo hingehen!"* Dieser Gedanke und die damit verbundenen Praktiken kommen dem modernen Individualismus sehr entgegen.

7. Denn es läßt sich insgesamt ein deutlicher *"Individualisierungsschub"* beobachten (Andreas Feige, S.4). Die Menschen leben zunehmend allein, pflegen ihren Individualismus in materieller, kultureller und psychologischer Hinsicht, denn sie nehmen auf der anderen Seite die Komplexität und Vielgestaltigkeit gesellschaftlicher Zusammenhänge als undurchschaubare Nebelwand wahr. Diesem Ohnmachtsgefühl gegenüber der wachsenden Kompliziertheit und Differenziertheit des Lebens wird häufig durch Rückzug in die individuelle Sphäre begegnet. Man zieht sich auf sich selbst zurück und wartet auf eine einfache, überschaubare Antwort, *"dies alles zu verstehen."*

8. Festgefügte und klare Normensysteme werden zunehmend gesellschaftlich in Frage gestellt. Es gibt kein klares ethisch-moralisches Raster mehr. Der Pluralismus im religiös-kulturellen Bereich findet seine Entsprechung im Ethischen. Viele Menschen fühlen sich in der Frage, welche Werte denn nun wirklich und allgemeinverbindlich gelten sollen, allein gelassen. Kultmitglieder erhalten als Alternative ein einfaches *dualistisches Raster*, mit dem sie auf die Welt losgehen können. Es gibt nur gut oder böse, schwarz oder weiß, Licht oder Finsternis, Freunde oder Feinde. Mit dieser simplen Welt- und Lebensanschauung verschaffen sie sich ein *elitäres Bewußtsein*, an dem sie sich orientieren können in einer immer schwieriger werdenden Welt.

9. Nicht zuletzt wächst ein starkes Bedürfnis des einzelnen nach *erlebbarer und erfahrbarer Religionspraxis*. Nicht das religiöse Konzept, seine Schlüssigkeit und Novität ist so wichtig, vielmehr die Erfahrung, die man damit machen kann. Nicht umsonst findet gerade die mystische Literatur aller Religionen auf dem Buchmarkt

einen reißenden Absatz. Im Mittelpunkt der Mystik steht die religiöse Erfahrung, die unio mystica (die mystische Vereinigung mit dem Göttlichen). Meditation ist das Zentralwort, das zahlreiche Menschen anspricht. Auf den katholischen und evangelischen Kirchentagen werden die Angebote, die mit religiös-mystischer Erfahrung zu tun haben, immer zahlreicher (Halle der Stille, Gebets- und Meditationsgruppen verschiedener Art, Selbsterfahrung, kreatives Malen usf.)

10. Die Verdinglichung von Leben- und Sinnorientierungen bekommt einen fast mechanistischen Charakter und wird nahtlos eingefügt in die Warenwelt von kommerziellen Unternehmen. Alles läßt sich kaufen, warum dann nicht auch die eigene Seelenruhe? Und so wie man von einer gekauften Medizin erwartet, daß sie möglichst sofort wirkt wie ein Tropfen Öl im Getriebe, so wird auch erwartet, daß die eingekaufte religiöse oder esoterische Erfahrung fast automatisch den Seelenfrieden herstellt. Die Kommerzialisierung von Religion geht einher mit der fast magischen Mechanisierung ihrer Wirkungsweise. Wirkt das neue "rettende Rezept" nicht in der angekündigten Weise, so werden Schadensersatzforderungen fällig, die die Kulte durch ihre Versprechungen gewissermaßen provozieren. Religiöse Symbole verlieren ihre Tiefendimension und ihre Geschichtlichkeit, sie werden verkauft wie eine Packung Aspirin.

Nur einige Aspekte gesellschaftlicher Ursachen für den Markt der destruktiven Kulte können in diesem Zusammenhang genannt werden. Sie lassen sich sicherlich noch durch andere ergänzen. Allein es nützt nichts, reine Ursachenforschung zu betreiben, es kommt auch darauf an, Alternativen aufzuzeigen, die die Probleme Jugendlicher und Erwachsener aufgreifen und ihnen sinnvolle Orientierungsangebote machen. Diese Forderung sollte nicht nur an die Kirchen gestellt werden, sondern umfaßt alle gesellschaftlichen Institutionen, Familie, Schule und Politik. Die Frage nach der Alternative sollte indessen in keiner Bildungsveranstaltung zu dem Thema der neureligiösen Welle fehlen.

IV. Die Situation in den neuen Bundesländern

Anfang 1994 bringt das Kultus-Ministerium Mecklenburg-Vorpommern eine Informationsbroschüre über *"Sekten- und Weltanschauungsgruppierungen"* heraus. In dem Vorwort schreibt die Kultusministerin Steffi Schnoor: *"Gerade auch in den neuen Bundesländern hat sich in den letzten Jahren ein Wandel vollzogen, der für viele Menschen sehr problembeladen verlaufen ist. Sie sind auf der Suche nach neuen Werten und Inhalten für ihr Leben, und sie sind damit auch besonders anfällig für die in dieser Broschüre genannten Gruppierungen. Die staatliche Ausgrenzung aller religiösen Fragestellungen aus dem gesellschaftlichen Leben in den vergangenen 40 Jahren hat dazu geführt, daß wir ungeübt im Umgang mit dieser Thematik sind." (Informationsbroschüre, S.3)*

Sehr deutlich wird in dieser Broschüre der Brennpunkt ausgesprochen, auf den sich die Aktivitäten der neureligiösen Kulte auch im Osten konzentrieren. So schreibt Jürgen Eiben, daß die Kirchlichkeit an gesellschaftlicher Prägekraft gerade im Osten eingebüßt habe, daß dieser Umstand aber keineswegs zu der Behauptung berechtige, die Menschen in den ostdeutschen Bundesländern hätten gar kein oder nur ein sehr indifferentes Verhältnis zu religiösen Fragen. Religiosität entfaltet sich nach Eiben in *"verschiedenen religiösen Milieus" (Jügen Eiben, S.148f)*

Andererseits sollte auch die schon oft angenommene Behauptung, im Osten hätten die destruktiven Kulte ein leichtes Spiel, mit Skepsis betrachtet werden. Untersuchungen zeigen, daß das Reservoir an Anhängern auch in den neuen Bundesländern begrenzt ist. Dies hängt vielleicht auch mit einem durchaus begründeten Mißtrauen allen westlichen Interventionen im Osten gegenüber zusammen. Dennoch ist feststellbar, daß fast alle destruktiven Kulte auch im ostdeutschen Raum eine emsige Werbe- und Missionstätigkeit entfalten. Diese soll im folgenden an den einzelnen in diesem Buch behandelten Gruppen kurz dargestellt werden:

Scientology wirbt an verschiedenen Orten im Osten durch das Angebot des *"kostenlosen Persönlichkeitstests"*, durch Verkauf des Buches *"Dianetik"* und von Kassetten.

Weiterhin versucht sich Scientology wirtschaftlich zu engagieren, z.B. durch die Gründung des zweifelhaften Unternehmens *"Karl-Erich-Heilig-Werbeideen"*. Die Geschäftsführer wurden wegen Steuerhinterziehung verurteilt.

Auch im Weiterbildungsbereich versucht Scientology durch die Gründung des *"Keppler-Instituts"* in Neubrandenburg und Schwerin Kunden zu gewinnen, die mittlerweile versuchen, ihre Kursgebühren wieder gerichtlich zurückzubekommen.

Die Vereinigungskirche erschien kurz nach der Wende auf dem Plan und versuchte schon 1990 in der Gegend von Stralsund, Anhänger zu gewinnen. Sie setzen auf die Spendenbereitschaft der Bevölkerung.

Das Universelle Leben - Heimholungswerk der Gabriele Wittek aus Würzburg entfaltet auch im Osten Deutschlands eine rege Werbetätigkeit. In der Zeitung *"Christusstaat"*, die häufig in den größeren Städten verteilt wird, erscheinen zunehmend auch Artikel, die sich an die ostdeutsche Situation wenden und die Enttäuschung vieler seit der Wende aufnehmen, um sie in das Endzeitkonzept vom Universellen Leben einzupassen.

Die Transzendentale Meditation bietet in ostdeutschen Städten sogenannte *Info-Vorträge zur Streßbewältigung mittels Meditation* an. Sie nutzt dabei gern öffentliche Gebäude wie z.B. Kulturhäuser, Volkshochschulen, Klubhäuser usw. Im Deutschen Fernsehfunk konnte sie 1991 eine Werbesendung unter dem Titel *"Geheimnis Meditation"* ausstrahlen. Am 22.5.1991 fand im Kulturhaus der Warnowerft Rostock-Warnemünde ein *"Maharishi Musikfestival für den Weltfrieden"* statt.

In Schwerin wurde ein *"Maharishi Veda Lehrzentrum"* eingerichtet. Ähnlich wie andere Gruppierungen versucht auch TM, sich nach außen hin zu tarnen durch die Gründung von Bürgerinitiativen, wie z.B. durch die *"Schweriner Bürgerinitiative zur Beseitigung von Kriminalität und Gewalt in Mecklenburg-Vorpommern"*, mit deren Hilfe der oben beschriebene Maharishi-Effekt unter die Leute gebracht werden soll.

Die Bhagwan-Osho-Bewegung beabsichtigt erneut, durch die Gründung von Ashrams vor allem auch im östlichen Teil Deutschlands neue Anhänger zu gewinnen.

Der VPM hat schon recht schnell nach der Wende versucht, seine psychologischen Tätigkeiten im Osten zu verbreiten.

Auch andere, in diesem Buch nicht weiter behandelte Kulte wie z.B. ISKCON - Hare Krishna, die Kinder Gottes, oder, wie sie sich jetzt nennen, Heaven's Love, Sri Chinmoy und okkulte Praktiken werden in den verschiedenen Regionen angeboten. Sie setzen bei ihrer Werbetätigkeit vor allem auf die Unkenntnis der Mitbürger, ein Umstand, der angesichts der Vielfalt dieses Marktes auch auf den Westen zutrifft. Aus diesem Grunde werden in den östlichen Bundesländern zunehmend Informationsbroschüren erarbeitet und Ämter für Sekten- und Weltanschauungsfachleute eingerichtet. Wir nennen im Anhang einige Adressen.

V. Methodische Hilfen zur Information und Bildungsarbeit

Wer sich im Bildungsbereich mit dem Problem der destruktiven Kulte beschäftigt, stößt auf die Frage: Wie können wir Informationen über die destruktiven Kulte so weitergeben, daß sie die Informierten vor einer Mitgliedschaft bewahren? Die vorbeugende Information steht vor der Aporie, daß sie das Gegenteil erzeugt von dem, was sie beabsichtigt. Aus der Information über die Drogengefahr kennen wir das damit zusammenhängende Problem: *"Wer warnt, der lockt!"*

Dieser Umstand hat für die Bildungsarbeit zu diesem Thema bestimmte Konsequenzen:

1. Sowohl Erwachsene als auch Jugendliche sind an dem Thema durch die vielfältige, zum Teil sensationsfreudige Darstellung in den Medien sehr interessiert. Eine Motivation erscheint zunächst kaum notwendig. Andererseits könnte eine religionskundliche oder ideologiekritische Darstellung einzelner Glaubensvorstellungen aus den destruktiven Kulten demotivierend wirken. Die Multiplikatoren befinden sich in dem Dilemma, einerseits zur Versachlichung dieses Problemfeldes beitragen zu wollen, andererseits das Interesse und den Fragehorizont der Adressaten im Auge zu behalten. Die Aufbereitung des Themas in diesem Buch versucht diesem Umstand dadurch Rechnung zu tragen, daß es sich zunächst auf die Fragestellung konzentriert: *Auf welche Weise lerne ich einen destruktiven Kult kennen? Mit welcher Methode werde ich angesprochen? Was verschweigt der Kult? Wie stellt er sich nach außen hin dar? Was sehe ich und was geschieht gleichzeitig gewissermaßen hinter den Kulissen?*

2. Wichtiger als alle möglichen objektiven Erkenntnisse über destruktive Kulte sind die Erfahrungen von ehemaligen Kultabhängigen. Es gibt mittlerweile eine Reihe von Veröffentlichungen, in denen ehemalige Mitglieder ausführlich zu Wort kommen. Die Auseinandersetzung mit *Erfahrungsberichten erspart häufig den pädagogischen Zeigefinger.* Zitate von Betroffenen werden aus diesem

Grunde bei der Darstellung der Gruppen in den Vordergrund gerückt.

3. Ausdrücklich ist an dieser Stelle davor zu warnen, Mitglieder eines destruktiven Kults in den Bildungs- und Fortbildungsveranstaltungen einzuladen, um so auf eine lebendige Diskussion hoffen zu können. Die Kulte wünschen sich nichts so sehr wie die Diskussion, weil sie hier eine willkommene Möglichkeit zur Selbstdarstellung wittern. Sie schicken darum ihre geschicktesten Funktionsträger, die dementsprechend rhetorisch geschult sind. Sieht die Gesprächslage für sie in der Diskussion ungünstig aus, spielen sie die verschüchterten und verfolgten Minderheiten und setzen so auf das Mitleid der Zuhörer. Dieser sog. *Mitleidseffekt* könnte fatale Folgen haben für das beabsichtigte aufklärerische Ziel in der Bildungsveranstaltung. Auch sollte man Teilnehmer an Kursen auf keinen Fall in die Zentren der Kulte schicken.

4. Zentraler Gesichtspunkt für Vorbereitung der Teilnehmer auf Begegnungen mit destruktiven Kulten ist die Kenntnis *ihrer Missionsstrategien*. Kennen sie die Taktik der Gesprächsführung, dann lassen sie sich nicht mehr so leicht beeinflussen.

5. Man sollte auf jeden Fall exemplarisch vorgehen und möglichst nicht den Versuch machen, alle möglichen Kulte zu behandeln. Die intensive Behandlung einer oder zweier Kulte hat nachhaltigere Wirkungen als das kurze Streifen aller möglichen neureligiösen Erscheinungen.

6. Aus dem oben Gesagten geht hervor, daß die Unterscheidung zwischen fundamentalistischen Strömungen und sogenannten destruktiven Kulten sinnvoll und notwendig ist, um Pauschalurteilen entgegenzuwirken. Die Frage nach religiöser Toleranz auch neureligiösen Kulten gegenüber wird sehr häufig gestellt. Ihr sollte man einen angemessenen Platz zuweisen.

7. Es bleibt aber immer auch die Frage nach sinnvollen Alternativen. Solange wir uns diesen Fragen und den Problemen einer defizitären

religiösen Sozialisation in unserer Gesellschaft nicht stellen, werden die *destruktiven Kulte* - dieses sollte am Ende offen eingestanden werden - ihre Erfolge bei der Rekrutierung neuer Mitglieder zeitigen. Ein Verbot ist juristisch zweifelhaft und verschiebt das Problem mit diesen Organisationen nur in andere Bereiche. Wir brauchen die offene Auseinandersetzung, die qualifizierte Information und die sinnvolle religiöse Alternative, um dieser Zeiterscheinung gerecht zu werden.

Aus dem oben Gesagten ergibt sich zwangsläufig, daß der Zeitfaktor einer Bildungseinheit von erheblicher Bedeutung ist. Ein schneller Durchzug durch die Welt neureligiöser Bewegungen, das zeigt sich fast immer, hat wenig bleibenden Erinnerungswert und schafft eher Verwirrung als Kompetenz bei den Adressaten. Wie das oben ausgeführte Material in einzelne Schritte zur Informationsvermittlung eingesetzt werden könnte, soll kurz ausgeführt werden.

1. Schritt: Die Begegnung mit dem destruktiven Kult

Es ist zunächst einmal wichtig, das *Begegnungserlebnis* und die *Missionsstrategie* des destruktiven Kultes ausführlich zu erörtern. Diesem Bereich wird darum auch in den meisten Kapiteln eine hervorgehobene Bedeutung zugemessen. Das *taktische* Verhältnis, das die Missionare zu ihren Klienten haben, sollte dabei besonders deutlich werden.

Viele Außenstehende empfinden den Erfolg der Missionare aus ihrer Außensicht heraus als absurd: *Wie kann man nur darauf hereinfallen?* Diese Frage taucht in den Diskussionen immer wieder auf. Hier gilt es, die innere Plausibilität des Missionsgeschehens darzustellen. Denn es sollte darum gehen, nicht das Unverständnis für die Motive des Eintritts in den Kult, sondern vielmehr das Verständnis für diesen Schritt zu wecken.

Darum ist es in diesem Zusammenhang auch ratsam, eigene Erfahrungen der Teilnehmer in der Begegnung mit einem destruktiven Kult zu Wort kommen zu lassen. Nur wer schon am Anfang eine eigene Beziehung zu den Motiven des Kultabhängigen entdeckt, kann später eine kompetente Kritikfähigkeit entwickeln.

Es besteht zudem die Möglichkeit, in einer Art Rollenspiel die Missionssituation zu vergegenständlichen und dabei in die Rolle beider Seiten zu schlüpfen. Auf diese Weise könnte deutlich werden, wie sehr die Wirkungsweise eines destruktiven Kults auf dem Ausnutzen menschlicher Schwächen und auch eigener Betroffenheiten beruht. Ganz gleich: Je verständlicher und nachvollziehbarer das Missionsgeschehen für die Adressaten wird, um so eher wird eine Dämonisierung des Kults verhindert, die ihn in eine unüberbrückbare Ferne zur eigenen Situation rückt.

2. Schritt: Die Lehre des destruktiven Kults und die Bedeutung des Kultführers

Eine genauere Betrachtung der Lehre und der Bedeutung des Kultführers könnte anhand der angegebenen Zitate die Merkmale der *religiösen Ideologie* zutage fördern. Dabei wären folgende Einzelziele zu beachten, die in die Lage versetzen, den ideologischen Nebel der Selbstverlautbarungen des destruktiven Kults zu entschleiern:

a) Zentrale Begriffe des destruktiven Kults entzaubern. Was versteht Scientology unter Ethic, wie deutet S.M. Mun die Familie? Welchen Inhalt gibt TM der Wissenschaft des Zeitalters der Erleuchtung? Was denkt Bhagwan, wenn er von Selbstbefreiung spricht? Wie deutet Gabriele Wittek im Universellen Leben den Offenbarungsbegriff usf.?

b) Religionsgeschichtliche Hintergründe eröffnen: Die religionsgeschichtliche Betrachtung der durch den Kult verwendeten Begriffe kann eigentümliche Verkürzungen und Verkehrungen offenlegen. Wer z.B. die Mantra-Meditation aus ihren geistigen-religiösen Umfeld auf eine bloße Technik herunterbringt, verliert ganze Dimensionen der ethischen und sozialen Einbettung dieser religiösen Praxis.

c) Das Selbstbewußtsein des Kultführers bestimmen: Der autoritär-diktatorische Stil des Führers, sein Wahrheitsbewußtsein und sein Ausschließlichkeitsdenken verbergen sich häufig hinter blumigen

Allerweltsweisheiten. Allein schon die Titel geben dem Kundigen Aufschluß über die Selbstüberschätzung dieser heiligen Meister: Bhagwan, His Holiness, Mundstück der Posaune Gottes, Operating Thetan und andere Titel zeigen deutlich, welche Bedeutung dem Kultführer in der Organisation zukommt.

d) Den Widerspruch zwischen freundlicher Selbstdarstellung und aggressiver und doktrinärer Umgangsweise mit Kritikern herausarbeiten: Meistens dienen die internen Anweisungen, die sich auf den Umgang mit Kritikern und Gegnern beziehen, dazu, das aggressiv-totalitäre Gebaren der Kulte zu exemplifizieren. Der Fanatisierungseffekt läßt sich gut am Beispiel der Trennungsbefehle seinen Angehörigen gegenüber zeigen.

3. Schritt: Die Frage nach dem Umgang mit destruktiven Kulten

Ausgehend von dem Prinzip, daß nicht die religiöse Aussage selbst negativ beurteilt werden sollte, sondern nur ihre Wirkungsweise auf Kultabhängige, stellt sich die Frage nach Grenzen und Möglichkeiten religiöser Toleranz und nach der Bereitschaft, auch exotische Weltanschauungsentwürfe in unserer Gesellschaft zu akzeptieren. Wo liegt die Bruchstelle, die ein religiöses Konzept zur totalitären Ideologie werden läßt? Wo läßt sich der Übergang finden, an dem Toleranz zur Beliebigkeit wird und die systematische Entfremdung und Ruinierung von Kultabhängigen in Kauf genommen wird?

4. Schritt: Die Frage nach den Ursachen

Wie oben schon ausgeführt, ist die Beantwortung dieser Frage ebenso schwierig wie umstritten. Die dort angegebenen Gründe können nur als Diskussionsgrundlage dienen. Zwei Gefahren zeigten sich häufig in Bildungsveranstaltungen, die auf dieses Thema zu sprechen kamen:

a) Die Tendenz zu plakativen Ursachenbeschreibungen: Die Arbeitslosigkeit, daß so viele aus der Kirche austreten, daß es in dieser Gesellschaft zu viele Freiräume gäbe usw., wird häufig angegeben, liegt aber in seiner vereinfachenden Deutung ein wenig neben der Wirklichkeit. Auch der Hinweis auf die schlechte Erziehung im Elternhaus, die Kinder in die Hände eines destruktiven Kults treibe, stimmt mit der Wirklichkeit nicht überein. Es ist vor allem darauf hinzuweisen, daß mehrere Faktoren zusammenwirken und eine einfache Antwort auf die Frage nach den Ursachen bislang noch nicht gegeben ist.

b) Außerordentlich problematisch sind auch eindeutige Schuldzuweisungen wie: der Staat sei zu lax, die Religionsfreiheit solle eingeschränkt werden, die Familie und die Kirchen hätten versagt usw. Sie schieben das Problem auf anonyme gesellschaftliche Instanzen. Vor allem der Ruf nach dem Gesetzgeber, die häufig vorgetragene Forderung nach Kriminalisierung der Kulte gilt es zu hinterfragen. Welche Konsequenzen hätte z.B. eine Einschränkung des Rechts auf freie Religionsausübung? Nur totalitäre Staaten waren bisher in der Lage, die Wirkung der destruktiven Kulte einzuschränken oder zu verbieten.

5. Schritt: Was können wir konkret tun?

In keiner Bildungsveranstaltung sollte dieser Schritt fehlen. Drei Bereiche sollten dabei besonders erörtert werden:

a) Was können wir tun, damit mehr Menschen mehr über destruktive Kulte und ihre Wirkungsweise erfahren? Inwiefern kann jeder einzelne von uns Multiplikator dieser Informationen werden?

b) Was können wir tun, um Menschen aus unserer Nähe (Verwandte, Freunde, Kollegen usw.), die Verbindung mit einem Kult haben, oder Angehörige von ihnen zu beraten? In diesem Zusammenhang wäre das folgende Kapitel und seine Thesen zur Beratung ausführlich zu diskutieren und eventuell zu ergänzen.

c) Was können wir Menschen anbieten als Alternative, um sie vor dem Schritt in einen destruktiven Kult zu bewahren? Um diese Frage kompetent zu beantworten, gilt es zunächst die eigene Betroffenheit und eventuelle Anfälligkeit bzw. Faszination gegenüber dem neureligiösen Angebot zu artikulieren. Niemand sollte so tun, als habe er nichts damit zu tun. Nur wenn die eigene Beziehungsebene deutlich wird, kann auch die Frage nach Alternativen sinnvoll angegangen werden. Der Ruf nach der Kirche sollte beispielsweise auch immer den existentiellen Bezug der Teilnehmer mit einbeziehen, etwa in der Frage: Was kann ich in der Kirche tun, um eine sinnvolle Alternative für destruktive Kulte zu entwickeln und zu gestalten? Dann könnte die Diskussion fruchtbar und hilfreich werden für konkrete Vorschläge.

VI. Ratschläge für Betroffene

In diesem Abschnitt soll kurz und thesenartig die Frage behandelt werden: Wie kann ich mit einem Angehörigen, Verwandten, Freund oder Freundin, mit einem Arbeitskollegen oder einer Arbeitskollegin umgehen, der oder die in einen destruktiven Kult hineingeraten ist? Die außerordentlich schwierige Problematik des Herauslösens aus einer Kultidentität kann in diesem Zusammenhang nicht genauer erörtert werden. Es gibt leider über diesen Bereich bislang sehr wenig seriöse Veröffentlichungen. Wir sind auf die Erfahrungsberichte ehemaliger Kultmitglieder angewiesen. Eine erste ausführliche Darstellung und Hilfestellung liefert das jüngst erschienene Buch von Steven Hassan (vgl. Hassan, S. 1993). Er war selbst Mitglied der Vereinigungskirche und hat die Problematik einer destruktiven Kultidentität am eigenen Leibe erfahren. Im folgenden sollen einige Ratschläge umrissen werden, die erfahrungsgemäß für Angehörige eines Kultmitglieds von großer Bedeutung sein können und deren Befolgung eventuell die Voraussetzung bietet, daß das Kultmitglied seine Gefolgschaft der Sekte gegenüber überprüft. Folgendes sollte auf jeden Fall beachtet werden:

1. Informieren Sie sich gut und ausführlich über die Organisation. Polemisieren Sie möglichst nicht im Gespräch, sondern differenzieren Sie die Kulte. Trotz der Ähnlichkeit in zahlreichen destruktiven Wirkungen hat jeder Kult seine Eigenart, die es zu verstehen gilt. Sie können sich nur als glaubwürdiger Gesprächspartner erweisen, wenn Sie Bescheid wissen. Ein Vater, dessen Tochter Anhängerin der Vereinigungskirche geworden war, machte ihr den Vorwurf: *"Da werdet ihr ja nur auf den Strich geschickt!"* Hier hatte er eine folgenschwere Verwechslung begangen. Denn die Kultpraxis der Prostitution gibt es nur bei den *"Kindern Gottes"*, auch *"flirty fishing"* genannt. Die Vereinigungskirche kennt diese Praxis überhaupt nicht. Auf diese Weise hat der Vater von vornherein seine Gesprächsmöglichkeit mit der Tochter verwirkt. Es ist also ausschlaggebend, wie kompetent man über den entsprechenden Kult Bescheid weiß, um ein sachkundiges Gespräch zu führen. Genügend Informationsmaterial findet man in einschlägi-

gen Buchhandlungen. Darüber hinaus kann auch ein Gespräch mit einem Sekten- und Weltanschauungsbeauftragten hilfreich sein.

2. Vermeiden Sie jede Art von *Gegenmission* Ihrer Angehörigen. Hat der Betroffene bereits die Kultidentität übernommen - dies ist meistens der Fall, wenn bekannt wird, daß er die Gruppe regelmäßig besucht -, ist sein Wahrnehmungsvermögen eingeschränkt. Fremde, abweichende Argumente werden nicht mehr aufgenommen, vielmehr als Lüge, grobe Täuschung und persönliche Feindseligkeit interpretiert. Das Kultmitglied sieht die Welt und auch die Kritiker nur noch mit den Augen des Kults. Es vermag nicht, auch nur den leisesten Fehler oder Verdacht zu akzeptieren. Je länger Sie auf ein Kultmitglied einreden, je emphatischer sie ihre Kritikpunkte vortragen, um so unglaubwürdiger erscheinen Sie in den Augen des Kultmitglieds.

3. Seien Sie andererseits auch nicht opportunistisch. Ein Mitgehen in den Kult zum sog. "Kennenlernen" kann die Situation nur zugunsten des Kults verändern. Nicht wenige, die nur zum Kennenlernen mitgegangen sind, wurden selbst fasziniert von der Atmosphäre des Kults und Opfer der Missionsgespräche. Die Kulte haben bestimmte Strategien entwickelt, wie sie Angehörigen ihre Harmlosigkeit und Ehrbarkeit belegen können. Alle Ihre Gegenargumente kennt man dort schon - der Kult hat sich über seine Gegner bestens informiert - und versteht sie geschickt zu entkräften.

4. Halten Sie auf jeden Fall, auch wenn es zu empfindlichen Konflikten kommt, den persönlichen Kontakt aufrecht, etwa indem Sie sagen: "*Von deiner Anschauung trennen mich Welten, aber ich bin trotzdem für dich da!*" Gerade die Tatsache, daß zahlreiche Kultmitglieder während ihres Aufenthalts in der Organisation Enttäuschungen und persönliche Krisen erleben, weil sie z.B. den Widerspruch von Anspruch und Wirklichkeit der Organisation am eigenen Leibe erfahren, stellt sie vor die Frage: Wer ist jetzt noch draußen, zu dem ich hingehen kann? Wer wird mir seine Tür

öffnen und mich vorbehaltlos empfangen? Ist diese Möglichkeit durch eine vom Kult verordnete und durchgeführte Trennung erst einmal verbaut, besteht nur noch eine geringe Chance, daß das Kultmitglied den Schritt des Ausstiegs aus dem Kult vollzieht.

5. Nehmen Sie Kontakt mit Betroffenen oder Angehörigen von Betroffenen auf. Der gegenseitige Gedankenaustausch, Möglichkeiten, Rat zu finden, Betroffenheit zu artikulieren, ist sehr wichtig. Sie stehen mit Ihrem Problem nicht allein. In vielen Städten der Bundesrepublik gibt es mittlerweile Betroffeneninitiativen, deren Adressen wir zum Teil im Anhang abdrucken.
Die Angehörigen von Kultmitgliedern machen leider immer wieder die Erfahrung, daß sie mit ihrem Problem allein stehen. Nachbarn und Freunde zeigen sich verständnislos: "Da muß ja bei euch in der Familie etwas schiefgegangen sein!" Schon aus diesem Grund ist es wichtig, Menschen kennenzulernen, die ähnliche Erfahrungen gemacht haben.

6. Konsultieren Sie einen Rechtsanwalt, falls Sie mit dem Kultmitglied verwandt sind. Die meisten *destruktiven Kulte* suchen alle Mittel und Wege, um an Geld von Verwandten heranzukommen. Man sollte sich also, vor allem in Erbschaftsangelegenheiten, rechtlich absichern.

7. Unterstützen Sie möglichst auf keinen Fall Ihren Angehörigen finanziell, solange er Kultmitglied ist. Es ist keine Hilfe für den Betreffenden, sondern wandert in die Taschen der Organisation. Dieser Rat ist besonders schwer einzuhalten. Denn wenn der eigene Sohn oder die eigene Tochter in finanzielle Schwierigkeiten gerät, zum Beispiel durch Verschuldung im Kult, möchte man gern helfen. Die Kultmitglieder werden auch von seiten des Kults dazu angehalten, die Bitte um finanzielle Unterstützung immer als persönlichen Wunsch und persönliche Not auszugeben, um den Angehörigen Schuldgefühle zu bereiten, wenn sie diesem Wunsch nicht nachkommen. Nur das Wissen, daß Sie nicht Ihren Angehörigen unterstützen, sondern die kommerziellen Zwecke

eines destruktiven Kults, kann Sie davor bewahren, der Bitte um Geld nachzukommen.

8. Sie sollten möglichst sehr viel Geduld zeigen, ohne in der Sache nachzugeben. Eine Mitgliedschaft in einem destruktiven Kult kann mehrere Jahre dauern. Denken Sie daran, Ihr Angehöriger hat eine neue Persönlichkeit übergestülpt bekommen. Er ist nicht mehr der, der er einmal war. Er denkt, fühlt, handelt als ein Rädchen des Kults. Es gibt aber mittlerweile eine ganze Reihe von Beispielen, bei denen sich das Warten gelohnt hat. Viele enttäuschte Kultmitglieder treten aus und finden den Weg zurück in ein geregeltes und normales Leben.

Das in den Vereinigten Staaten zuweilen ausgeübte *Deprogrammieren* von ehemaligen Kultabhängigen, bei dem sie in einer Art Gehirnwäsche wieder zurück ins normale Leben befördert werden sollen und mit dem man die Kultabhängigkeit auf diese Weise aufzubrechen hofft, ist auf keinen Fall anzuraten. Es dient nur dem Wunsch, schnell und effektiv zu handeln, und führt dazu, daß die eine Abhängigkeit durch eine andere ersetzt wird. Das Ziel, den Kultabhängigen zu einem eigenständigen, freien und selbstbewußten Leben zu führen, wird auf diesem Weg wohl kaum befördert. Aus diesem Grund ist diese Methode mittlerweile auch in den USA in Verruf gekommen.

An der schmerzhaften Erkenntnis kommt niemand vorbei: Es ist ein langer und oftmals leidvoller Weg, sich aus einer mißbrauchten Identität wieder zu lösen.

VII. Schlußbemerkung

Die eigentliche Tragik des seit über 20 Jahren uns beschäftigenden Phänomens *destruktiver Kulte* besteht m.E. darin, daß sie angetreten sind als Alternative zu einer in ihren dogmatischen Verkrustungen erstarrten Amtskirche, daß sie suggerierten, den etablierten religiösen Systemen befreiende Impulse entgegenzusetzen, daß sie indessen in Wahrheit dogmatische Erstarrung hypertrophierten und auf diese Weise Fanatismus und Intoleranz neu befestigten. Das, was die Kirchen jahrhundertelang getrieben haben und was sie heute selbstkritisch langsam an sich selbst aufarbeiten müssen, die religiösweltanschauliche Indoktrination, das verordnete sacrificium intellectus (Opfer des Verstandes), gegenüber dem Zweifel der Gläubigen unerbittlich durchgesetzt, die autoritär-rigide Hierarchie feiert ausgerechnet in ihrer Opposition fröhliche Urständ, so als gäbe es Religion nur in der Form totalitärer Ideologien. Es wäre dringend an der Zeit, diesen Bann falscher Religiosität zu entzaubern und authentisch zu zeigen, daß religiöse Menschen auch frei, kreativ und selbstbewußt sein können.

Religion und Phantasie, Glaube und Vision sind viel zu wichtig im menschlichen Zusammenleben auch außerhalb der Kirchen, als daß man sie diktatorischen Geschäftemachern und skrupellosen Dogmatikern überlassen darf.

VIII. Adressen zur Beratung

Baden-Württemberg:
Betroffenen-Selbsthilfe, Robin Direkt e.V., Stadelweg 14, 89284 Pfaffenhofen, Telefon: 07302/4019
Evangelische Zentralstelle für Weltanschauungsfragen (EZW), Hölderlinplatz 2A, 70193 Stuttgart, Telefon: 0711/279 28 73
Hartmut Hauser, Sektenbeauftragter des Landes Baden-Württemberg, Rotebühlplatz 1, 70178 Stuttgart, Telefon: 0711/279 28 73

Bayern:
Pfarrer Dr. Wolfgang Behnk, Beauftragter für Sekten- und Weltanschauungsfragen der Bayerischen Landeskirche, Marsstr.22 , 80335 München, Telefon: 089/55 98 04 44
Elterninitiative zur Hilfe gegen seelische Abhängigkeit und religiösen Extremismus e.V., Postfach 874, München, Telefon: 089/141 28 41
Dipl.-Theol. Hans Liebl, Beauftragter für Sekten- und Weltanschauungsfragen der Erzdiözese München-Freising, Dachauer Str.5, 80335 München, Telefon: 089/2137417
Franz Graf von Magnis, St.Kilianshaus, Postfach 349, Würzburg, Telefon: 0931/5 66 10

Berlin:
Eltern- und Betroffeneninitiative gegen psychische Abhängigkeit - für geistige Freiheit
Klaus Funke OP, Beauftragter für Sekten- und Weltanschauungsfragen im Bistum Berlin, Leiter des AK Neue Jugendreligionen und der KASW Berlin, Oldenburger Str. 46, 10551 Berlin, Telefon: 030/395 70 97/8
Thomas Gandow, Provinzialpfarrer für Sekten- und Weltanschauungsfragen der Evangelischen Kirche in Berlin-Brandenburg, Heimat 27, 13627 Berlin, 030/8 15 70 40

Brandenburg:
Pastor Thomas Gandow (siehe oben)
Dr. Wolfgang Brummet (kathol.), Franz-Mehring-Str.4, 15230 Frankfurt/Oder, Telefon: 0335/32 27 69

Bremen:
Pastor Helmut Langel, Beauftragter für Sekten -und Weltanschauungsfragen in der BEK, Heymelstr. 35, 28359 Bremen, Telefon: 0421/23
19 91 Fax: 0421/24 24 18
Bernhard Brünjes, Vorsitzender der Betroffeneninitiative "Sekten-
beratung e.V.", Telefon: 04205/1609

Hamburg:
Initiative Besorgter Eltern und Bürger Eppendorf e.V., Kulturhaus
Eppendorf, Martinistr. 40, 20251 Hamburg
Ursula Caberta, Behörde für Inneres, Arbeitsgruppe Scientology,
Hachmannplatz 2, 20099 Hamburg, Telefon: 040/248 64 990

Hessen:
Dipl.päd. Kurt-Helmuth Eimuth, Beauftragter des Evangelischen
Regionalverbandes Frankfurt a.M. für Religions- und Weltanschau-
ungsfragen, Saalgasse 15, 60311 Frankfurt a.M., Telefon: 069/28 55 02
Katholisches Referat für Weltanschauungsfragen, Ludwig Lemhöfer,
Eschenheimer Anlage 21, 60318 Frankfurt a.M., Telefon: 069/
150 11 49

Mecklenburg-Vorpommern:
Ulrich-G. Hojczyk, Referatsleiter Kirchenangelegenheiten, Werderstr.
124, 19055 Schwerin, Telefon: 0385/5 88 71 70
Claudia Stoll, Kreisverwaltung Rostock-Land, Friedrich-Engels-Platz
6-8, 18055 Rostock, Telefon: 0381/39 23 84
Evangelisches Konsistorium, Bahnhofstr. 35/36, 17489 Greifswald,
Telefon: 03834/7 72 61
Klaus Funke OP, siehe oben
Pastor Thomas Gandow, siehe oben
Dr. Matthias Kleiminger, Amt für Gemeindedienst, Hansenstr. 5,
18273 Güstrow, Telefon: 03843/6 39 64
Michael Sobania, Beauftragter für Sekten- und Weltanschauungsfragen
im Bischöflichen Amt Schwerin, Schloßstr. 20, 19053 Schwerin, Tel.
und Fax 0385/86 44 63

Niedersachsen:
Pastor Wilhelm Knackstedt, Beauftagter für Sekten- und Weltanschauungsfragen der Evangelisch-Lutherischen Landeskirche Hannover, Archivstr. 3, 30169 Hannover, Telefon: 0511/1 24 14 52
Niedersächsische Elterninitiative gegen Mißbrauch der Religion, Archivstr.1, 30169 Hannover

Nordrhein-Westfalen:
Aktion für geistige und psychische Freiheit, Arbeitsgemeinschaft der Elterninitiativen e.V. (AGPF), Graurheindorferstr. 15, 53111 Bonn, Telefon: 0228/63 15 47
Dr. Hermann-Josef Beckers/Herbert Busch, katholisches Referat Sekten- und Weltanschauungsfragen beim bischöflichen Generalvikariat der Diözese Aachen, Klosterplatz 7, 52062 Aachen, Telefon: 0241/45 24 19
Pfarrer Rüdiger Hauth, Beauftragter für Sekten- und Weltanschauungsfragen der Evangelischen Kirche von Westfalen, Röhrchenstr. 10, 58452 Witten, Telefon: 02392/13611
Pfarrer Joachim Keden, Beauftragter für Sekten- und Weltanschauungsfragen der Evangelischen Kirche im Rheinland, Rochusstr.44, 40479 Düsseldorf, Telefon: 0211/3610246
Bundesministerium für Jugend, Familie und Gesundheit, Kennedy-Allee 105-107, 53175 Bonn, Telefon: 0228/3381
Aktion Psychokultgefahren e.V.(APG), Ellerstr. 101, 40227 Düsseldorf, Telefon: 0211/721066.

Rheinland-Pfalz:
Dipl.theol. Eckhard Türk, Grebenstr. 24-26, 55116 Mainz, Telefon: 06131/253284
Pfarrer Dr. Werner Sonn (ev.), Josefstaler Str.7, 66386 St. Ingbert, Telefon: 06894/35 7 67
Bischöfliches Jugendamt, Christoph Bussen, Kleine Pfaffengasse 16, 67346 Speyer, Telefon: 06232/10 22 18

Sachsen:

AG Sekten, Psychogruppen, Jugendreligionen beim Studentenrat der technischen Universität Chemnitz, Reichenhainer Str. 41, 09126 Chemnitz, Telefon: 0371/561 26 39

Eltern- und Betroffeneninitiative gegen psychische Abhängigkeit Sachsen e.V., Straße der Waffenbrüderschaft 31, 7010 Leipzig, Telefon: 0341/11 53 14

Pfarrerin Ingrid Dietrich, Giordano-Bruno-Str. 1, 04249 Leipzig, Telefon: 0341/47 39 15

Kaplan Gerald Kluge, Dr.Wilhelm-Külz-Str.2, 01796 Pirna, Telefon: 03501/341 61

Pfarrer, Ekkehard Zieglschmid, Beauftragter der Evangelisch-Lutherischen Landeskirche Sachsen für Sekten- und Weltanschauungsfragen, An der Heilandskirche 1, 01157 Dresden, Telefon: 0351/43 64 50

Schleswig-Holstein:

Elterninitiative in Hamburg und Schleswig-Holstein zur Hilfe gegen seelische Abhängigkeit und Mißbrauch der Religion e.V., Pastor D. Bendrath, Brahmsstr. 20f, 23556 Lübeck, Telefon: 0451/44786

Initiative Besorgter Eltern und Bürger Hoisdorf e.V., Postfach 16, 2071 Hoisdorf

Pfarrer Detlef Bendrath, Beauftragter für Sekten- und Weltanschauungsfragen der Nordelbischen Evangelischen-Lutherischen Kirche, Brahmsstr.20f, 23556 Lübeck, Telefon: 0451/42215

Thüringen:

Dr. Friedrich Büchner, Beauftragter der Evangelisch-Lutherischen Kirche in Thüringen für Sekten- und Weltanschauungsfragen, Karolinenstr. 8, 99817 Eisenach, Telefon: 03691/76649

Österreich:

Gesellschaft gegen Sekten- und Kultgefahren, Obere Augartenstr. 26 - 28, A-1020 Wien, Telefon: 0043/222/337537

Referat für Weltanschauungsfragen beim Pastoralamt der Erzdiözese Wien, Dr.Friederike Valentin, Stephansplatz 6, A-1010 Wien, Telefon: 0043/222/51552367

Schweiz:
Aufklärungsgemeinschaft für Scientology und Dianetik, Postfach, CH-8036 Zürich
Pfarrer Martin Scheidegger, Ökumenische Sektenberatungsstelle, Matthofring 4, Postfach 3907, CH-6005 Luzern, Telefon: 0041/41/44 78 19
Ökumenische Arbeitsgruppe "Neue religiöse Bewegungen der Schweizer Bischofskonferenz und des Schweizerischen Evangelischen Kirchenbundes", Wiesenstr. 2, CH-9436 Balgach, Telefon: 0041/71/72 33 17
Verein Informations- und Beratungsstelle für Sekten- und Kultfragen, Schweighoferstr. 420, CH-8055 Zürich, Telefon: 0041/1/451 52 52, Fax: 0041/1/451 52 54

IX. Literaturhinweise

Im folgenden erscheint nur die allgemeine Literatur zu dem Thema:
Neureligiöse Kulte und Sekten. Buch- und Materialangaben zu den
einzelnen Kulten finden sich jeweils im Angang des Kapitels, das über
den Kult berichtet.

Adorno T./Horkheimer *"Dialektik der Aufklärung"*, Frankfurt a.M.
1969

Alexander, M.: *"Die falschen Propheten - Schein und Wirklichkeit der
Sekten"*, Düsseldorf 1986

Arbeitsgemeinschaft Kinder- und Jugendschutz (AJS) - Landesstelle
Nordrhein-Westfalen, *"Sogenannte neuere Glaubensgemeinschaften"*,
AJS-Forum Sonderausgabe, Köln 1993

Bannach, Klaus / Rommel, Kurt (Hg.): *"Religiöse Strömungen unserer
Zeit. Eine Einführung und Orientierung"*, Stuttgart 1991

Berger, P.L., *"Der Zwang zur Häresie. Religion in der pluralistischen
Gesellschaft"*, Frankfurt a.M. 1980

Bischöfliches Generalvikariat Aachen (Hg.), *"Neue Kultbewegungen
und Weltanschauungsszene - Hintergründe, Besondere Phänomene,
Ortsbeschreibungen, Methodische Hilfen und Anleitungen"*,
Mönchengladbach 1987

Drehsen, V., *"Zwischen Wahlzwang und Fundamentalismusneigung.
Einstellungen Jugendlicher zur Religion"*, in Jahrbuch der
Religionspädagogik 1992

Eiben, J., *"Kirchlichkeit und Religiosität bei Jugendlichen im vereinten
Deutschland"*, in: Jugend und Religion. Wer glaubt denn heute
noch an die sieben Gebote? - aej-Studientexte, 1992, 2

Evans, Christopher, *"Kulte des Irrationalen. Sekten, Schwindler,
Seelenfänger"*, Reinbeck 1979

Feige, A., *"Jugend und Religiosität"*, in Aus Politik und Zeitgeschichte,
B 41-42/93

Ferguson, M., *"Die sanfte Verschwörung"*, Basel 1982

Friedrich-Ebert-Stiftung (Hg.), *"Sekten und Sondergemeinschaften in
den neuen Bundesländern"*, Chemnitz 1991

Gaster, Hans u.a.(Hg.), *"Lexikon der Sekten, Sondergruppen und Welt-anschauungen. Fakten, Hintergründe, Klärungen"*, Freiburg, Basel, Wien 1991

Grom, B., *"Faszination Esoterik"*, in Aus Politik und Zeitgeschichte, B41-42/93

Haack, F.W., *"Findungshilfe Religion 2000"*, München 1990

Haack, F.W., *"Jugendsekten - Vorbeugen, Hilfe, Auswege"*, Weinheim 1991

Haack, F.W., *"Jugendreligionen"* München 1979

Hassan, S., *"Ausbruch aus dem Bann der Sekten. Psychologische Beratung für Betroffene und Angehörige"*, Reinbeck 1993

Hauth, Rüdiger, *"Die nach der Seele greifen. Psachokult und Jugendsekten"*, Gütersloh 1985

Hemminger, H. (Hg.), *"Die Rückkehr der Zauberer"*, Reinbeck 1987

Hemminger, H., *"Das therapeutische Reich des Dr. Ammon"*, Stuttgart 1989

Hemminger, H., *"Fundamentalismus in der verweltlichten Kultur"*, Stuttgart 1991

Hutten, K., *"Seher, Grübler, Enthusiasten"*, Stuttgart 1989

Jugendwerk der Deutschen Shell (Hg.), *"Jugend '92 - Orientierungen und Entwicklungsperspektiven im vereinigten Deutschland"* 4 Bände, Opladen 1992

Karbe, K./Müller-Küppers, M. (Hg.), *"Destruktive Kulte. Gesellschaft-liche und gesundheitliche Folgen totalitärer, pseudoreligiöser Bewe-gungen"*, Göttingen 1983

Kaufmann, R., *"Übermenschen unter uns"*, Frankfurt 1972

Keden, J. (Hg.), *"Sogenannte Jugendsekten und die okkulte Welle"*, Neukirchen-Vluyn 1989

Kuenzlen, H., *"Das Unbehagen an der Moderne"*, in Hemminger (Hg.), *"Die Rückkehr der Zauberer"*, Reinbeck 1987

Langel, H. *"Zur Logik des Fundamentalismus"*, in "Forum Freies Christentum" - Tworuschka, U./Schwarzenau, P. (Hg.) Nr.24, Mai 1993

Langel, H., *"Neue Offenbarungen und ihr Kriterium"*, Forum Freies Christentum Nr. 21, April 1991

Mildenberger, M.: *"Die religiöse Revolte - Jugend zwischen Flucht und Aufbruch"*, Frankfurt a.M. 1979

Müller, U./Leimkühler, A.M., *"Zwischen Allmacht und Ohnmacht. Untersuchungen zum Welt-Gesellschafts- und Menschenbild Neureligiöser Bewegungen"*, Göttingen 1983

Müller-Küppers, M. / Specht, F., *"Neue Jugendreligionen"*, Göttingen 1979

Pfürtner, S.H., *"Fundamentalismus - Die Flucht ins Radikale"*, Freiburg 1991

Reimer, H.D. (Hg.), *"Stichwort < Sekten >. Glaubensgemeinschaften außerhalb der Kirche"*, Stuttgart 1977

Reimer, H.D., *"Kleiner Sektenkatechismus"*, Stuttgart 1993

Reimer, H.D., *"Sekten, Evangelisches Staatslexikon"*, Stuttgart 1987

Reller, H.(Hg.), *"Handbuch Religiöse Gemeinschaften. Freikirchen, Sondergemeinschaften, Sekten, Weltanschauungsgemeinschaften, Neureligionen"*, Gütersloh 1978

Rosina, H.-J., *"Faszination und Indoktrination. Beobachtungen zu psychischen Manipulationspraktiken in totalitären Kulten"*, München 1989

Tillich, P., *"Die religiöse Lage der Gegenwart"*, Berlin 1926

Weber, M., *"Gesammelte Aufsätze zur Religionssoziologie"*, Tübingen 1963

Zinke, L. (Hg.), *"Religionen am Rande der Gesellschaft"*, München 1977

Zinser, H., *"Moderner Okkultismus als kulturelles Phänomen unter Schülern und Erwachsenen"*, in Aus Politik und Zeitgeschichte, B41-42/93

Sach- und Personenregister

Das einschlägige Fachvokabular der einzelnen Gruppierungen bzw. Sekten ist dem jeweiligen Glossar der einzelnen Kapitel zu entnehmen und ist im Register nicht nochmals aufgeführt.

Michael Klöcker und Udo Tworuschka
Religionen in Deutschland
Kirchen, Glaubensgemeinschaften, Sekten
Geschichte und Staat, Band 297
200 Seiten, Paperback
ISBN 3-7892-8650-8

Zwar gibt es zahlreiche Einzeldarstellungen nicht nur zu den Großkirchen, sondern auch zu außereuropäischen Religionen. Doch fehlt bislang eine kompakte Darstellung der in Deutschland vertretenen Religionen. Der vorliegende Band schließt diese Lücke. Die einzelnen Abschnitte zu den dargestellten Religionsgemeinschaften behandeln Geschichte, religiöse Kernaussagen, Kult, Organisation, Sozialstruktur, geographische Verbreitung in Deutschland, Einflüsse in Gesellschaft und Staat sowie das Verhältnis zu anderen Kirchen und Religionen.

Horst Dähn (Hg.)
Die Rolle der Kirchen in der DDR
Eine erste Bilanz
Geschichte und Staat, Band 291
242 Seiten, Paperback
ISBN 3-7892-8530-7

"Die evangelische und katholische Kirche in der DDR sind ins Gerede gekommen. Es wird viel über sie behauptet. Wer macht sich da noch die Mühe zu ergründen, wie es wirklich war? Wer das wissen will, der sollte unbedingt das Buch: "Die Rolle der Kirchen in der DDR" in die Hand nehmen und lesen. Kompetente Zeitzeugen geben in diesem kleinen Sammelband Auskunft, wie sie ihre Kirche zwischen 1949 und 1989 erlebt haben. Es wird kritisch Bilanz gezogen, sachlich und nüchtern reflektiert." (*Mecklenburgische Kirchenzeitung*).

OLZOG VERLAG

Günter Olzog Verlag · 80904 München

Klaus Henning
Spuren im Chaos
Christliche Orientierungspunkte in einer komplexen Welt
190 Seiten, gebunden mit Schutzumschlag
ISBN 3-7892-8580-3

Die Gedanken der Aufklärung und die wissenschaftlichen Revolutionen
unseres Jahrhunderts haben zu einer Instabilität geführt, die den Einzelnen oft überfordert. Wir haben einen Punkt erreicht, an dem Probleme wie Wachstum, Klima, Energie, Umwelt, Hunger, Krieg und hi-
storische Umwälzungen ein schnelles Umdenken erfordern. Klaus
Henning zeigt in diesem Buch Ansätze zur Bewältigung der zunehmenden Komplexität unseres Lebens. Die Einbindung christlicher
Wertvorstellungen nimmt dabei eine wichtige Position in seinem Werk
ein.

Martin Bock
Religion im Militär
Soldatenseelsorge im internationalen Vergleich
208 Seiten, Broschur
ISBN 3-7892-8350-9

In dieser bislang einmaligen Untersuchung wird eine weltweite Be-
standsaufnahme von Militärseelsorge-Konzeptionen in 47 ausgewählten
Staaten vorgelegt. Diese spezielle Art der Seelsorge wird von allen Welt-
religionen wie Buddhismus, Christentum, Hinduismus, Islam und Judentum sowie von vielen kleineren religiösen Gruppierungen geleistet.
Verschiedene Staaten des ehemaligen Ostblocks wollen derzeit eine Soldatenseelsorge neu ins Leben rufen.

Das Buch von Martin Bock ist wegen der zunehmenden supranatio-
nalen Zusammenarbeit von Streitkräften (etwa bei Aktionen der
UN) von aktueller Relevanz. So werden zum Beispiel Erfahrungen der
US-Chaplains im Golfkrieg mitverarbeitet.

OLZOG VERLAG

Günter Olzog Verlag · 80904 München

Roland Sauer und Johannes Singer (Hg.)
Keine Macht den Drogen
Strategien gegen die Sucht -
Experten informieren
142 Seiten, Paperback
ISBN 3-87959-498-8

Das Drogen- und Suchtproblem stellt nach wie vor eine wachsende Gefahr für unsere Gesellschaft dar. In diesem Band kommen Experten aus allen an der Drogenfrage beteiligten Gruppen und Institutionen zu Wort. Das Thema wird nicht allein aus der Sicht von Betroffenen, Suchtberatern, Therapeuten, Medizinern, Juristen und Kriminalisten geschildert, auch Zusammenhänge mit der Entwicklungspolitik der westlichen Industrienationen werden verdeutlicht. Ferner wird die Chance von "Ersatzdrogen" wie etwa Methadon oder auch die Abgabe von Heroin auf Krankenschein diskutiert.

Einen weiteren Schwerpunkt bilden politische Konzepte zur Drogenbekämpfung und Bekämpfung der im Hintergrund operierenden Organisierten Kriminalität.

Ein Überblick über die zentralen Drogen- und Suchtberatungsstellen rundet den Band ab.

Das Buch enthält Beiträge von Hans-Jörg Albrecht, Gerhard Bühringer, Rolf Hüllinghorst, Eduard Lintner, Hans-Peter Repnik, Roland Sauer, Johannes Singer, Karl-Ludwig Täschner und Hans-Ludwig Zachert.

Verlag Bonn Aktuell · 80904 München